高等职业教育“十二五”规划教材
全国高等职业教育制造类专业系列规划教材

汽车发动机拆装与检修

吉武俊　胡　勇　主　编
陈海燕　尹冬至　荣　标　副主编

科学出版社
北　京

内 容 简 介

本书以实物图与维修手册图相配合的形式，讲述了丰田 8A 汽车发动机的拆装与维修过程。全书分为汽车常用工量具的使用、发动机拆装与检修和发动机的维护 3 个单元。书中采用大量图片，详解发动机的拆装与维修过程，对于培养学生的操作技能具有较好的效果。

全书理论联系实际，深入浅出，图文并茂，实用性强，适合各职业技术院校相关专业的师生使用，也可作为汽车的维修人员、检测人员、驾驶人员以及汽车爱好者的参考书。

图书在版编目 CIP 数据

汽车发动机拆装与检修/吉武俊，胡勇主编. —北京：科学出版社，2013

（高等职业教育“十二五”规划教材·全国高等职业教育制造类专业系列规划教材）

ISBN 978-7-03-037509-4

Ⅰ.①汽… Ⅱ.①吉…②胡… Ⅲ.①汽车-发动机-装配（机械）-高等职业教育-教材②汽车-发动机-检修-高等职业教育-教材 Ⅳ.①U464.06 ②U472.43

中国版本图书馆 CIP 数据核字(2013)第 104052 号

责任编辑：张振华　李太铼/责任校对：刘玉靖

责任印制：吕春珉/封面设计：耕者设计工作室

科学出版社 出版

北京东黄城根北街 16 号

邮政编码：100717

http://www.sciencep.com

天津翔远印刷有限公司 印刷

科学出版社发行　各地新华书店经销

*

2013 年 4 月第 一 版　开本：787×1092 1/16

2020 年 1 月第三次印刷　印张：10 1/4

字数：228 000

定价：36.00 元

（如有印装质量问题，我社负责调换〈翔远〉）

销售部电话 010-62136230　编辑部电话 010-62135120-2005（VT）

全国高等职业教育制造类专业系列规划教材

编写指导委员会

前　言

随着汽车行业日新月异的发展，不断吐故纳新的汽车科技对汽车专业技能人才特别是汽车维修行业专业技术人才的数量和素质都提出了更新、更高的要求。多年的教学改革实践证实，汽车后市场专业的学生在学习汽车发动机拆装与检修课程中应该循序渐进，逐步深入。基于这种情况，根据目前汽车专业课的需要和特点，我们编写了本书。本书分为 3 个单元。单元 1 重点介绍了和发动机拆装与检修相关的工量具和举升设备的使用；单元 2 介绍了发动机拆装与检修中的典型工作任务，包括发动机的拆卸、发动机正时皮带的更换、发动机配气机构和曲柄连杆机构的拆装与检修，以及发动机水泵、机油泵和燃油泵的更换；单元 3 主要介绍了发动机维护的相关知识。以上内容涵盖了发动机拆装与检修的技能和知识要点，具有知识面广、实用性强的特点。

为了使本书更具有实用性、先进性和可读性，编写过程中我们注意了以下几点：

(1) 本书由学校教师和企业专家共同编写，适应区域经济、行业经济和社会发展的需要，体现了行业的新规范、新标准、新技术、新工艺。

(2) 本书内容融“教、学、做”为一体，力求体现能力本位的现代教育思想和理念，突出高职教育实践技能训练和动手能力培养的特色，注重实用性、通用性和典型性，是适合高职院校使用的理论实训一体化教材。

(3) 本书图文并茂，将维修手册和实物照片相结合，按实训的步骤编写，方便学生学习，增强了学生的学习积极性。

(4) 每个项目都整合了与本项目相关的技能和知识点，极大地减轻了学生的学习负担，使“理论为实践服务”和“理论够用为度”成为可能，提高了教与学的效率和效果。学员既可以在项目开始前预习这些知识点，为即将实践的项目打好基础；也可以在完成项目后复习这些知识点，从而更深刻地理解它们的工作原理。

(5) 本书不但适用于高职高专汽车检测与维修技术专业、汽车技术服务与营销专业和汽车制造与装配专业的师生使用，同时也适用于维修人员和其他技术人员参考。

本书由河南职业技术学院吉武俊和胡勇担任主编，河南职业技术学院陈海燕、海马轿车有限公司尹冬至和宁夏工商职业技术学院荣标担任副主编，河南裕华丰田技术总监陈俊礼担任主审。本书具体编写分工为：陈海燕编写单元 1；吉武俊编写单元 2 中的任务 2.1～2.3，荣标编写任务 2.4，胡勇编写任务 2.5～2.7；尹冬至编写单元 3。由于经验不足，书中的不完善之处在所难免，恳请广大读者批评指正。

前言

目　　录

单元 1

汽车常用工量具的使用

工具、量具是维修实训的必备用具。各种工、量具都有其不同的特点和专门的用途。实训时，工、量具使用得当，有利于工作的进行，否则不但会损坏工、量具或零件，还有可能造成人身伤害事故。本单元主要任务是培养学生熟练掌握工量具的使用方法，为后续技能的学习奠定基础。

知识目标 ☞

1. 掌握发动机拆装与检修常用工具、量具的规格、构造。
2. 掌握发动机拆装与检修常用工具、量具的正确使用方法。
3. 熟悉发动机拆装与检修常用工具、量具的维护和保养方法。
4. 准确地识别和选择各种类别、型号的工具、量具，并能够正确地运用，掌握安全操作方法。

能力目标 ☞

1. 会根据拆装对象的不同选择正确的工具。
2. 会根据测量对象的不同选择正确的量具。
3. 能够正确正确使用、维护工、量具。
4. 能够正确使用举升设备。

任务 1.1　常用工具的使用

工作任务

能够规范地使用每一类工具是汽车维修工必备的技能，本任务重点介绍常用工具的正确使用方法。

1.1.1　相关知识：普通及专用工具简介

1. 普通工具

1）普通扳手

（1）开口扳手。开口扳手是最常见的一种扳手，俗称呆扳手，按形状有双头扳手和单头扳手之分，其作用是紧固、拆卸一般标准规格的螺母和螺栓。它开口的中心平面和本体中心平面成 15°、45°、90°角等，这样既能适应人手的操作方向，又可降低对操作空间的要求，以便在受限制的部位中扳动方便，如图 1-1 所示。开口扳手规格是以两端开口的宽度 S（mm）来表示的，如 8～10mm、12～14mm 等；通常是成套装备，有八件一套、十件一套；通常用 45 钢、50 钢锻造并经热处理而成。

（2）梅花扳手。梅花扳手与开口扳手的用途相似，但其两端是环状的，环的内孔由两个正六边形互相同心错转 30°而成，可将螺栓和螺母头部套住，使用时，扳动 30°后，即可换位再套，因而适用于狭窄场合下操作，如图 1-2 所示。与开口扳手相比，梅花扳手强度高，使用时不易滑脱，但套上、取下不方便，其规格是以闭口尺寸 S（mm）来表示，如 8～10mm、12～14mm 等，通常是成套装备，有八件一套、十件一套等，用 45 钢或 40Cr 锻造并经热处理而成。

图 1-1　开口扳手

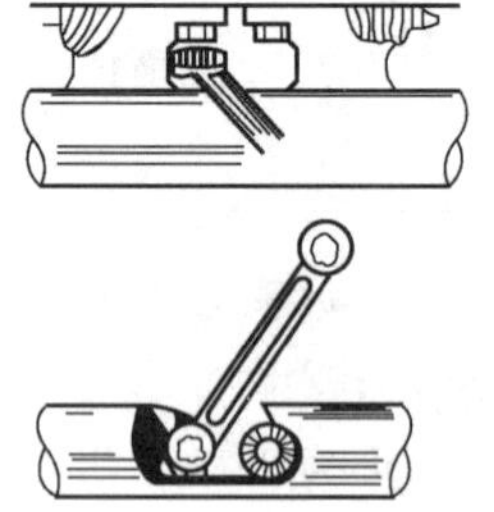

图 1-2　梅花扳手

（3）套筒扳手。套筒扳手除了具有一般扳手的用途外，特别适用于旋转部位很狭小或隐蔽较深处的六角螺母和螺栓，其材料、环孔形状与梅花扳手相同，如图 1-3 所示。套筒扳手主要由套筒头、手柄、棘轮手柄、快速摇柄、接头及接杆等组成，各种手柄适用于各种不同的场合。由于套筒扳手各种规格是组装成套的，使用方便，效率

更高。常用套筒扳手的规格是 8～32mm。

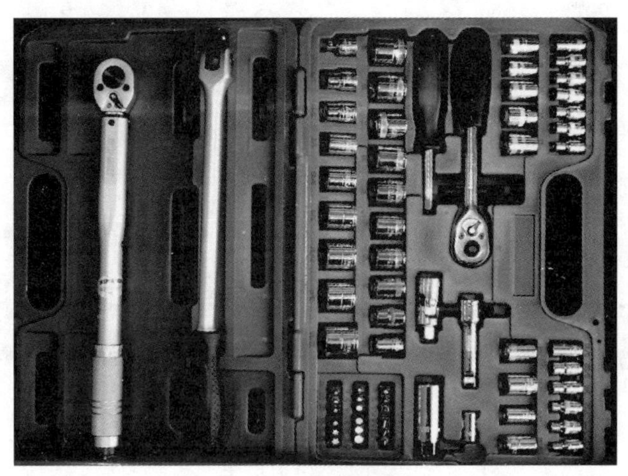

图 1-3　套筒扳手

（4）活扳手。活扳手由固定扳唇、活动扳唇、蜗轮和轴销组成，使用场合与开口扳手相同，其开口尺寸能在一定的范围内任意调整，其优点是遇到不规则的螺母或螺栓时更能发挥作用，故应用较广，如图 1-4 所示。活扳手的规格是以最大开口宽度（mm）来表示的，最大开口宽度为 14mm、19mm、24mm、30mm、36mm、46mm、55mm 和 65mm 等，其长度有 100mm、150mm、200mm、250mm、300mm、375mm、400mm 和 600mm 等，通常是由碳素钢（T）或铬钢（Cr）制成的。

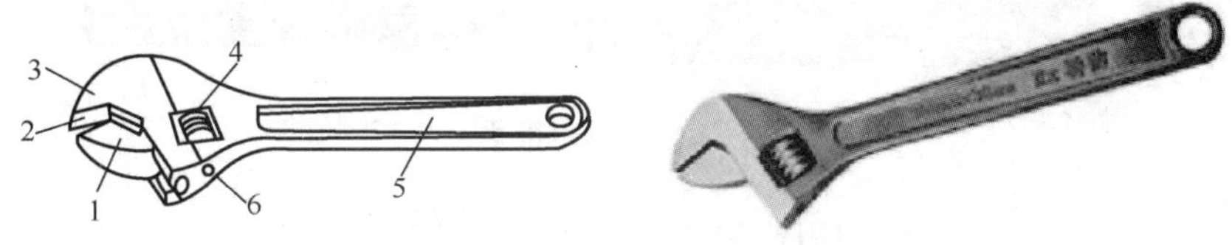

图 1-4　活扳手

1—活动扳唇；2—扳口；3—固定扳唇；4—蜗轮；5—手柄；6—轴销

（5）扭力扳手。扭力扳手是一种可读出所施力矩大小的扳手，由扭力杆和套筒头组成。凡是对螺母、螺栓有明确规定力矩的（如气缸盖、曲轴与连杆的螺栓、螺母等），都要使用扭力扳手，其规格是以最大可测力矩来划分的，常用的有 0～300N·m、0～500N·m 两种，如图 1-5 所示。扭力扳手除用来控制螺纹件旋紧力矩外，还可以用来测量旋转件的起动转矩，以检查配合、装配情况。

（6）内六角扳手。内六角扳手是用来拆装内六角螺栓（螺塞）用的，其规格以六角形对边尺寸 S 表示，如图 1-6 所示。有尺寸为 3～27mm 等 13 种，汽车维护作业中使用成套的内六角扳手来拆装 M4～M30 的内六角螺栓。

2）螺钉旋具

螺钉旋具是用来拧动螺钉的工具，通常分为一字槽螺钉旋具和十字槽螺钉旋具两

(a) 指针式扭力扳手

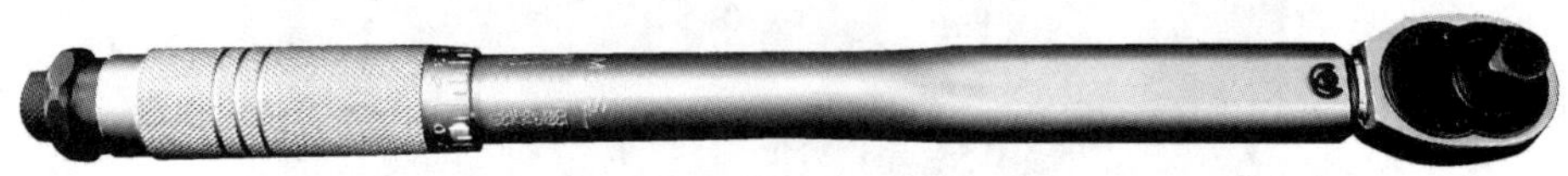

(b) 预调式铰接扭力扳手

图 1-5　扭力扳手

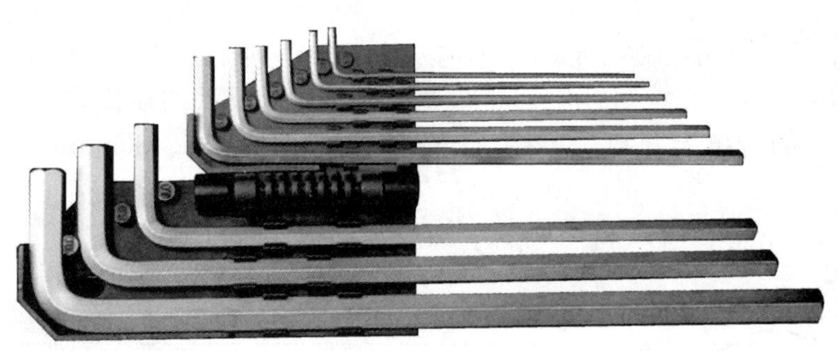

图 1-6　内六角扳手

类。螺钉旋具是由手柄、刀体和刃口组成的，如图 1-7 所示。

（1）一字槽螺钉旋具。一字槽螺钉旋具用于旋紧或松开头部开一字槽的螺钉，一般工作部分用碳素工具钢制成，并经淬火处理；其规格以不含握柄刀体部分的长度表示，常用的规格有 50mm、65mm、75mm、100mm、125mm、150mm、200mm、250mm、300mm、350mm 和 400mm 等，工作直径有 3mm、4mm、5mm、6mm、7mm、8mm、9mm 和 10mm 等几种，使用时，应根据螺钉沟槽的宽度选用相应的规格。

（2）十字槽螺钉旋具。十字槽螺钉旋具用于旋紧或松开头部带十字沟槽的螺钉。材料和规格与一字槽螺钉旋具相同。

3）锤子和手钳

（1）锤子。锤子俗称圆顶锤，如图 1-8 所示。其锤头一端平面略有弧形，是基本工作面；另一端是球面，用来敲击凹凸形状的工件。规格以锤头质量来表示，以 0.5～0.75kg 的最为常用。锤头用 45 钢、50 钢锻造，两端工作面经热处理后，硬度一般为 HRC 50～57。

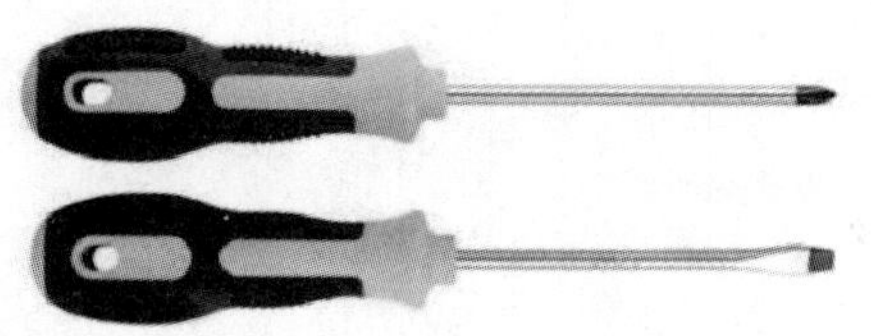

图 1-7　螺钉旋具

图 1-8　锤子

（2）手钳。常见的手钳有钢丝钳、鲤鱼钳、尖嘴钳和卡簧钳等。

① 钢丝钳。钢丝钳的结构如图 1-9 所示，其按长度分 150mm、175mm 和 200mm 三种。钢丝钳主要用于夹持圆柱形零件，也可以代替扳手旋动小螺栓、小螺母，钳口后部的刃口可剪切金属丝。

② 鲤鱼钳。鲤鱼钳的结构如图 1-10 所示，钳头的前部是平口细齿，适用于夹捏一般小零件，中部凹口粗长，用于夹持圆柱形零件，也可以代替扳手旋转小螺栓、小螺母，钳口后部的刃口可剪切金属丝。由于一片钳体上有两个互相贯通的孔，又有一个特殊的销子，操作时钳口的张开度可以很方便地变化，以适应夹持不同大小的零件，是汽车维修作业中使用最多的钳子。鲤鱼钳的规格以钳的长度来表示，一般有 165mm 和 200mm 两种，用 50 钢制造。

③ 尖嘴钳。尖嘴钳的外形如图 1-11 所示，因其头部细长而得名，能在较小的空间使用。刃口也能剪切细小金属丝，但使用时不能用力太大，否则钳口头部会变形或断裂。其规格以钳的长度来表示，汽车拆装常用的是 160mm 尖嘴钳。

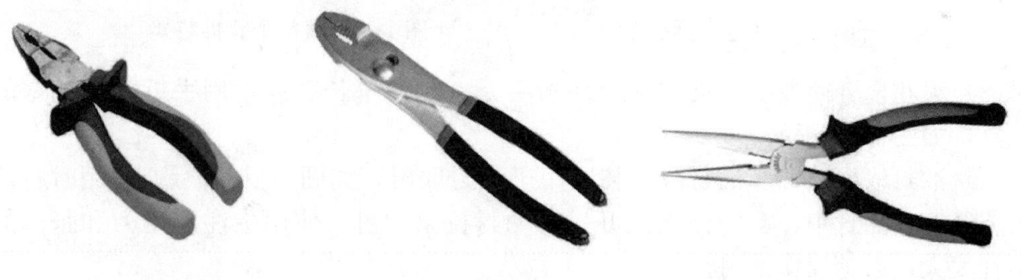

图 1-9　钢丝钳　　图 1-10　鲤鱼钳　　图 1-11　尖嘴钳

④ 卡簧钳。卡簧钳也称挡圈钳，有多种结构形式，适用于拆装发动机中的各种卡簧（挡圈）。使用时应根据卡簧（挡圈）结构形式，选择相应的卡簧钳。如图 1-12（a）～（c）所示为常用的孔用和轴用卡簧钳。

2. 专用工具

有些维修项目必须使用专用工具，才能顺利进行，下面介绍几种专用工具：

（1）活塞环拆装钳。活塞环拆装钳是一种专门用于拆装活塞环的工具。维修发动机时，必须使用活塞环拆装钳拆装活塞环，防止不恰当的操作导致活塞环折断，如图 1-13所示。

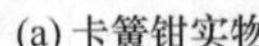
(a) 卡簧钳实物

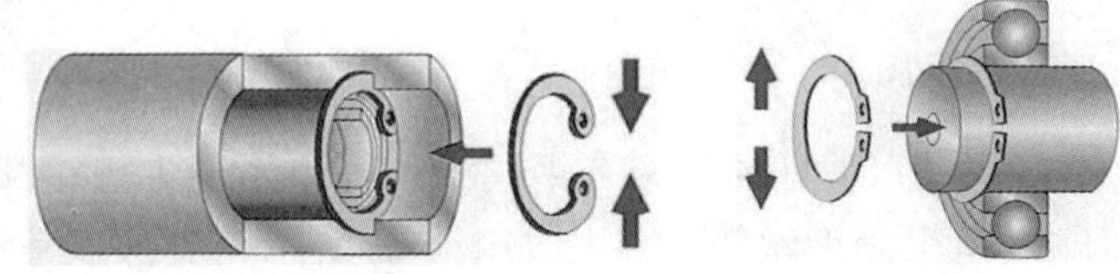
(b) 孔用卡簧钳

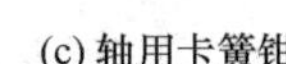
(c) 轴用卡簧钳

图 1-12　卡簧钳

(2) 气门弹簧拆装架。气门弹簧拆装架是一种专门用于拆装顶置气门弹簧的工具，如图 1-14 所示。

图 1-13　活塞环拆装钳

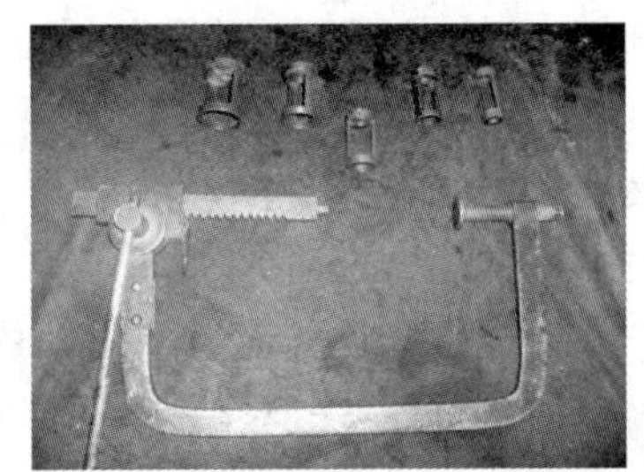

图 1-14　气门弹簧拆装架

(3) 火花塞套筒扳手。火花塞套筒扳手是一种薄壁长套筒，用手拆除火花塞的专用工具，如图 1-15 所示。

(4) 油封取出装置。油封取出装置用于油封取出，如图 1-16 所示。使用时将油封取出装置置于油封中，旋转使之张开，将油封拉出即可。使用中注意用力和张开的程度不宜太大，以免损伤油封。

图 1-15　火花塞套筒扳手

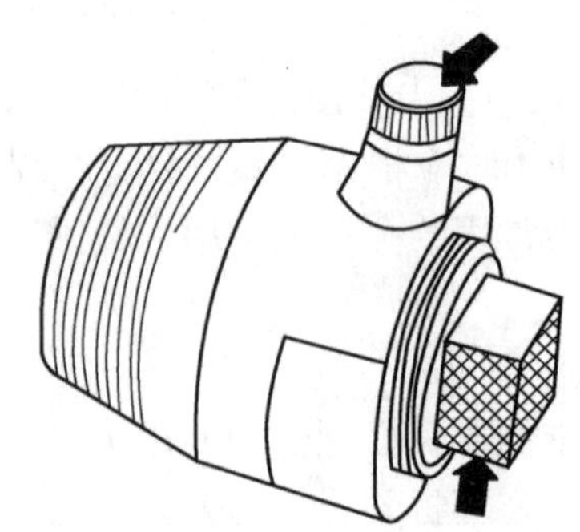

图 1-16　油封取出装置

（5）衬套、轴承、密封圈安装器。安装衬套、轴承和密封圈是一项很困难的工作。在安装过程中，这些部件必须正确定位，甚至安装这些部件的时候必须施加一定的压力。衬套安装器可以用来完成这项工作，如图 1-17所示，图左是一个轴衬、轴承、密封圈驱动器套件。图中所示的圆圈表示所用的衬套引导件的尺寸。注意图中给出了一些衬套引导件的侧视图来显示它们的形状，不同的引导件用于不同内径的衬套。这些引导件包括压盘和手柄。还有几个隔板和驱动器，可以在要安装的部件上施加均匀的力。在图 1-17 右部给出了安装的三个步骤。压盘的直径范围为 5～45mm。

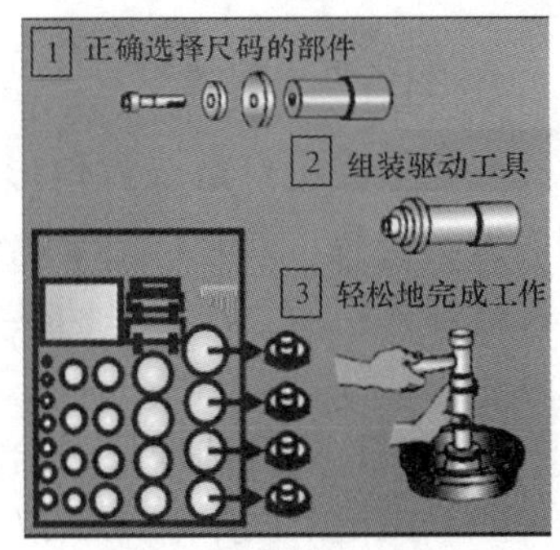

图 1-17　衬套、轴承、密封圈安装器

1.1.2　任务实施：常用工具的使用方法

1. 开口扳手的使用

（1）所选用扳手的开口尺寸，必须与螺栓或螺母的尺寸相符合，扳手开口过大易滑脱并损伤螺母的六角。在进口汽车维修中，应注意扳手规格公制与英制的换算。各类扳手的选用原则，一般优先选用套筒扳手，其次为梅花扳手，再次为开口扳手，最后选活扳手。

（2）活扳手开口的内部较大，而头部较小，使用时应先将螺母卡入扳手开口内部，调整开口大小，使其卡紧螺母，再将扳手外拉后拧动。取下扳手时，前推扳手，向上取出。重新套上螺母时与此动作相反。可简记为“内套后拉，取时前推”。

（3）为防止扳手损坏和滑脱，应使拉力作用在开口较厚的一边，如图 1-18 所示，对受力较大的活扳手尤其应该注意，以防开口出现“八”字形，损坏螺母和扳手。

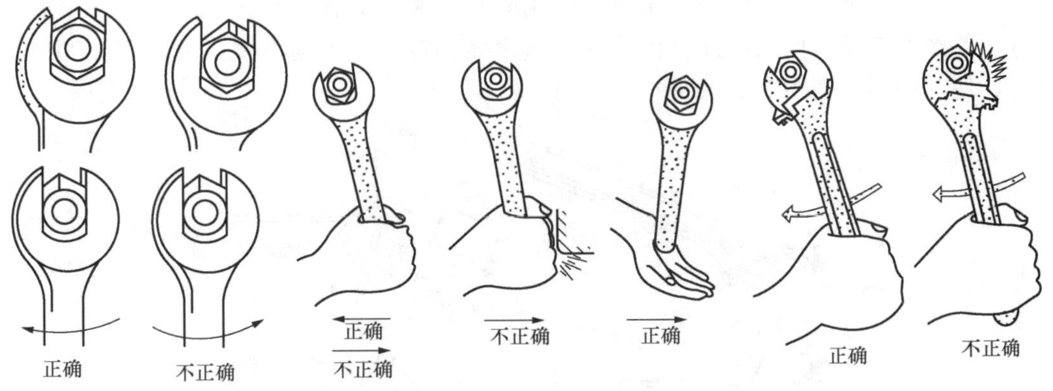

图 1-18　扳手的正确使用

（4）普通扳手是按人手的力量来设计的，遇到较紧的螺纹联接件时，不能用锤击打扳手。除套筒扳手外，其他扳手都不能套装加力杆，以防损坏扳手或螺纹联接件。

2. 梅花扳手的使用

梅花扳手钳口是双六角形的，可以容易地装配螺栓、螺母。这可以在一个有限空间内重新安装。同时，由于螺栓、螺母的六角形表面被包住，没有损坏螺栓角的危险，并可施加大扭矩。由于手柄具有一定角度，可用于在凹进空间里或在平面上旋转螺栓、螺母。

使用时首先应选择尺寸合适的扳手，否则，极易损伤扳手和螺母。应尽量使用拉力，如果由于空间限制无法拉动工具，可用手掌推它。已经拧的很紧的螺栓、螺母可以通过施加冲击力轻松松开，如图1-19所示。但是不能使用锤子和管子（用来加长轴）来增加扭矩，如图1-20所示。

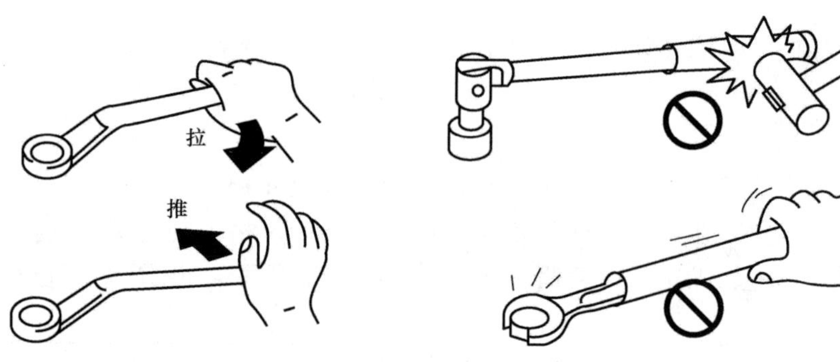

图1-19　梅花扳手的正确使用

图1-20　扳手的不正确使用

3. 活扳手的使用

活扳手可通过旋转调节螺钉改变口径。一个可调活扳手可用来代替多个开口扳手。适用于尺寸不规则螺母的松动或压紧。使用时转动调节螺杆，使孔径与螺母头部配合完好，并注意使拉力作用在开口较厚的一边来转动扳手。否则将使压力作用在调节螺杆上，使其损坏，如图1-21所示。

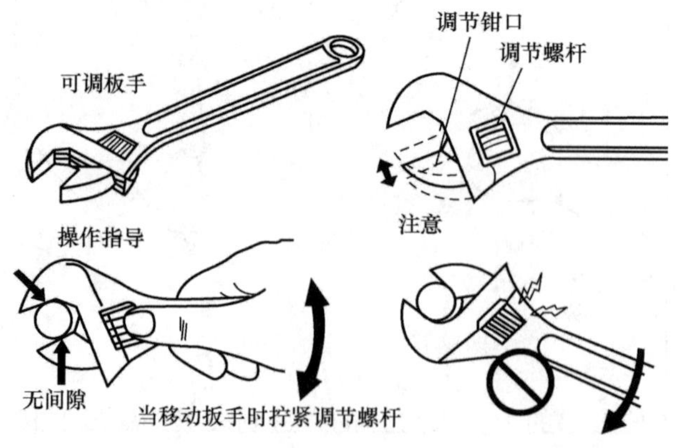

图1-21　活扳手的使用

4. 棘轮扳手的使用

扳动棘轮扳手上的手柄可以改变扳手的用力方向，往左转可以拧紧螺母，往右转可以松开螺母。因此螺栓、螺母可以不需要取下套筒头而往复操作，提高了工作效率，同时，套筒扳手可以以较小的回转角锁住，可以在有限的空间中工作。但注意内部的棘轮不能承受较大的力，因此不要施加过大扭矩，否则可能损坏棘爪的结构，如图 1-22 所示。

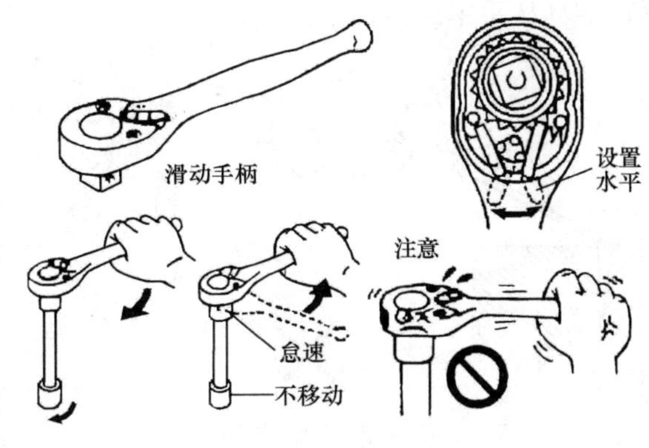

图 1-22 棘轮扳手的使用

注意：

(1) 棘轮手柄适合在狭窄空间中使用。然而，由于棘轮的结构，它不可能获得很高的扭矩。

(2) 滑动手柄要求极大的工作空间，但它能提供最快的工作速度。

(3) 旋转手柄在调整好手柄后可以迅速工作。但此手柄很长，很难在狭窄空间使用。

5. 扭力扳手的使用

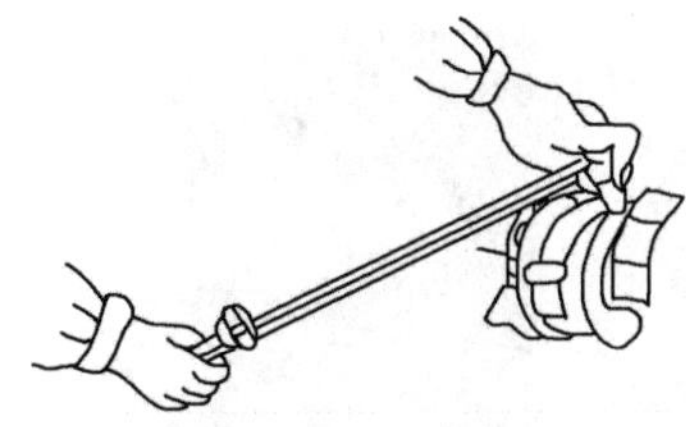
图 1-23 扭力扳手的使用方法

扭力扳手使用方法如图 1-23 所示。使用时一手按住套筒一端，另一手平稳地拉动扭力扳手的手柄，并观察扭力扳手指针指示的转矩数值。切忌在过载的情况下使用扭力扳手，以免造成读数失准或扳手损坏。用后应将扭力扳手平稳放置，避免重物撞压，造成扳杆或扳手指针变形而影响其测量精度，甚至损坏扳手。

6. 螺钉旋具的使用

使用螺钉旋具时，右手握住螺钉旋具，手心抵住柄端，螺钉旋具与螺钉同轴心，压紧后用手腕扭转。松动后用手心轻压螺钉旋具，用拇指、中指、食指快速扭转，如图 1-24 所示。使用长杆螺钉旋具时，可用左手协助压紧和拧动手柄。刃口应与螺钉槽口大小、宽窄、长短相适应，刃口不得残缺，以免损坏槽口和刃口。

使用螺钉旋具的注意事项如下。

(1) 使用前先擦净油污，以免工作中滑脱发生意外。

(2) 选用的工具与螺栓上的槽口要相吻合，刃口太薄易折断，太厚使旋具和螺栓口损坏。

(3) 使用时不允许将工件拿在手上拆装螺钉，以免

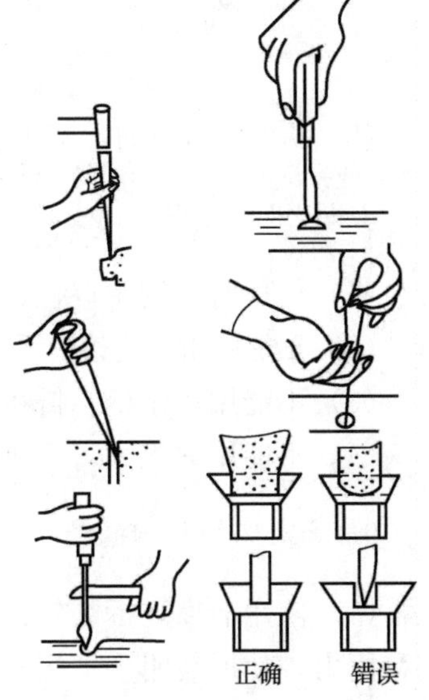

图 1-24 螺钉旋具的正确使用

螺钉旋具从手中滑出伤手。

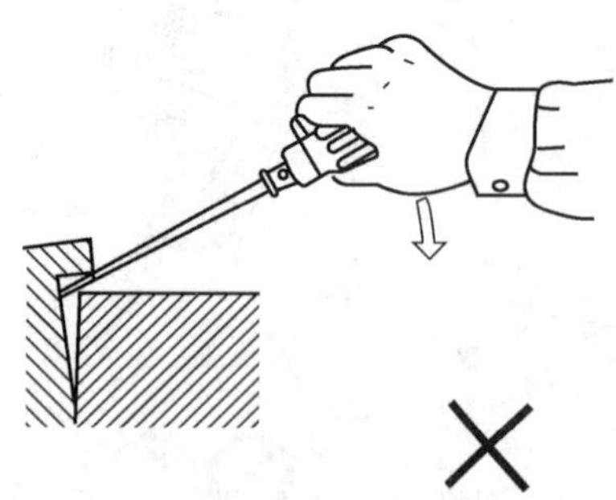
图 1-25 螺钉旋具不能当撬杠使用

(4) 不允许用螺钉旋具当撬杠使用，不允许用锤子敲击旋柄，如图 1-25 所示。

(5) 不允许用扳手转螺钉旋具的尾端来增加扭力。

(6) 使用完毕后将螺钉旋具擦拭干净。

7. 锤子的使用

(1) 敲击时，右手握住锤柄后端约 10mm 处，握力适度，眼睛注视工件。

(2) 挥锤方法有三种，即手挥、肘挥和臂挥。手腕挥锤只有手腕动，锤击力小，但准、快、省力。臂挥是大臂和小臂一起运动，锤击力最大。握锤和挥锤方法如图 1-26所示。

(3) 手柄应安装牢固，用楔塞牢，防止锤头飞出伤人。

(4) 锤头应平整地击打在工件上，不得歪斜，防止破坏工件表面形状，如图 1-27 所示。

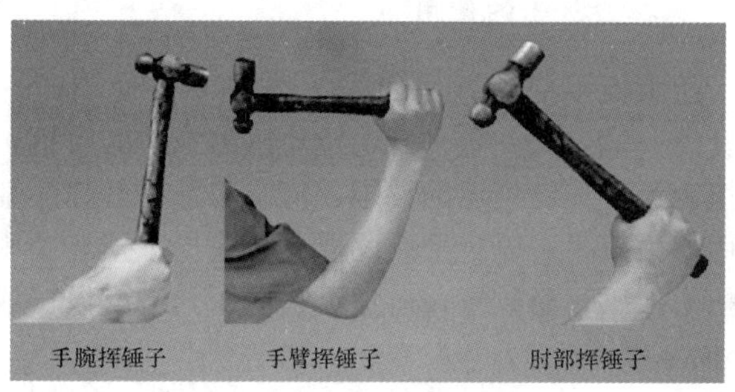

图 1-26 握锤和挥锤方法

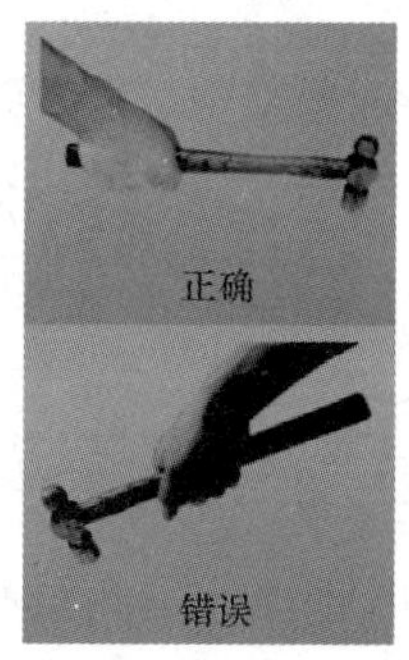

图 1-27 锤子的使用

(5) 拆卸零部件时，禁止直接锤击重要表面或易损部位，以防出现表面破坏或损伤。

8. 手钳的使用

(1) 使用时，用手握住钳柄后端，使钳口开闭、夹紧。

(2) 不能用钳子代替扳手来拧紧或拧松螺栓、螺母，以免损坏螺栓、螺母头部棱角。

(3) 不能用钳子柄当撬棒使用，以免使之弯曲、折断或损坏。

(4) 不能用力太大，否则钳口头部会变形，销轴会松动。

9. 活塞环拆装钳的使用

(1) 使用活塞环拆装钳时，将拆装钳上的环卡卡住活塞环开口，握住手把均匀地稍稍用力，使拆装钳手把慢慢地收缩，环卡将活塞环徐徐地张开，使活塞环能从活塞环槽中取出或装入。

（2）使用活塞环拆装钳拆装活塞环时，用力必须均匀，避免用力过猛而导致活塞环折断，同时避免伤手事故。

10. 气门弹簧拆装架的使用

使用气门弹簧拆装架时，根据需要将装卸钳放于合适位置，如图 1-28 所示，将拆装架托架抵住气门，压紧对正气门弹簧座，然后用力压下手柄，使得气门弹簧被压缩。可取下气门弹簧锁销或锁片，慢慢地松抬手柄，即可取出气门弹簧座、气门弹簧和气门等。

使用时应根据气门的位置和形式选取合适的拆装钳（有顶置式、侧置式、液力挺柱式三种）。

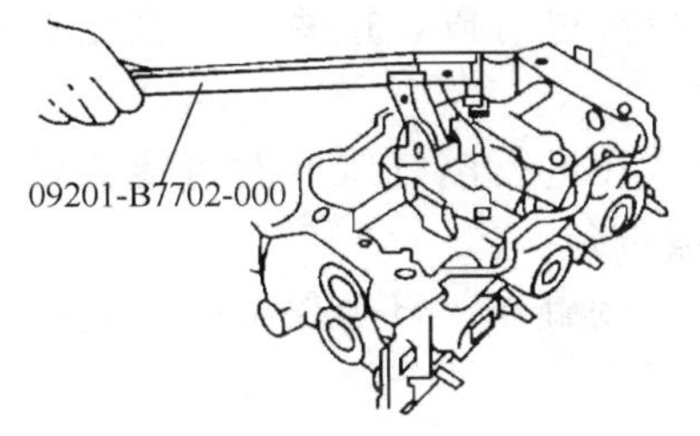

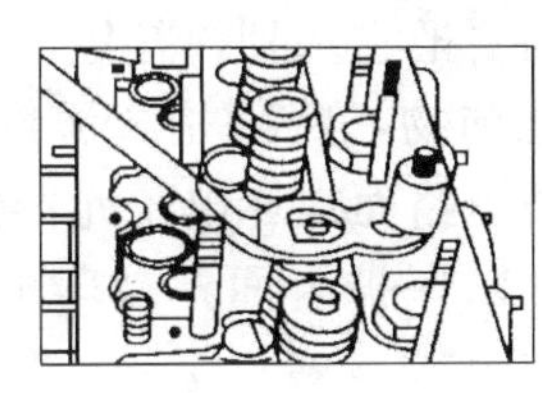
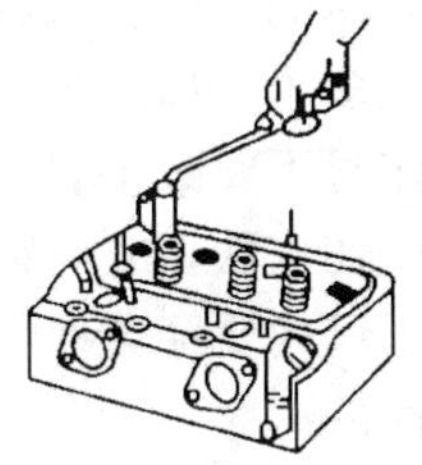

图 1-28　气门弹簧拆装架的使用

11. 火花塞套筒扳手的使用

使用火花塞套筒扳手前，应根据火花塞六角对边的尺寸，选用内六角对边尺寸与其相同的火花塞套筒。拆卸时，套筒应对正火花塞六角头，套接要妥当，不可歪斜，应逐渐加大扭力，以防滑脱。

1.1.3　拓展技能：个人安全防护及设备安全

1. 个人安全

1）眼睛的防护

在汽车维修企业中，眼睛经常会受到各种伤害，如飞来的物体、腐蚀性的化学飞溅物、有毒的气体或烟雾等，但这些伤害几乎都是可以防护的。

常见的保护眼睛的装备是护目镜和面罩。护目镜可以防护各种对眼睛的伤害，如飞来物体或飞溅的液体。在下列情况下，应考虑佩戴护目镜。进行金属切削加工、用錾子或冲子铲剔、使用压缩空气、使用清洗剂等。面罩不仅能够保护眼睛，还能保护整个面部。如果进行电弧焊或气焊，要使用带有色镜片的护目镜或带深色镜片的特殊面罩，以防止有害光线或过强的光线伤害眼睛。

注意：在摘下护目镜时，要闭上眼睛，防止粘在护目镜外的金属颗粒掉进眼睛里。

2）听觉的保护

汽车修理厂是个噪声很大的场所，各种设备如冲击扳手、空气压缩机、砂轮机、发动机等的噪声都很大。短时的高噪声会造成暂时性听力丧失，但持续的较低噪声则更有害。

常见的听力保护装备有耳罩和耳塞，噪声极高时可同时佩戴。一般在钣金车间必须佩戴耳罩或耳塞。

3）手的保护

手是身体经常受伤的部位之一，保护手要从两方面着手：一是不要把手伸到危险区域，如发动机前部转动的传动带区域、发动机排气管道附近等；二是必要时应戴上防护手套。不同的场合需用不同的防护手套，金属加工用劳保安全手套，接触化学品用橡胶手套。

4）衣服、头发及饰物

宽松的衣服、长袖子、领带都容易卷进旋转的机器中，所以在修理厂中，首先一定要穿合体的工作服，最好是连体工作服，外套、工装裤也可以，这些工作服比平时衣着安全多了。如果戴领带则要把它塞到衬衫里。

工作时不要戴手表或其他饰物，特别是金属饰物，在进行电气维修时可能会导入电流而烧伤皮肤，或导致电路短路而损坏电子元器件或设备。

在工厂内要穿劳保鞋，可以保护脚面不被落下的重物砸伤，且劳保鞋的鞋底是防油、防滑的。

长发很容易被卷入运转的机器中，所以长发一定要扎起来，并戴上帽子。

2. 工具和设备的安全使用

1）手动工具的安全使用

手动工具看起来是安全的，但使用不当也会导致事故，如用一字旋具代替撬棍，会导致旋具崩裂、损坏；飞溅物会打伤自己或他人；扳手从油腻的手中滑落，掉到旋转的零部件上，再飞出来伤人等。

另外，使用带锐边的工具时，锐边不要对着自己和工作同事。传递工具时要将手柄朝向对方。

2）动力工具的安全使用

所有的电气设备都要使用三相插座，地线要安全接地，电缆或装配松动应及时维护；所有旋转的设备都应有安全罩，以免零部件飞出伤人。

在进行电子系统维修时，应断开电路的电源，方法是断开蓄电池的负极搭铁线，这不仅可以保护人身安全，还能防止对电器的损坏。

许多维修工序需要将车辆升离地面，在升起车辆前应确保汽车已被正确支撑，并应使用安全锁以免汽车落下。用千斤顶支起汽车时应当确保千斤顶支撑在汽车底盘大梁部分或较结实的部分。

注意：升起汽车时要先看维修手册，找到正确的支撑点，错误的支撑点不仅危险，而且会破坏汽车的结构。

工具和设备都要定期检查和保养。

3. 压缩空气的安全使用

使用压缩空气时，应非常小心，不要玩弄它们，不要将压缩空气对着自己或别人，

不要对着地面或设备、车辆乱吹。压缩空气会撕裂耳鼓膜，造成失聪；还会损伤肺部或伤及皮肤；被压缩空气吹起的尘土或金属颗粒会造成皮肤、眼睛损伤。

思考题

选用扳手的优先顺序。

任务 1.2　常用量具的使用

工作任务

规范的使用每一类量具是每一位汽车维修工必备的素养，本任务将重点介绍常用量具的正确使用方法。

1.2.1　相关知识：常用量具简介

在汽车维修作业中，正确地使用量具，是确保测量精度，严格技术标准，提高维修质量的重要环节。因此，车辆维修人员必须熟悉常用量具的使用和维护方法。量具的种类很多，汽车维修中常用量具有金属直尺、游标卡尺、千分尺、百分表、内径百分表等，下面分别加以介绍。

1. 金属直尺

金属直尺是一种最简单的测量长度直接读数量具，用薄钢板制成。常用它粗测工件长度、宽度和厚度。金属直尺的规格分为 150mm、300mm、500mm、1000mm 和 1200mm 等几种，最常用的是 150mm 和 300mm 两种。

2. 游标卡尺

游标卡尺是一种较精密的量具，能较精确地测量工件的长度、宽度、深度及内外圆直径等尺寸。常用的规格有 0～125mm、0～150mm、0～200mm、0～300mm 和 0～500mm 等多种。游标卡尺按其精度可分为：0.1mm、0.05mm 和 0.02mm 三种。

1）游标卡尺的构造

游标卡尺由尺身、游标、外测量爪、刀口内测量爪、深度尺、紧固螺钉等组成，如图 1-29 所示。

内、外固定测量爪与尺身制成一体，而内、外径活动测量爪和深度尺与游标制成一体，并可在尺身上滑动。尺身上的刻度每格为 1mm，游标上的刻度每格不足 1mm。当内、外测量爪合拢时，尺身与游标上的零线应相重合；在内、外测量爪分开时，尺

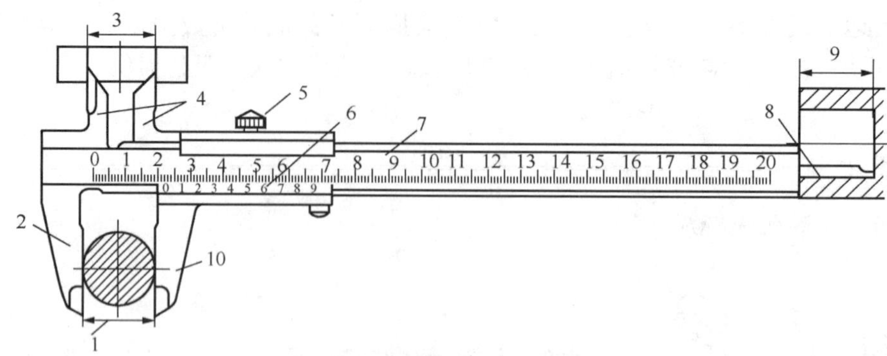

图 1-29 游标卡尺

1—测量外表面；2、10—外测量爪；3—测量内表面；4—刀口内测量爪；
5—紧固螺钉；6—游标；7—尺身；8—深度尺；9—测量深度

身与游标上的刻线即相对错动。测量时，根据尺身与游标错动情况，即可在尺身上读出以毫米为单位的整数，在游标上读出以毫米为单位的小数。为了使测好的尺寸不致变动，可拧紧紧固螺钉，使游标不再滑动。

2）刻线原理和读数方法

不同精度的游标卡尺刻线原理和读数方法如表 1-1 所示。

表 1-1 游标卡尺的刻线原理及读数方法

精度值/mm	刻线原理	读数方法及示例
0.1	尺身 1 格=1mm，游标 1 格=0.9mm，共 10 格，尺身、游标每格之差=(1.1−0.9)mm=0.1mm 1mm 尺身 零线 0.9mm 游标	读数=游标 0 刻线指示的尺身整数+游标与尺身重合线数×精度值 示例： 90 100 0.4mm 读数=(90+4×0.1)mm=90.4mm
0.05	尺身 1 格=1mm，游标 1 格=0.95mm，共 20 格，尺身、游标每格之差=(1.0−0.95)mm=0.05mm 尺身 1 2 游标 5 10 15 20	读数=游标 0 刻线指示的尺身整数+游标与尺身重合线数×精度值 示例： 3 4 0 5 10 读数=(30+11×0.05)mm=30.55mm
0.02	尺身 1 格=1mm，游标 1 格=0.98mm，共 50 格，尺身、游标每格之差=(1.0−0.98)mm=0.02mm 尺身 0 1 2 3 4 5 游标 0 1 2 3 4 5 6 7 8 9 1	读数=游标 0 刻线指示的尺身整数+游标与尺身重合线数×精度值 示例： 2 3 4 5 0 1 2 3 4 5 读数=(23+13×0.02)mm=23.26mm

3. 千分尺

千分尺俗称螺旋测微器，是比游标卡尺更为精确的一种精密量具，测量精度可达 0.01mm，按其用途可分为外径千分尺、内径千分尺、深度千分尺和螺纹千分尺等。这里只介绍常用的外径千尺的构造和使用

1）外径千分尺的构造

外径千分尺是用来测量工件外部尺寸的。如图 1-30 所示为外径千分尺的结构，其测量的范围分为 0～25mm、25～50mm、50～75mm、75～100mm 和 100～125mm 等多种。它由尺架、测砧、测微螺杆、螺纹轴套、固定套管、微分筒、调节螺母、测力装置、锁紧装置、隔热装量等组成。

2）刻线原理

千分尺是利用螺旋副传动原理，借助螺杆与螺纹轴套的精密配合，将回转运动变为直线运动，以固定套管和微分筒（相当于游标卡尺的尺身和游标）所组成的读数机构读得被测工件的尺寸。

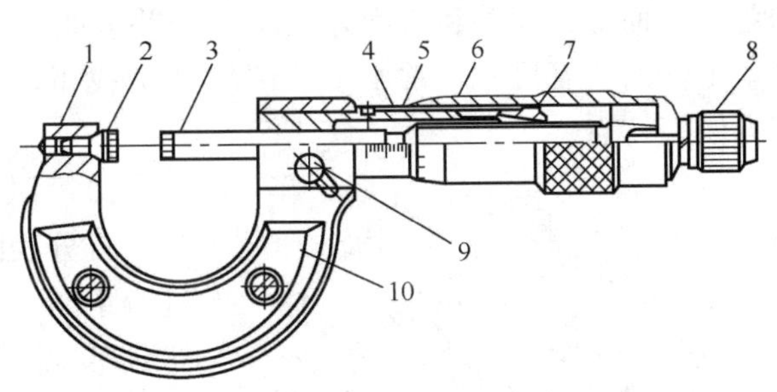

图 1-30　外径千分尺的结构

1—尺架；2—测砧；3—测微螺杆；4—螺纹轴套 5—固定套管；6—微分筒；7—调节螺母；8—测力装置；9—锁紧装置；10—隔热装置

固定套管外面有尺寸刻线，上、下刻线每 1 格为 1mm，相邻刻线间距离为 0.5mm。测微螺杆后端有精密螺纹，螺距是 0.5mm，当微分筒旋转一周时，测微螺杆和微分筒一同前进（或后退）0.5mm，同时，微分筒就遮住（或露出）固定套管上的 1 条刻线。在微分筒圆锥面上，一周等分成 50 条刻线，当微分筒旋转一格时，即一周的 1/50，测微螺杆就移动 0.01mm，故千分尺的测量精度为 0.01mm。

3）读数方法

（1）先读固定套管上的毫米和半毫米数。

（2）再看微分筒上第几条刻线与固定套管的基线对正，即有几个 0.01mm。

（3）将两个读数相加就是被测量工件的尺寸读数。

在图 1-31 中，固定套管上露出来的数值是 7.50mm，微分筒上第 39 格线与固定套管上基线正对齐，即数值为 0.39mm，此时，千分尺的正确读数为 7.50mm＋0.39mm＝7.89mm。在图 1-31（b）、（c）中，千分尺的正确读数分别为 7.5mm＋0.35mm＝7.85mm 和 0.50mm＋0.10mm＝0.60mm。

4. 百分表

1）百分表的结构特点

、百分表是一种精度较高的齿轮传动式测微量具，如图 1-32 所示。它利用齿轮齿条传动机构将测杆的直线移动转变为指针的转动，由指针指出测杆的移动距离。因百分

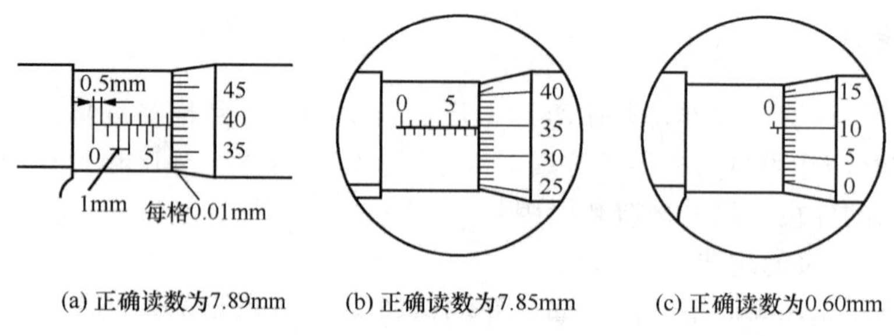

(a) 正确读数为7.89mm (b) 正确读数为7.85mm (c) 正确读数为0.60mm

图 1-31 千分尺的刻度和读数示例

表只有一个测量头，所以它只能测出工件的相对数值。百分表主要用来测量机器零件的各种几何形状偏差和表面相互位置偏差（如平面度、垂直度、圆度和跳动量），也可测量工件的长度尺寸，常用于工件的精密找正。百分表具有外形尺寸小、重量轻、使用方便等特点。

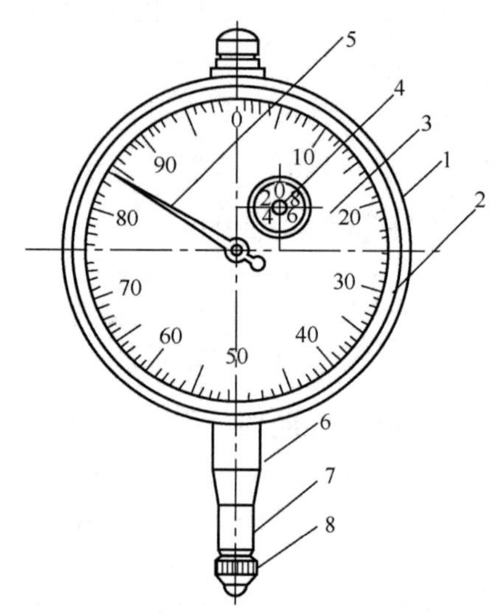

图 1-32 百分表

1—表体；2—表圈；3—表盘；4—小指针；5—主指针；6—装夹套；7—测杆；8—测头

2）百分表的工作原理与读数方法

百分表的工作原理是将测杆的直线位移，经过齿条与齿轮传动转变为指针的角位移。百分表的刻度盘圆周刻成 100 等分，其分度值为 0.01mm，当主指针 5 转动 1 周，则测杆的位移量为 1mm，小指针转一格，测杆的位移量为 0.01mm，此时读数为 0.01mm。表圈 2 和表盘 3 是一体的，可任意转动，以便使指针对零位。小指针 4 用以指示大指针的回转圈数。常见百分表的测量范围为 0～3mm、0～5mm 和 0～10mm 等。

5. 内径百分表

内径百分表俗称量缸表，是一种借助于百分表为读数机构，配备杠杆传动系统或楔形传动系统的杆部组合而成。内径百分表是用比较法来测量孔径及其几何形状偏差。在发动机拆装与检修中主要用来测量气缸的尺寸精度和形状精度，也可以用来测量工件上孔的尺寸精度和形状精度。

图 1-33 所示为配备杠杆传动系统的内径百分表，它的上部是百分表，下部是量杆装置，上、下部有联动关系。测量时，被测孔的尺寸偏差借活动测头的位移，通过杠杆和传动杆传递给百分表。因传动系统的传动比为 1，因此，测头所移动的距离与百分表的指示值相等。为了测量不同直径的气缸，备有长短不同的固定量杆，并在各量杆上标有测量范围，以便于选用。量缸表的规格是按测量直径的范围来划分的，如 18～35mm、35～50mm 和 50～160mm 等。汽车维修作业中常用规格为 50～160mm。

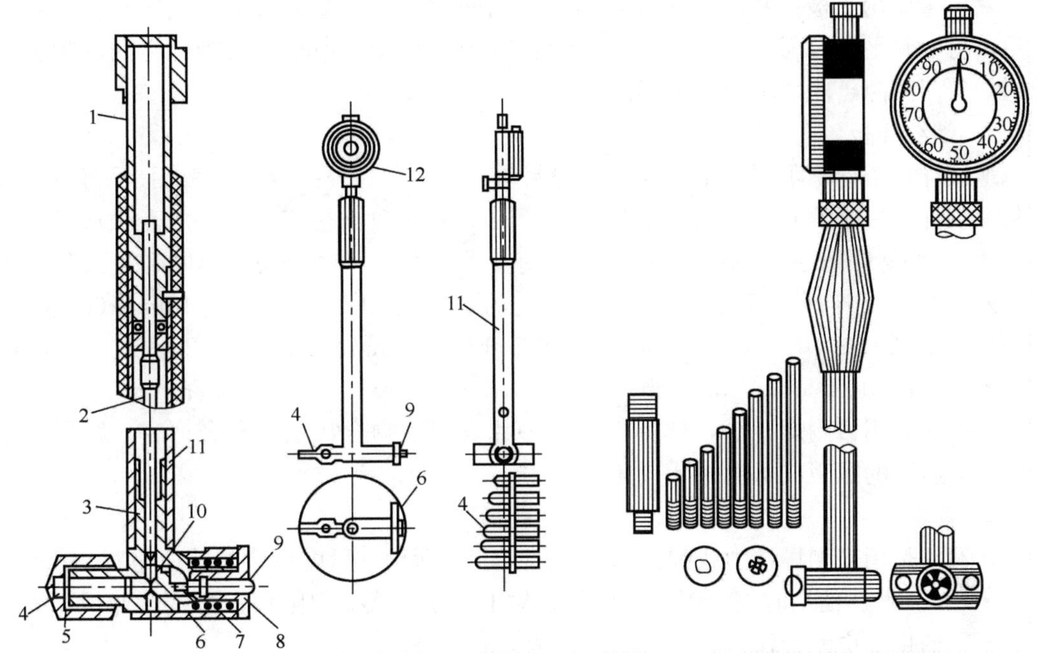

图 1-33 内径百分表的外观和结构

1—插口；2—活动杆；3—三通管；4—固定量杆；5、8—锁紧螺母；6—活动套；7—弹簧；9—活动量杆；10—杠杆；11—表管；12—百分表

6. 其他量具

1）塞尺

塞尺俗称厚薄规或测隙片，一般是成套供应，其外形如图 1-34 所示。塞尺由不同厚度的金属薄片组成，每个薄片有两个相互平行平面并有较准确的厚度。塞尺的规格以长度和每组片数来表示。其长度制成 50mm、100mm、200mm 和 300mm 等，每组片数有 11～17 等多种。

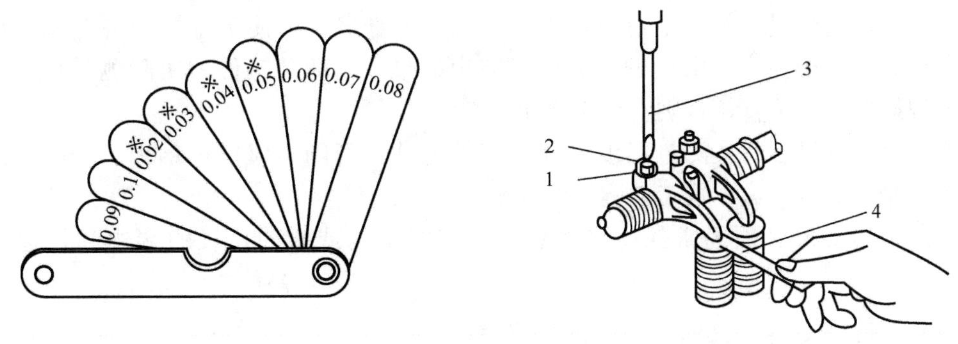

图 1-34 塞尺

1—锁紧螺母；2—调整螺栓；3—螺钉旋具；4—厚薄规

塞尺主要用于检查两平面或接合面之间的间隙大小，塞尺与平尺及等高垫块结合使用，可检验平台台面的平面度。在汽车检修中，塞尺常用来测量零件之间的配合间隙，如气门间隙、曲轴轴向间隙等。

2）螺纹样板

螺纹样板俗称螺距规、螺纹规，有公制和英制两种。公制螺纹样板用来测量螺距；英制螺纹样板用来测量每英寸（1 英寸＝2.54cm）牙数。它们一般是成套供应的，公制上注 60°和螺距数字，英制上注有 55°和每英寸牙数，以区分公、英制和螺纹的牙型角。公制的螺纹样板一套由 20 片组成，它的螺距有如下 20 种：0.4mm、0.45mm、0.5mm、0.55mm、0.6mm、0.7mm、0.75mm、0.8mm、1mm、1.25mm、1.5mm、1.75mm、2mm、2.5mm、3.5mm、4mm、4.5mm、5mm、5.5mm 和 6mm。

使用时，用目测螺距后，选择近似的一片与螺纹吻合，如果吻合严密，则该片上的数值为所测的螺距或每英寸牙数。

3）弹簧秤

弹簧秤是用来测量拉力或弹力的，其外壳的正面刻有量度单位，单位为 N 或 kg・f（1kg・f＝10N）。使用时把要测的物体挂在钩上，拉动或提起圆环，弹簧就伸长，固定在弹簧上的指针也跟着移动，即可得出所测力的大小。

1.2.2　任务实施：常用量具的使用方法及使用注意事项

1. 金属直尺的正确使用

（1）在测量长度时，金属直尺应与工件平面（或轴线）保持平行，或与其顶面相垂直，否则，将影响测量的精确度。

（2）测量直径时，将金属直尺的尺端齐靠在圆柱边缘固定不动，而钢尺的另一端左右摆动，以通过圆心量出最大数值，即是直径的尺寸。

（3）判断平面是否平直，常用金属直尺或刀口直尺垂直搁在平面上通过透光来检查，从直尺侧面与平面接触处透光的强弱程度来判断平面的平直度，透光面越大，说明该平面不平直。

（4）当尺端磨损或刻线不清时，为使测量尺寸准确，可使工件端面与金属直尺的第二段整数刻线相齐，量出全长减去前面空出的尺寸，即是工件的实际测量尺寸。读数时，视线应与尺垂直，否则将引起测量误差。

（5）金属直尺不适宜测量温度过高的工件尺寸，否则不仅损坏钢板尺，而且由于材料的热胀冷缩特性，影响工件测量的准确性。

（6）金属直尺必须经常保持良好状态，不能损伤或弯曲，尺的端边和长边相互垂直。

2. 游标卡尺的正确使用

1）使用方法

（1）测量前应将被测工件表面擦净；使游标卡尺测量爪保持清洁。

（2）测量工件外尺寸时，应先使游标卡尺外测量爪间距略大于被测工件的尺寸，再使工件与尺身外测量爪贴合，然后使游标外测量爪与被测工件表面接触，并找出最小尺寸。测量时要注意外测量爪的两测量面与被测工件表面接触点的连线应与被测工件表面相垂直。

（3）测量工件孔内尺寸时，应使游标卡尺内测量爪的间距略小于工件的被测孔径尺寸。将测量爪沿孔中心线放入。先使尺身内测量爪与孔壁一边贴合，再使游标内测量爪与孔壁另一边接触，找出最大尺寸。同时注意使内测量爪两测量面与被测工件内孔表面接触点的连线与被测工件内表面垂直。

（4）用游标卡尺的深度尺测量工件深度尺寸时，要使卡尺端面与被测工件的顶端平面贴合，同时保持深度尺与该平面垂直。

2）注意事项

使用游标卡尺应注意以下事项：

（1）检查零线。使用前应先擦净卡尺，合拢测量爪，检查尺身与游标的零线是否对齐。如未对齐应记下误差值，以便测量后修正读数。

（2）放正卡尺。测量内外圆时，卡尺应垂直于轴线；测量内圆时，应使两量爪处于直径处。避免如图 1-35 所示的使用游标卡尺时的几种错误方法。

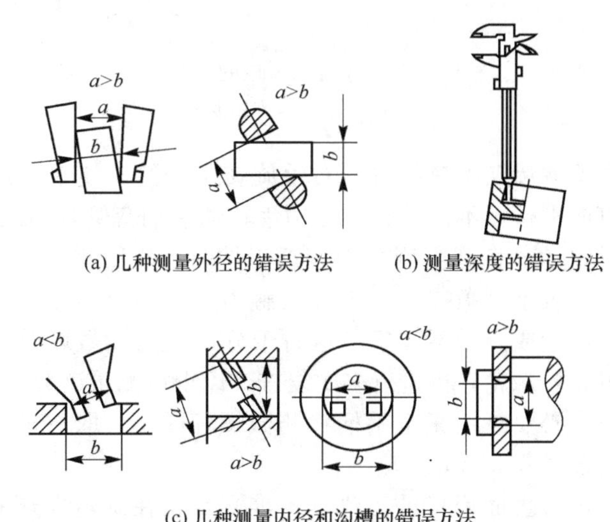

(a) 几种测量外径的错误方法　　(b) 测量深度的错误方法

(c) 几种测量内径和沟槽的错误方法

图 1-35　游标卡尺的错误使用方法

（3）用力适当。量爪与测量面接触时，用力不宜过大，以免量爪变形和磨损，读数误差大。

（4）视线垂直。读数时视线要对准所读刻线并垂直尺面，否则读数不准。

（5）防止松动。卡尺取出时，应使固定量爪紧贴工件，轻轻取出，防止活动量爪移动。

（6）勿测毛面。卡尺属精密量具，不得用来测量毛坯表面。

游标卡尺不能测量旋转中的工件。禁止把游标卡尺的两个量爪当作扳手或刻线工具使用。

游标卡尺受到损伤后，绝对不允许用锤子、锉刀等工具自行修理，应交专门修理部门修理，经检定合格后才能使用。

3. 千分尺的正确使用

(1) 测量前，先将测量面擦净，并检查零位。具体检查方法是：用测力装置使量面或量面与标准棒两端面接触，观察微分筒前端面与固定套管零线、微分筒零线与固定套管基线是否重合。如不重合，应通过附带的专用小扳手转动固定套管来进行调整。如图 1-36 所示为调整零位的方法。

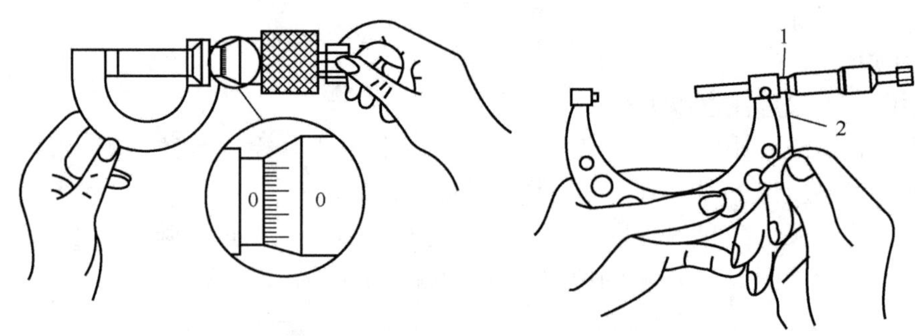

图 1-36 千分尺零位的调整

1—固定套管；2—专用扳手

(2) 测量时，左手拿尺架隔热装置，右手旋转微分筒，使千分尺微测螺杆的轴线与工件的中心线垂直或平行，不得歪斜。先用手转动活动套管，当测量面接近工件时，改用测力装置的螺母转动，直到当测量面接近工件时，改用测力装置的螺母转动，直到听到“咔咔”响声，表示测微螺杆与工件接触力适当，应停止转动，并严禁拧动微分筒，以免用力过度，造成测量不准确。这时千分尺上的读数就是工件的尺寸。为防止一次测量不准，可旋松棘轮，再进行多次复查，以求得测量读数的准确性。

(3) 读数要细心，必要时用紧定手柄将测微螺杆固定，取下千分尺读出测量的数值。要特别注意不要读错 0.5mm。

(4) 不准测量毛坯或表面粗糙的工件，不准测量正在旋转发热的工件，以免损伤测量面或得不到正确的读数。

(5) 千分尺应经常保持清洁，用后要擦净涂油，并妥善保管。

4. 百分表和内径百分表的正确使用

(1) 使用磁座百分表测量工件时，必须将其固定在可靠的支架上，如图 1-37 所示。

(2) 百分表的夹装要牢固，夹紧力适当，不宜过大，以免装夹套筒变形，卡住测杆。

(3) 夹装后检查测杆是否灵活，夹紧后不可再转动百分表。

(4) 测量时，测杆与被测工件表面必须垂直，否则会产生测量误差。使用百分表的正确位置如图 1-38 所示。

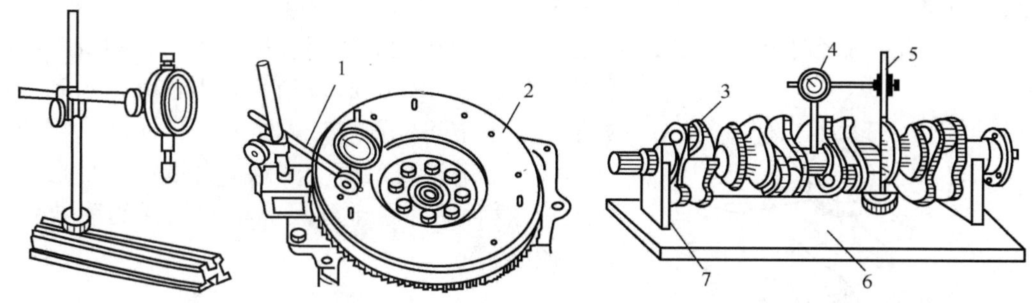

图 1-37　百分表架及百分表的使用

1—固定支架；2—飞轮；3—曲轴；4—百分表；5—百分表支架；
6—检验用平板；7—V 形铁

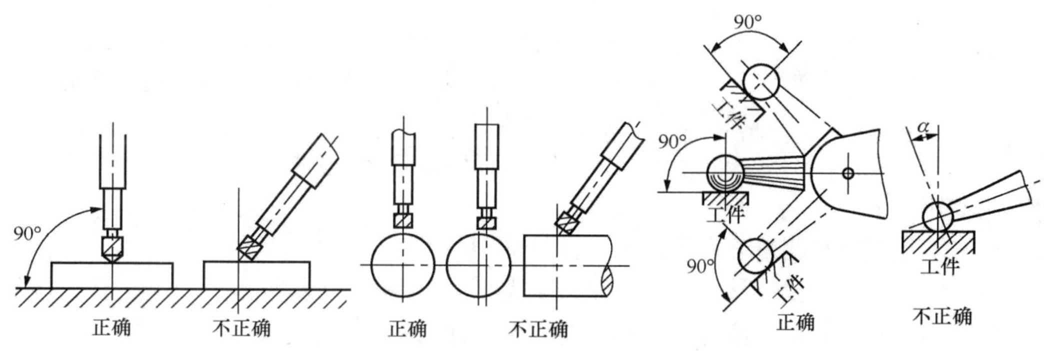

图 1-38　使用百分表的正确位置

（5）依被测工件表面的不同形状选用相应形状的测头。如用平测头测量球面工件，用球面测头测量圆柱形或平面工件，用尖测头或曲率半径很小的球面测头测量凹面或形状复杂的表面。

（6）测量时，应轻提测杆，缓慢放下，使量杆端部的触头抵在被测零件的测量面上，并要有一定的压缩量，以保持触头一定的压力，再转动刻度盘，使指针对准零位。测量时，应注意不使测头移动距离过大，不准将工件强行推至触头下，也不准急速放下测杆，使触头突然落到零件表面上，否则将造成测量误差，甚至损坏百分表。

（7）测量时，使被测量的零件按一定要求移动或转动，从刻度盘指针的变化，直接观察被测零件的偏差尺寸，即可测量出零件的平整程度或平行度、垂直度或轴的弯曲度及轴颈磨损程度等。

（8）使用中应注意百分表与支架在表座上安装的稳固性，以免造成倾斜或摆动现象。

（9）对于磁性表座，一定要注意检查按钮的位置，测杆与触头不应粘有油污，否则会降低其灵敏性；使用后，应将百分表从支架上拆下，擦拭干净，然后涂油装入盒中，并妥善保管。

（10）用量缸表测量缸径时，先根据缸径选用合适的固定量杆，将量缸表放入气缸上部。如果表针能转动1圈左右，则为调整适宜，然后将量杆上的固定螺母锁紧。

(11) 测量缸径时，量杆必须与气缸轴线垂直，读数才能准确。为此，测量时可稍稍摆动量缸表，如图1-39所示，当指针指示到最小数值（图中中间位置）时，即表明量杆已垂直于气缸轴线，记下该处数值（注意：大指针和小指针都要记），然后用外径千分尺测量此位置的读数值即为缸径值。

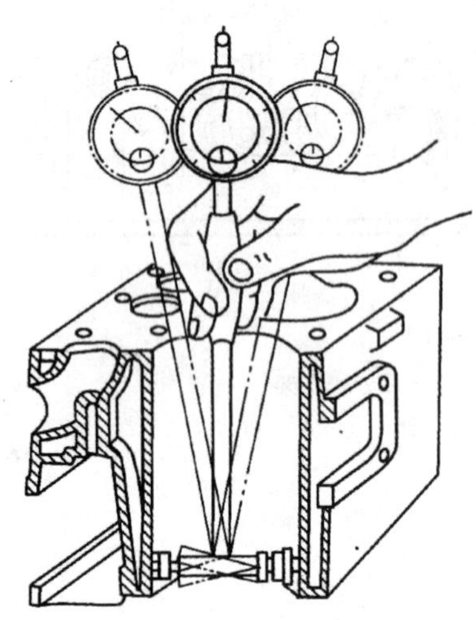

图1-39　内径百分表的使用方法

5. 塞尺和弹簧秤使用注意事项

(1) 测量时要注意保持工件和塞尺片的清洁。

(2) 塞尺测量间隙时，应先用较薄的一片塞尺插入被测间隙内，若仍有间隙，则选较厚的一片塞尺依次插入，也可取若干片相叠插入，直到塞尺插入工件之后，以手感到有摩擦力为合适，此时的厚度即为间隙大小。

(3) 塞尺的间隙片很薄，容易弯曲和折断，测量时不能用力太大。

(4) 不能用塞尺测量温度较高的工件。

(5) 塞尺使用后要擦拭干净，及时合到夹板（保护片）中去。

用弹簧秤测力时，要注意拉动的方向要和要测力的方向一致。

1.2.3　拓展技能：其他常用诊断仪器

随着社会的进步以及人们对汽车的动力性、经济性、安全性、舒适性和环保性能等方面的要求不断提高，汽车技术日益向电子化、智能化方向发展，现代汽车性能检测和故障诊断技术也随之不断更新，并已成为汽车运用与维修人员以及相关专业师生必须和急需掌握的技术。

汽车发动机的维修过程中除了上面提到的常用机械测量工具外，在维护、检测中常用包含自诊断检查（检测）仪，发动机综合仪，发动机异响听诊器，进气系统真空表，气缸压力，漏气率表，冷却液冰点检测仪，润滑油压力表，燃油压力检测仪，真空表等检测仪器，综合诊断汽车的故障。

思考题

怎样正确使用百分表？

任务 1.3　常用举升设备的使用

工作任务

车辆不论是更换备胎，还是在维修车间里作维护保养，都会使用举升设备将汽车举升起来，可安全规范的操作常用的举升设备对每一位维修人员来说就不是那么容易的事了，本任务将重点介绍常用举升设备的使用规范。

1.3.1　相关知识：常用举升设备简介

在汽车维修时常常要将汽车举升起来，以便人可到汽车下面作业，通常用各种千斤顶等举升机械进行。

1. 千斤顶

千斤顶是一种最常用、最简单的起重工具，按照其工作原理分为液压式和机械式两类。按照所能顶起的质量可分为 3t、5t、8t、10t、15t 和 20t 等多种不同规格。两种千斤顶都有体积小，重量轻的优点。液压式的千斤顶省力，但对工作环境有一定要求。在高温、低温环境下，螺旋千斤顶有更大的优越性，其举升高度应满足工作的需要，并且维护较简单。目前广泛使用的是液压式千斤顶。

1）机械式千斤顶

机械式千斤顶由于起重量小，操作费力，只用于一般机械维修工作。机械式千斤顶常用的有立式和桥式两种。立式千斤顶，采用棘轮提升汽车，由于较为笨重，适合于车间内使用，常用规格为 3t 和 5t。桥式千斤顶采用螺杆转动带动杆系形变的原理来举升车辆，其举升质量较小，但轻巧方便，较适合轿车的检修，如图 1-40 所示。

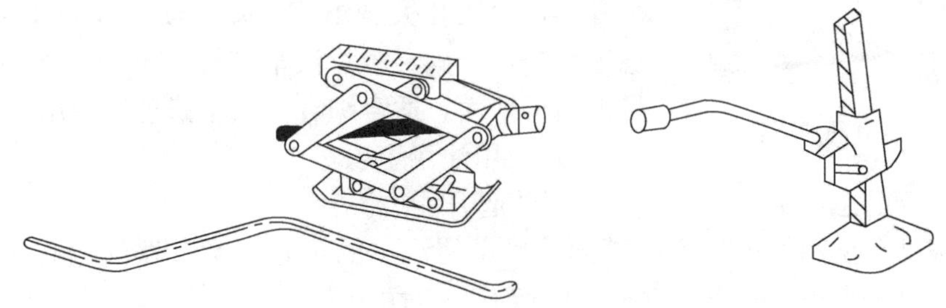

图 1-40　桥式机械千斤顶

2）立式液压千斤

液压式千斤顶结构紧凑，工作平稳，有自锁作用，故使用广泛。其缺点是起重高度有限，起升速度慢。按照所能顶起的质量可分为 3t、5t 和 10t 等多种不同规格，目前广泛使用的是液压式千斤顶，如图 1-41 所示。

3）卧式液压千斤顶

卧式液压千斤顶行程较长，使用方便，是汽车维修企业常用的设备，但其尺寸较大，不宜随车携带，如图 1-42 所示。

1-41 立式液压千斤顶

图 1-42 卧式液压千斤顶

2. 举升机

1）结构与种类

举升机主要有双柱式、四柱式、龙门式等类型，一般采用电动液压操纵系统驱动，设有双保险自锁保护装置，具有升降平稳、安全可靠、使用方便等特点。

（1）双柱式举升机。如图 1-43 所示为电动液压式或电动链条牵引式，使用开关操纵，升降方便。立柱为固定式，适合对 3t 以下的轿车、轻型车的专业维修。

图 1-43 电动液压式

图 1-44 所示为用双柱举升器支起汽车时的支点位置。注意，顶举车体时，应尽可能将支臂伸出长度相近，并使车体前后保存平衡。安装支臂时，小心不要碰到制动管和燃油管。

（2）四柱式举升机。电动液压式或电动链条牵引式举升机，使用开关操纵，升降方便。提升质量可达 8t，稳定性好，能满足载货汽车等较大车辆的维护。其缺点是占用场地大，适合综合性汽车修理厂使用。

2）使用注意事项

（1）车辆的总质量不能大于举升器的起升能力。

（2）根据车型和停车位置的不同，尽量使汽车的重心与举升器的重心相接近，严防偏重，为打开车门，汽车与立柱间应留有一定的距离。

（3）转动、伸缩、调整举升臂至汽车底盘指定位置并接触牢靠。

（4）汽车举高前，操作人员应检查汽车周围人员的动向，防止意外。

（5）汽车举升时，要在汽车离开地面较低位置进行反复升降，无异常现象时方可举升至所需高度。

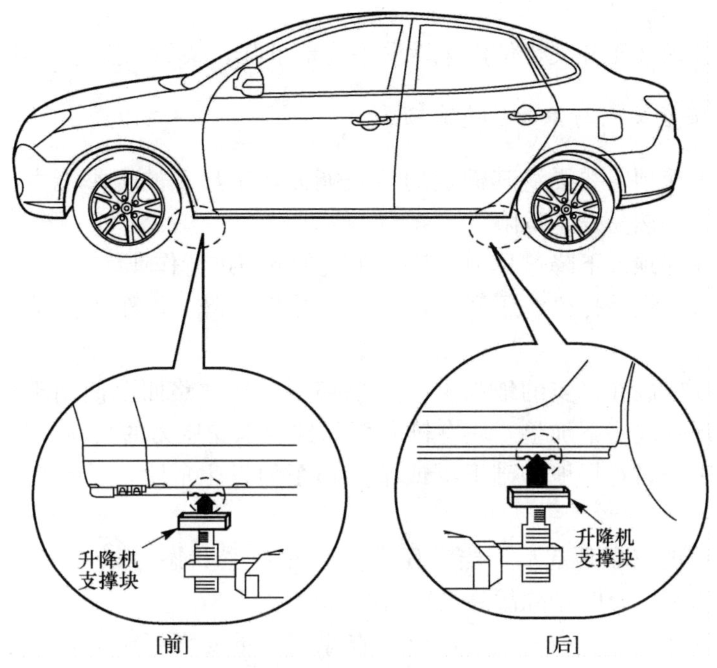

图 1-44 车辆举升记号

(6) 汽车举升后，应落槽于棘牙之上并立即进行锁紧。

1.3.2 任务实施：常用举升设备的使用方法

1. 千斤顶的使用

顶起汽车前，应把千斤顶顶面擦拭干净，拧紧压力开关，把千斤顶放置在被顶部位的下部，且使千斤顶与被顶部位间相互垂直，以防千斤顶滑出而造成事故。

用千斤顶顶车时，应注意千斤顶顶车的部位，严格按各种车型各自的要求进行，如图 1-45 所示。

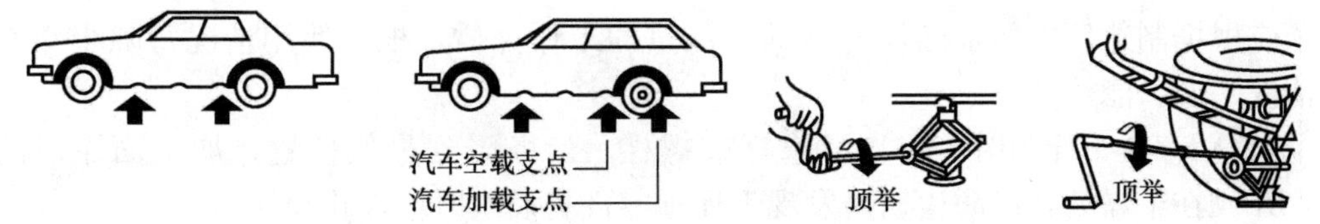

图 1-45 机械式千斤顶支车方法

(1) 旋转顶面螺杆，改变千斤顶顶面与被顶部位的原始距离，使起顶高度符合汽车需顶高度。

(2) 用三角形垫木，将汽车着地车轮前后塞住，防止汽车在起顶过程中发生滑溜事故。

(3) 用手上下压动千斤顶手柄，被顶汽车逐渐升到一定高度，在车架下放入安全支架。

（4）慢慢拧松液压开关，使汽车缓慢平稳地下降，架稳在安全支架上。

2. 千斤顶安全使用与保养注意事项

（1）使用千斤顶，要弄清其额定的承载能力，千斤顶的顶举能力一定要大于或等于重物的重量，不然易发生危险。

（2）汽车在起顶或下降过程中，禁止在汽车下面进行作业。

（3）下降时应缓缓拧松液压开关，使汽车缓慢下降，汽车下降速度不能过快，否则易发生事故。

（4）千斤顶要放在坚实的地面上，如果必须在松软路面上使用千斤顶起顶汽车作业时，应在千斤顶底座下加垫一块有较大面积且能承受压力的材料（如木板等），防止由于汽车重压工作时，场地基础下沉或千斤顶歪斜发生危险。千斤顶与汽车接触位置正确、牢固。

（5）千斤顶把汽车顶起后，当液压开关处于拧紧状态时，若发生自动下降故障，则应立即查找原因，及时排除故障后方可继续使用。

（6）千斤顶遇到操作力过大时，应检查原因，不要强行施力，更不允许接长操纵手柄来操作，这样容易使千斤顶超载。

（7）如果顶举坚硬物体，在物体与千斤顶之间应垫以防滑的垫料。

（8）要求用几台千斤顶来同时顶举一件较大而且重的物体时，必须核准各个千斤顶可能承受的最大载荷，同时应保证千斤顶同步起升或下降。

（9）液压千斤顶也不能长时间支承重物，因为时间一长，千斤顶油液泄漏会使重物坠落。需要较长时间支承重物时，应在重物下面垫以安全支架，这样，万一千斤顶油液有泄漏也可保证安全。

（10）如发现千斤顶缺油时，应及时补充规定油液，不能用其他油液或水代替。

（11）千斤顶必须垂直放置，以免因油液渗漏而失效。

（12）千斤顶不能用火烘热，以防皮碗、皮圈损坏。

（13）维护与保养螺旋式千斤顶应经常在螺旋纹加工面上涂以防锈油脂。液压式千斤顶应根据制造厂的要求灌注合适的、足量的工作介质，根据使用情况每隔半年至一年清洗一次，滤清杂质。

（14）存放千斤顶时，应将滑塞杆或螺柱、齿条降到最低位置，加工面涂以防锈油，并放在干燥处，以防生锈。发现千斤顶零件有裂纹时应停止使用。

3. 举升机整车举升作业

（1）整车举升作业的准备工作。

① 清洗去除汽车外部的泥沙及油污。

② 整车举升机作业区内应没有障碍物、油污、废料、垃圾等杂物。

③ 检查举升机的工作状态，如发现提升后缓慢地自行下降、不用时缓慢地自行上升，使用中自行上升、下降非常缓慢，排泄管中喷润滑油、密封垫处有渗漏等异常现

象时，应立即检修。

④ 汽车进入举升机前，应放好定位支架和杆臂，并使之处于最低位置，从而便于汽车自由进出。

⑤ 检查待举升汽车的重量应在举升机铭牌上限定载荷的范围内，切勿超载举升。

⑥ 汽车进入举升机前应关好车门、发动机盖和行李箱盖，车内不得有人。

（2）将汽车驶入举升机，至合适位置定位。

（3）按汽车使用说明书上介绍的支撑点，设置举升器上的定位支架和杆臂，以保证定位点在汽车上正确就位。在定位点未确定稳妥前绝对不能举升汽车。

（4）在举升机与汽车定位检查稳妥后，将汽车顶离地面，在车辆离地面约 5cm 时，摇晃汽车，查看有无窜动迹象，如汽车在举升机上定位不牢或听到不正常声音，应把汽车降落，重新设置定位。

（5）操纵举升机举升汽车至所需高度。汽车举升时，要在汽车离开地面较低位置进行反复升降，无异常现象时，方可操纵举升机举升汽车。在汽车举升到预期高度后，锁止举升机。只有在确认举升机处于锁止状态后，方可进入车下工作。

（6）在规定部位加设安全支架。汽车在进行部件的拆装作业时可能会引起汽车重心飘移，导致汽车的定位不稳定，甚至坠落，所以在进行汽车拆卸作业时应参照汽车制造厂的维修说明书中规定的程序进行，必要时要加设安全支架。

（7）完成拆装与检修作业后，从车下移开工具箱（架）、安全支架等。

（8）依照举升机使用说明书，松开锁止装置，操纵举升机缓缓下降，并使举升机定位支架和杆臂降至最低点。

（9）将定位支架和杆臂移出汽车定位点，并保证汽车能自由进出，然后将汽车驶出举升作业区。

1.3.3　拓展技能：起重吊车的使用及注意事项

1. 起重吊车

在发动机整体拆装过程中，离不开吊车。它具有移动使用方便，吊装能力强等特点，在汽车维修企业得到广泛应用。经常使用的吊车有门式、悬臂式、单轨式以及梁式四种类型，在汽车拆装实践中使用最多的是悬臂式吊车，它分为机械式和液压式两大类。

（1）机械式悬臂吊车通过手柄转动绞盘以及棘轮，收缩或放长铁链使重物上升或下降，可作短距离移动。

（2）液压式悬臂吊车吊起时，由于油泵的作用，压力油进入油缸内，推动顶杆外移，重物吊起打开放油阀，工作缸内的油流回油箱，压力降低，重物下降，如图 1-46 所示。

2. 起重吊车使用的注意事项

（1）吊运重物时不允许超过额定载荷。

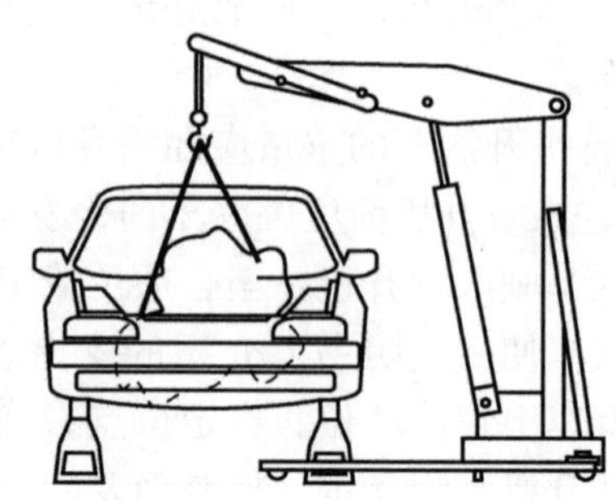

图 1-46　液压吊车

（2）钢丝绳及绳扣应安装牢固。

（3）吊件应尽量靠近地面，以减小晃动，下放吊件时要平稳，不可过急。

（4）严禁用吊车拖拉非起吊范围内的吊件。

（5）吊运过程中，重物在空中悬吊时间不可太长，更不允许将吊件始终悬吊在空中。

思考题

怎样正确使用液压吊车？

单 元 2

发动机拆装与检测

经仔细诊断后确定发动机的状况不能够满足汽车运行的需要，或者是零件损坏或过度磨损，一般就需要修复或大修。发动机某些修理可以在车上进行的，而大多数则需将发动机从车上卸下来。一旦发动机从车上卸下来，就需对它解体，用适当方法清洗其零件。对不同机型的拆装步骤和安全注意事项往往变化很大。所以，一定要养成在拆卸和解体发动机前查看维修手册的习惯。

知识目标

1. 了解发动机布置及支架形式。
2. 熟悉配气机构的功用及组成。
3. 掌握曲柄连杆的作用及结构组成。
4. 掌握发动机水冷系统的组成及部件结构。
5. 掌握润滑系统结构组成及工作原理。
6. 掌握燃油供给系的组成及工作原理。

能力目标

1. 能够正确吊装汽车发动机。
2. 会更换发动机正时皮带。
3. 具备发动机配气机构拆装与检测的能力。
4. 具备发动机曲柄连杆组拆装与检测能力。
5. 具备更换发动机水泵的能力。
6. 具备发动机机油泵检测与更换的能力。
7. 具备发动机燃油供给系统检修的能力。
8. 具备发动机燃油泵更换的能力。

任务 2.1　发动机的拆卸

工作任务

当判定发动机零部件已经损坏或严重磨损时，通常需要对发动机进行大修。尽管有些发动机修理工作可以在车辆上进行，但是大多数的发动机修理作业需要将发动机从车辆上拆卸下来。本任务介绍发动机从汽车上拆卸的过程。

2.1.1　相关知识：发动机布置及支架

当翻修发动机或者更换发动机零部件时，需要卸除很多发动机附件和支架。这就要求对这些零部件有一定的了解。在很多情形下，维修技师会碰到不同的发动机布置形式。发动机有横置的和纵置的，也有中置发动机。在对发动机维修的同时，必须了解发动机支架的作用与形式。

1. 发动机布置

前轮驱动的汽车最常用的是前置发动机。发动机侧向安装在发动机舱里，使得发动机的前端朝向汽车的一侧。驱动桥安装在发动机的一侧，朝向汽车的另一侧。驱动桥上有差速装置。驱动桥的结构紧凑降低了整车质量。发动机和驱动桥的整体通常是从发动机舱的底部拆下来的。拆卸时，同时拆下发动机支架和悬挂上的一些零件，如图 2-1 所示。

图 2-1　发动机支架与悬挂

很多后轮驱动的汽车都是纵向布置发动机的。一些前轮驱动的汽车也有这样布置发动机的，但是不常见。发动机的前端朝向汽车的前面，变速器安装在发动机的后面。如图2-2所示，发动机和变速器由螺栓固定到一起通过后发动机架共同安装在汽车车架上。纵置发动机可以通过打开发动机盖从发动机舱上面拆下来，也可以从发动机舱下面拆下来。

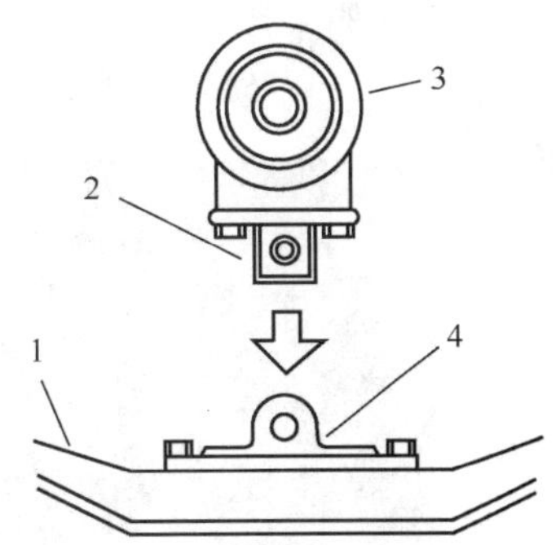

图2-2　后轮驱动发动机架固定部件
1—横梁；2—发动机架；3—变速器；4—发动机支架

一些汽车将发动机安装在汽车的中间，驾驶室和后悬架之间，它们被称做中置发动机（或简单地叫做中发动机）。中置发动机一般都是横向布置的。它们用于结构紧凑的、高性能的跑车上。汽车的前端可以很低而且倾斜角度很大以最大限度地符合空气动力学原理。靠近汽车中央的动力系统使得汽车的重心靠近汽车中心，这可以提高跑车的操控性。最不常见的布置就是将发动机安装在汽车的尾部。

2. 发动机支架的布置

图2-3所示，发动机通常有两个或三个支架可以将发动机固定到车架上而且隔离来自汽车底盘和驾驶室的振动。还有附加的支架用于支承变速器或驱动桥，同时也支承发动机。发动机的顶支架可能与前面图示的看上去有很大不同，如图2-4所示，一些特别靠前的发动机支架固定于散热器横梁。横置发动机的较低的支架有的固定于发动机的后端，也有固定于驱动桥前端。

图2-3　水平和垂直两个方向的发动机顶支架

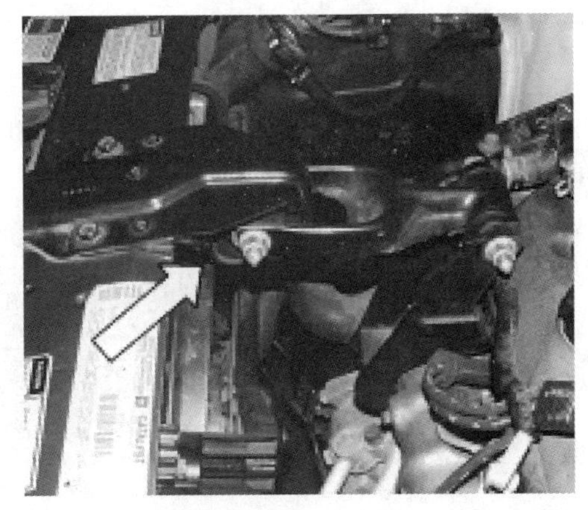
图2-4　前横梁和发动机前端支架

3. 发动机支架的类型

发动机支架一般有两种类型，如图2-5所示分为橡胶衬套式和液压减振式两种。大

多数发动机支架采用橡胶衬套，橡胶衬套吸收发动机的振动。橡胶衬套松弛地固定于发动机壳体上，允许它在发动机舱内有一定的移动。

(a) 橡胶衬套式　　(b) 液压减振式

图 2-5　发动机支架的类型

液压发动机支架有两个充满液体的腔室，在二者之间留有一个空口来减弱发动机的振动。发动机移动时，一个腔室的液体要完全流到另一个腔室需要一定的时间和能量，这样有助于减小发动机的振动，它们的外形和作用与悬架减振器很相似。

一些液压发动机支架是电控的。当发动机空转时，发动机支架应该足够柔韧使得发动机在低负载工况下能够尽可能平稳运行。一旦发动机在有载工况下工作时，发动机支架必须具有足够的刚性阻尼来缓冲底盘的剧烈运动。为了使发动机在怠速下能够运行得格外平稳，越来越多的汽车正在使用电控液压发动机支架。

2.1.2　任务实施：发动机拆装

1. 拆卸发动机的准备工作

拆卸发动机的工作场所必须干净整洁，如果有液体或油脂洒在地上，必须将其清理干净。拆卸前，如图 2-6 所示，将翼子板挡布放置在车的两旁和前端。将车辆停于维修工位的中间，根据下面的步骤完成准备工作。

图 2-6　翼子板挡布

（1）如图 2-7 所示，先断开负极电缆，然后断开正极电缆，再拆卸蓄电池和蓄电池固定器。

（2）发动机罩必须被移开，在铰链位置做好标记，用来作为装配时的参考标记。

（3）将发动机润滑油与冷却液排放干净。

（4）如需将变速器与发动机拆下，

也得将其里面的润滑油排放干净。拆开变速器操纵机构、变速器冷却管、所有的电路连接器、真空管和离合器联动机构。

提示： 当从发动机拆卸部件时，拆卸机构总成要比拆卸独立部件快。不必将发动机舱内所有的部件都拆卸下来。动力转向泵、空调压缩机、巡航控制伺服部件可以不用拆。

图 2-7 拆卸蓄电池

（5）如图 2-8 所示为拆卸排气总管联接螺栓。

（6）在车辆处于吊起时，任何线束、真空管、电缆如果容易够到，将其拆下。如图 2-9 所示做好标记，在发动机安装中以确保正确的连接。

图 2-8 拆卸排气总管联接螺栓

图 2-9 电子连接器和管道标记

（7）降低车辆，如图 2-10 拆下空气进气管道和空气滤清器总成。

（8）如图 2-11 所示，释放燃油压力。当压力完全被释放，断开供油管和回油管，从燃油轨道上拆下输油管。也要将燃油压力调节器的回油管拆下。为了防止燃油泄漏，要堵塞燃油管。大部分新型的汽车在燃油管上使用快速接头。挤压弹性卡同时拉拔燃油管就能把快速接头拆开。

2-10 拆卸进气空气滤清器壳和管道系统

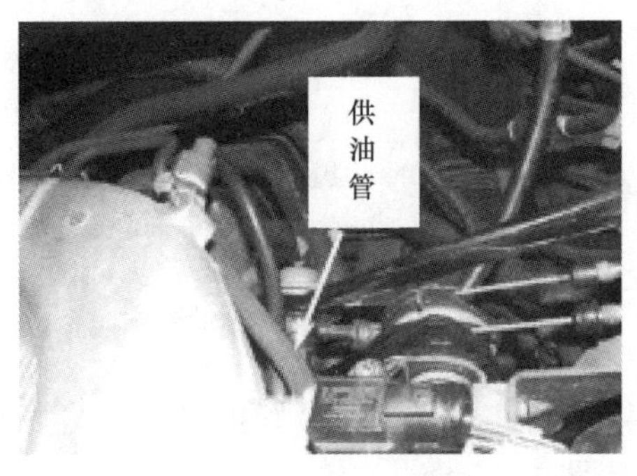

2-11 释放燃油压力断开供油管和回油管

(9) 如图 2-12 所示，从节气门体上断开节气门电缆。

(10) 拆下所有的传动皮带。

(11) 拆下空调压缩机支架、动力转向装置、巡航控制执行器，以及其他连接在发动机体上的部件。识别所有被连接的线束或管道，并盖上可能会泄漏出液体的管道。如图 2-13 所示，将这些附属部件放置在发动机舱的一边，并紧固在发动机舱内。

图 2-12 断开节气门电缆

图 2-13 附属部件的放置与紧固

(12) 断开散热器上的连接管。

(13) 断开电子冷却风扇电动机连接器，拆下散热器座架。如图 2-14 所示将散热器和冷却风扇作为一个整体移出，注意在拆卸过程中要防止损坏。

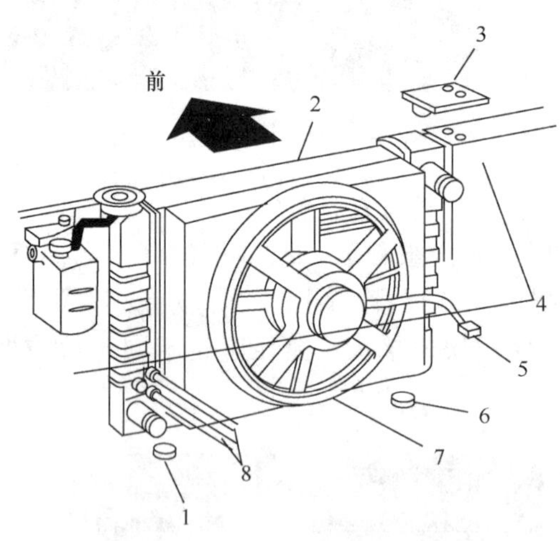

图 2-14 拆卸冷却风扇和散热器总成

1、6—下部缓冲垫；2—散热器；3—固定衬垫；4—低散热器支承；5—连接器；7—冷却风扇电动机；8—ATF 冷却管

(14) 断开其他需要断开的线束和真空管并做好识别标记。在发动机的每一个传感器和执行器上可能会有独立的连接器，确保将它们区别开。

2. 发动机拆卸的步骤

发动机的拆卸步骤取决于发动机是从车辆下面拆卸还是从发动机罩拆卸。许多前轮驱动车辆要求从车辆下面拆卸发动机，而大多数后轮驱动车辆要求通过打开发动机罩将发动机吊出。拆卸前轮驱动和后轮驱动车辆发动机的步骤是很不同的。

当拆卸固定件时，要特别注意这些固定件的尺寸和型号。许多用于紧固发动机或附件的支架上会使用几种不同尺寸的固定件。标记这些固定件的正确位置，以便在安装时能容易分辨。最好把紧固件存放在不同的容器中，每个系统或每个部件各用一个容器。

除了发动机拆卸准备工作之外，在拆卸前轮驱动轿车发动机需要按照下面的步骤

进行：

（1）如图 2-15 所示，为拆卸横梁。

（2）如图 2-16 所示，用横拉杆端接头拆卸工具从转向节上断开横拉杆，拆卸横拉杆球铰接头。

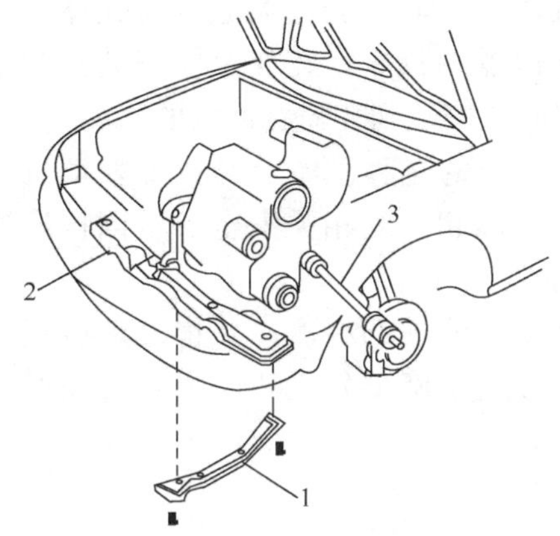

图 2-15　拆卸横梁

1—中间横梁；2—前横梁；3—半轴

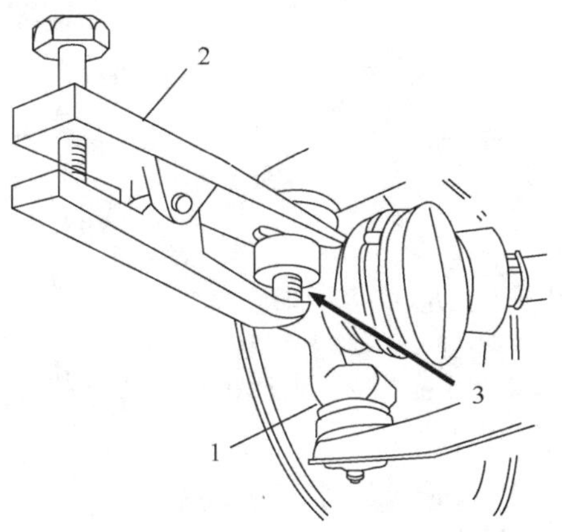

图 2-16　拆卸横拉杆球铰接头

—转向节；2—专用工具；3—转向横拉杆球铰接头

（3）如图 2-17 所示，断开转向节下部的球头节。

（4）如图 2-18 所示，拆下车轮，拆卸车轴螺母，拆下半轴和轮毂。

（5）如图 2-19 所示，用吊车吊起发动机。

（6）当发动机被微微吊起时，如图 2-20 所示，拆卸发动机的安装支架。

（7）再次检查，确保所有的电线和管道都已从发动机上断开。

（8）使用车架接触吊车将车辆吊起。在这个过程中，要不断检查发动机和车身是否干涩。还要观察是否还有线束或管道仍连接在发动机上。

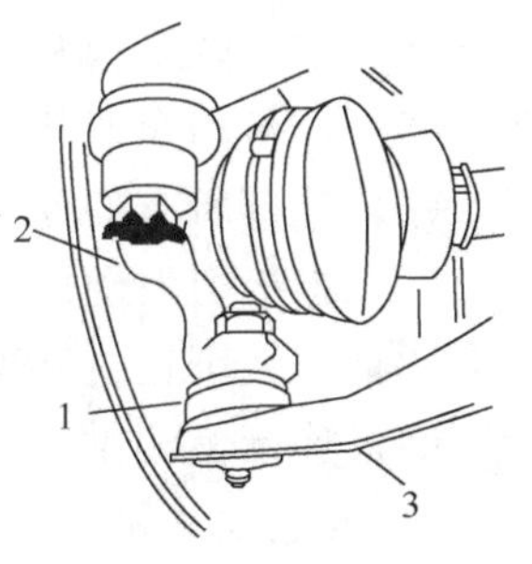

图 2-17　断开转向节下部的球头节

1—下部万向球头节；2—转向节；3—下部控制臂

图 2-18　拆下半轴和轮毂

图 2-19　用吊车吊起发动机

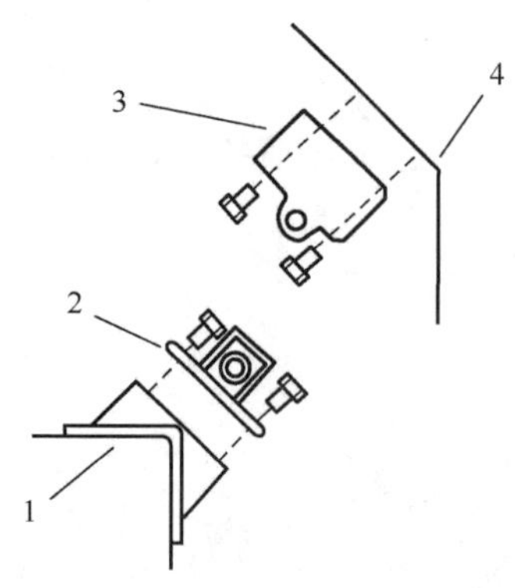

图2-20　拆卸发动机的安装支架
1—支架；2—发动机固定架；3—发动机固定衬垫；4—发动机机体

3. 安装发动机

在安装发动机进入汽车之前，先安装变速器。安装变速器时，必须将变速器按照做好的标记对中。当变速器与发动机连接上时，变速器应该与壳体良好配合。配有自动变速器的汽车，在变速器安装到发动机上之前，变矩器应该安装到变速器油泵的前面。

发动机装进汽车的过程基本上与拆卸发动机的顺序相反。在发动机拆卸中的相关安全事项同样适用于发动机的安装上。

将发动机吊到足够高的高度，并将发动机置于发动机舱的上方。慢慢地降低发动机，直到发动机落到前支架上。

1）安装底盘部件的步骤

（1）安装半轴。

（2）安装变速器和发动机支承件。

（3）连接排气系统到排气歧管。

（4）安装防溅板和防热罩。

（5）连接离合器和换挡机构的连杆。

（6）连接所有的变速器冷却管。

（7）连接由发动机下部引出的所有线束。

（8）安装车轮，确保突出的螺母被拧紧，达到规定的力矩。

（9）连接燃油供给系统。

2）安装发动机上部部件的步骤

在底盘部件安装完成之后，从举升机上降下汽车，以便与发动机上部连接。安装发动机上部部件的一般工作步骤如下。

（1）将油管连接到油轨。

（2）连接加热系统软管。

（3）安装发动机接地线。

（4）连接所有的发动机电插座。

（5）连接所有的真空软管。

（6）连接节气门，如有必要进行调整。

（7）安装散热器和冷却风扇，该步骤可能包括变速器冷却管。

（8）安装散热器的上下软管。

（9）安装蓄电池托架。

（10）安装空气滤清器、空气进气管道和真空软管。

（11）安装并连接所有的控制模块。

(12) 安装蓄电池。在连接之前，确保所有的电线都已连接正确。连接蓄电池，首先连接正极接线柱，然后是负极接线柱。

(13) 向散热器加注冷却液。

(14) 往曲轴箱中加入润滑油。

(15) 如果需要，往制动主缸和离合器缸中加入刹车油。

(16) 往变速器中加入合适的油液。

(17) 按照维修手册的步骤在空调压缩机中加入润滑油，然后连接软管。

注意：当在汽车周围工作时，不要佩戴首饰。金、银、铜都是良好的导体，人的身体也是导体。如果金属首饰与电线或接线柱连到一起，就可能会造成伤害。

2.1.3　拓展技能：后轮驱动轿车的拆卸

1. 拆卸时的准备工作

后轮驱动车辆的发动机从发动机罩移出，需要使用发动机吊车。参照维修手册来确定正确的发动机吊装点。如果变速器没有和发动机一起被拆卸，就用变速器架子支承变速器。在装用自动变速器的车辆上，拆下变矩器与挠性板的固定螺栓。用专用夹固定变矩器，防止液力变矩器掉落，还要标记变矩器相对于挠性板的位置，以供安装时参考。

如果变速器是和发动机一块拆卸时，提升吊钩在吊链上的位置略偏向于发动机一端，以便拆卸发动机。在拆卸驱动轴时，要在差速器上的半轴齿轮做上标记。

2. 拆卸步骤

在完成前述的发动机拆卸准备工作之后，按以下步骤来拆卸后轮驱动轿车的发动机。

(1) 按照前驱轿车的步骤断开发动机上所有的电路连接、水路连接、空调连接、进气系统的连接部件。

(2) 如图 2-21 所示，将发动机起吊装置与发动机相连接。

(3) 如图 2-22 所示，拆卸发动机支承架。

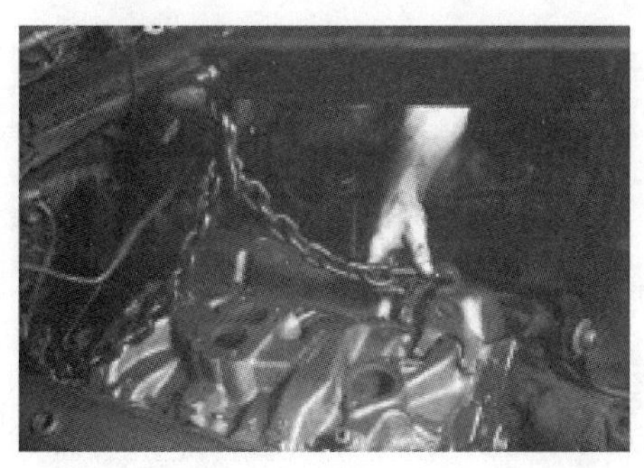

图 2-21　将发动机起吊装置与发动机相连接

图 2-22　拆卸发动机架

（4）如图 2-23 所示，再次检查，确保所有的电线和管道都已从发动机上断开。

（5）如图 2-24 所示，从车辆中吊出发动机。在起吊过程中，不断检查发动机与车身之间是否有干涉。还要注意观察是否有电线或管道还连接在发动机上。

图 2-23　确认所有的电线和管道都已从发动机上断开

图 2-24　从车辆中吊出发动机

注意：不要通过进气歧管来吊起发动机，这可能会损坏进气歧管或固定螺栓，而导致发动机突然掉下并砸伤人员。

思考题

1. 在拆卸燃油分配管时，必须采取什么防范措施？
2. 若需要同时拆装发动机和变速器，应提前做好什么工作？

任务 2.2　发动机正时皮带的更换

工作任务

一辆威乐轿车行驶 60 000km，需要进行正时皮带更换，本任务将详细介绍正时皮带的更换。

2.2.1　相关知识：带传动及正时皮带

1. 带传动

带传动是利用张紧在带轮上的柔性带进行运动或动力传递的一种机械传动。根据传动原理的不同，有靠带与带轮间的摩擦力传动的摩擦型带传动，也有靠带与带轮上的齿相互啮合传动的同步带传动。带传动具有结构简单、传动平稳、能缓冲吸振、可以在大的轴间距和多轴间传递动力，且其造价低廉、不需润滑、维护容易等特点，在

近代机械传动中应用十分广泛。摩擦型带传动能过载打滑、运转噪声低，但传动比不准确（滑动率在 2%以下）；同步带传动可保证传动同步，但对载荷变动的吸收能力稍差，高速运转时有噪声。

根据用途不同，有一般工业用传动带、汽车用传动带、农业机械用传动带和家用电器用传动带。摩擦型传动带根据其截面形状的不同又分为平带、V 带和特殊带（多楔带、圆带）等。汽车传动带如图 2-25 所示。

图 2-25　汽车传动带
1—曲轴皮带轮；2—空调压缩机；3—动力转向装置；4—水泵；5—发电机

1）驱动皮带

驱动皮带安装在水泵皮带轮和发电机皮带轮之间；

2）空调压缩机皮带

空调压缩机皮带安装在空调压缩机皮带轮和曲轴皮带轮之间。

3）动力转向皮带

空调压缩机皮带安装在水泵皮带轮和动力转向泵轮之间。

图 2-26　正时皮带也可以用于驱动分电器轴
1—分电器驱动轴；2—曲轴；3—带张紧器滑轮；4—凸轮轴链轮

2. 正时皮带

正时皮带通常用于凸轮轴顶置发动机中。正时皮带很结实，而且噪声很低。

正时皮带在曲轴正时齿轮和凸轮正时齿轮之间工作，还可以驱动其他的组成零件。如图 2-26所示在旧式发动机上，它经常用于驱动连接分电器的副轴。如图 2-27 所示在双凸轮轴设置（DOHC）的 V6 发动机上，一条单独的正时皮带可能被用于驱动四个凸轮轴和导轮。正时皮带也经常用于带有平衡轴的发动机。正时皮带不需要润滑油，事实上，过早被破坏的一个原因就是润滑油或冷却液泄漏到正时皮带上。

2.2.2　任务实施：8A-FE 发动机正时皮带的拆装

1. 8A-FE 发动机外部附件的拆卸

（1）如图 2-28 所示，拆下各分缸高压线，拆下固定分电器的两颗螺栓，取下分电器总成。

（2）如图 2-29 所示，拆下气门室盖上两条发动机曲轴箱通风管。

（3）将发电机皮带防护罩拆下。

（4）如图 2-30 所示，将水泵皮带轮的紧固螺栓松开，取下发电机皮带。

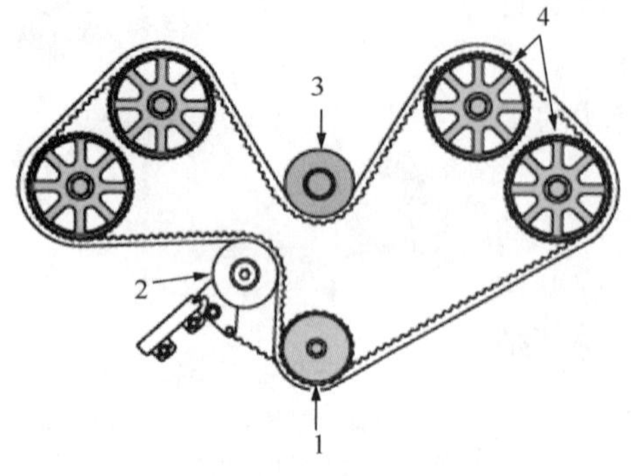

图 2-27 DOHC 正时带驱动所有四个凸轮轴
1—曲轴齿轮；2—定时带张紧器；
3—冷却液泵；4—凸轮轴齿轮

(5) 如图 2-31 所示，拆下水泵的皮带与带轮。

(6) 如图 2-32 所示，拆下空调压缩机的皮带。

2. 8A-FE 发动机正时皮带的拆卸与检查

(1) 如图 2-33 所示，拆下气门室盖上的螺钉与垫片，取下气门室盖。

(2) 如图 2-34 所示，拆下正时皮带上罩。

(3) 转动曲轴对一缸压缩上止点记号，如图 2-35 所示，将皮带轮槽口对准 1 号正时皮带罩上的正时标记“0”。

(4) 如图 2-36 所示，检查排气凸轮轴正时齿轮“K”标记与第一道轴承盖上的正时标记是否对准。否则，转动曲轴一周（360°）。

(5) 如图 2-37 所示，拆下正时皮带中罩（2 号皮带罩）。

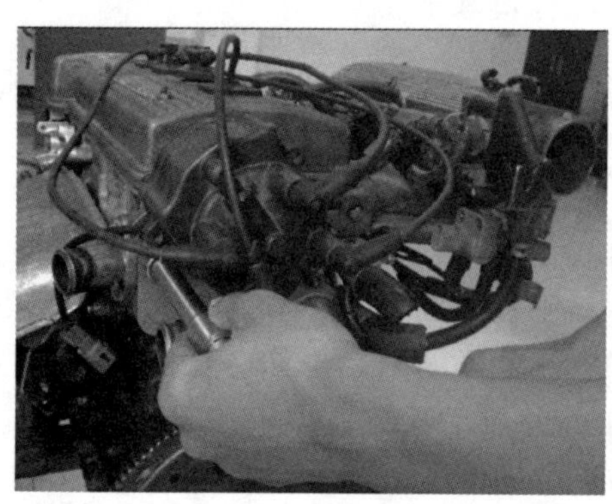

图 2-28 拆下分电器总成

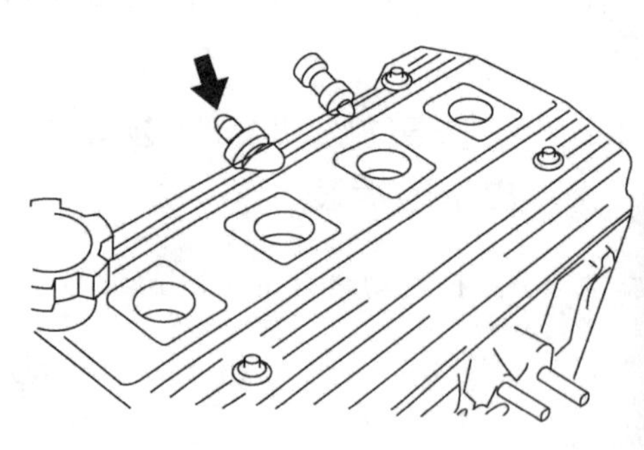

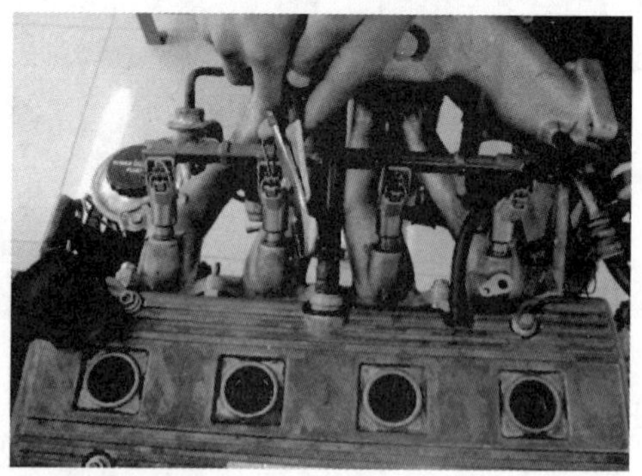

图 2-29 拆下发动机曲轴箱通风管

(6) 如图 2-38 所示，使用 SST 拆下曲轴皮带轮。

图 2-30　取下发电机皮带

(7) 如图 2-39 所示，拆下正时皮带轮的正时皮带下罩（1 号皮带罩）。

图 2-31　拆下水泵的皮带

图 2-32　拆下空调压缩机的皮带

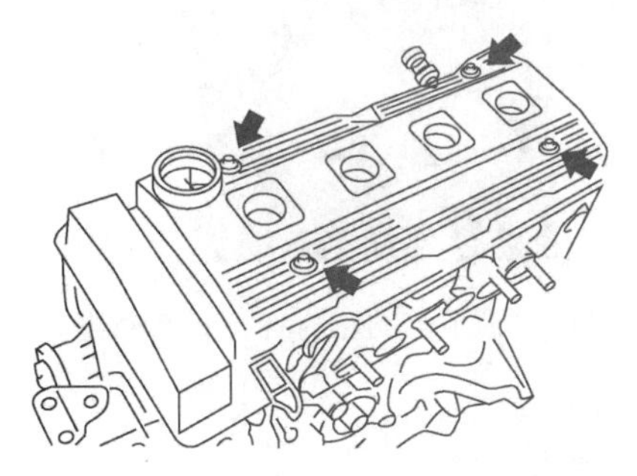

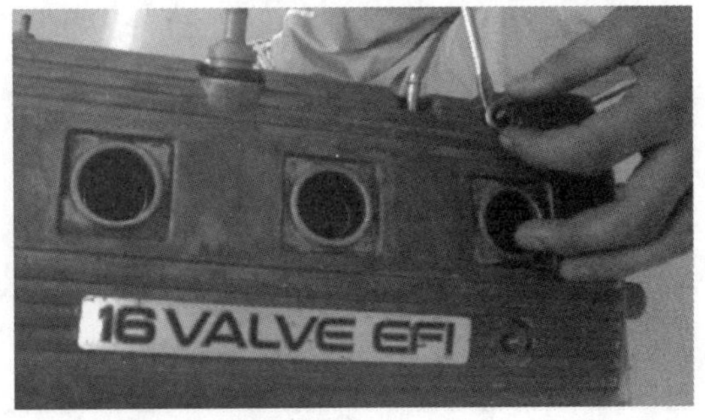

图 2-33　取下气门室盖

(8) 如图 2-40 所示，旋松正时皮带张紧轮安装螺栓，拆下张紧弹簧。

(9) 拆下正时皮带，如果重复使用正时皮带，在皮带上画一个方向箭头（按发动机旋转的方向），并如图 2-41 所示在皮带轮和皮带上做出定位标记。

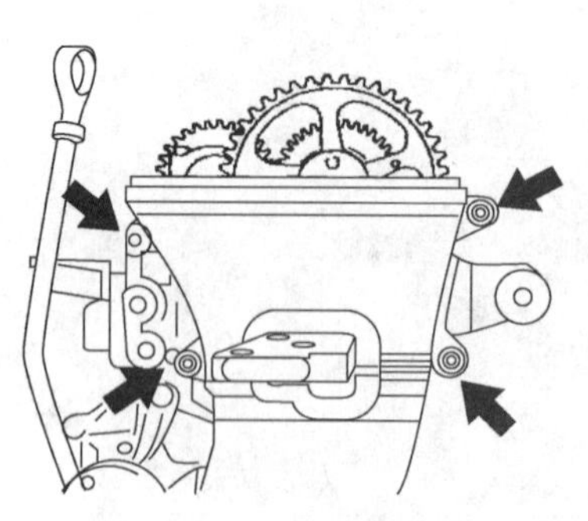

图 2-34 拆下正时皮带上罩

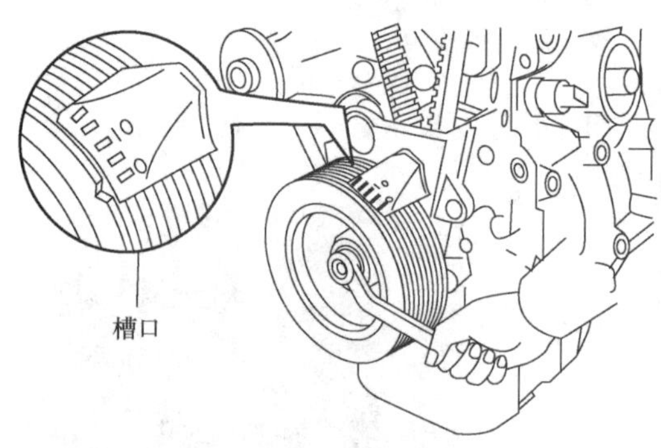

图 2-35 检查曲轴对一缸压缩上止点标记

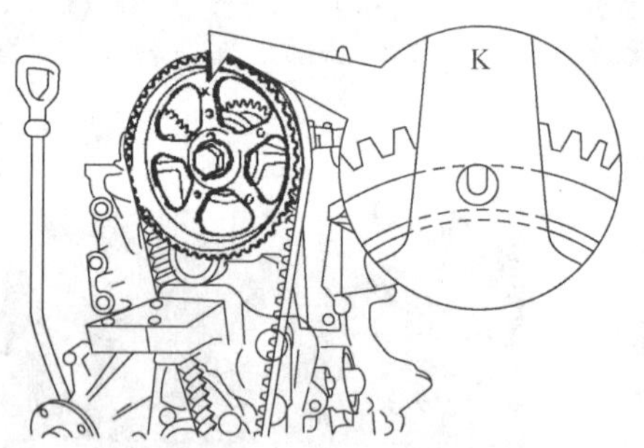

图 2-36 检查排气凸轮轴正时皮带轮的“K”标记与轴承盖的正时标记是否对准

3. 8A-FE 发动机正时皮带的安装

(1) 如图 2-42 所示，用曲轴皮带轮螺栓转动曲轴并对准曲轴正时皮带轮和机油泵体的正时标记，将 1 缸压缩上止点。转动凸轮轴的六角部分，如图 2-43 所示，将凸轮轴正时皮带轮的“K”标记与轴承盖的正时标记对正。

(2) 安装张紧轮之前应对张紧轮转动情况作检查，且张紧轮上不能有油污；张紧轮的弹簧自由长度检查：自由长度为 36.9mm，如果不符则更换弹簧，如图 2-44 所示。

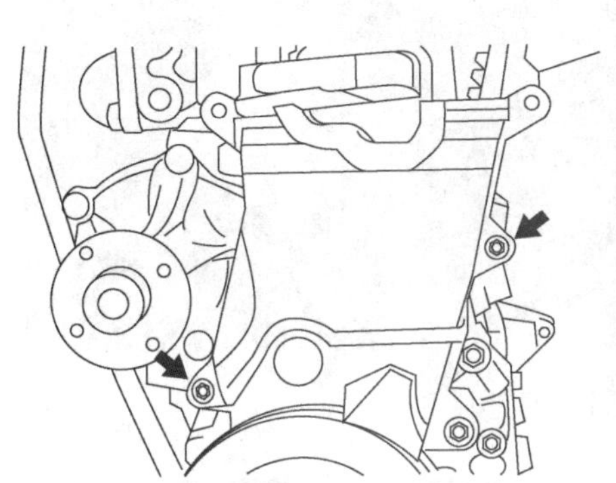

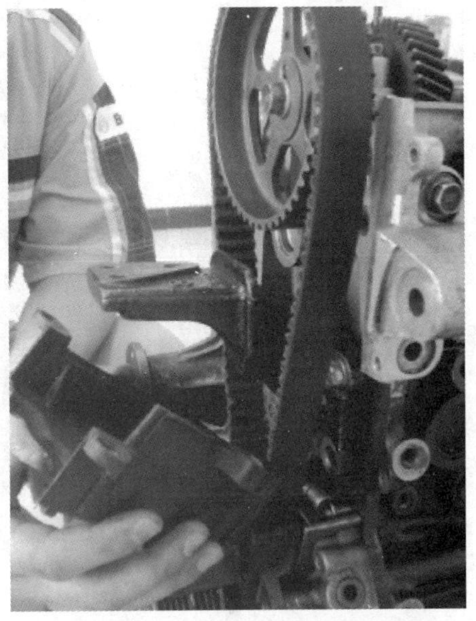

图 2-37　拆下正时皮带中罩

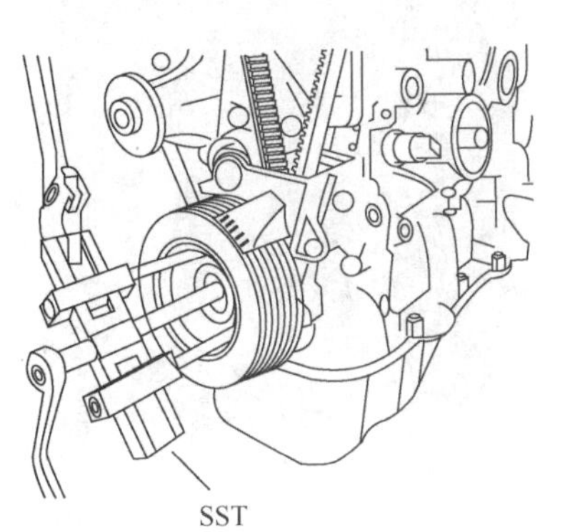

图 2-38　拆下曲轴皮带轮

(3) 安装正时皮带张紧轮与弹簧，安装正时皮带，这时先将张紧轮尽量向左边作暂时固定；如果重新使用拆下的正时皮带，对准拆下时做的标记，并且将箭头方向指向发动机旋转方向。

(4) 如图 2-45 所示，检查配气正时，转动曲轴两圈之后再重新检查各处正时记号是否对齐；如果没对准正时标记，拆下正时皮带重新安装。紧固正时皮带张紧轮，扭矩为 37N·m。

(5) 在如图 2-46 所示的位置检查正时皮带挠度。皮带挠度：5～6mm，20N (2kg·f)。如果挠度不合适，调节惰轮。

(6) 如图 2-47 所示，安装正时皮带导轮，面朝内安装。

(7) 如图 2-48 所示，安装正时皮带轮下罩，用三个螺栓安装正时皮带及带下罩，扭矩为 9.3N·m。

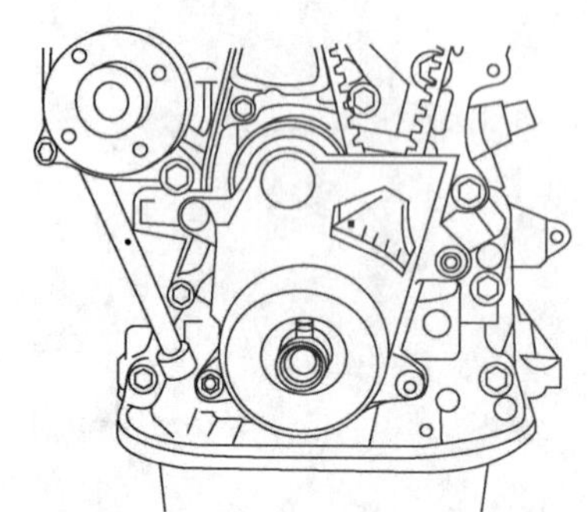

图 2-39　拆下正时皮带轮的正时皮带下罩

图 2-40　拆下张紧弹簧

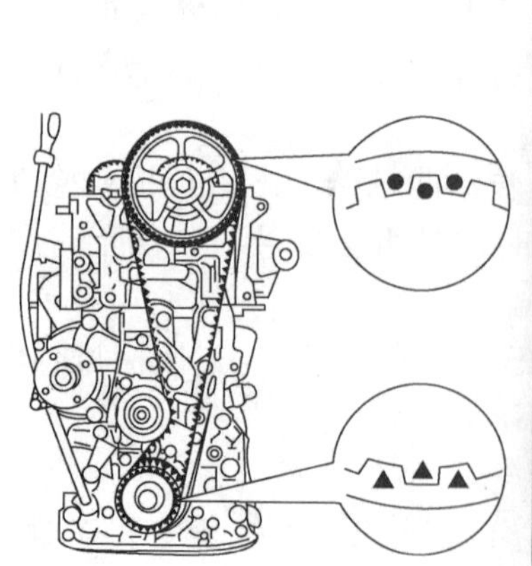

图 2-41　在皮带轮和皮带上做出定位标记

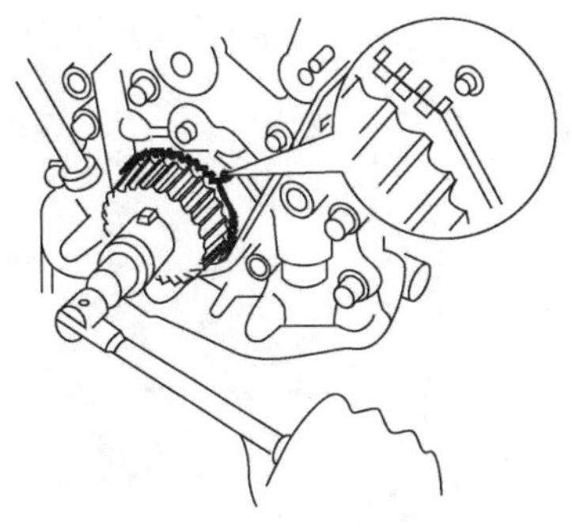

图 2-42　对准 1 号缸压缩上止点

图 2-43　对正凸轮轴正时皮带轮的“K”标记

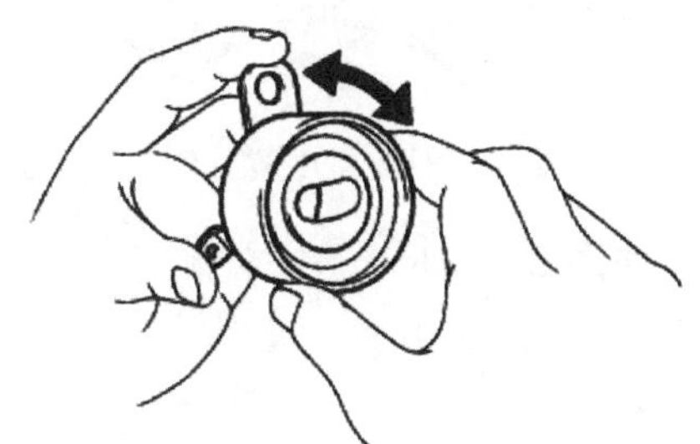

图 2-44　张紧轮的检查

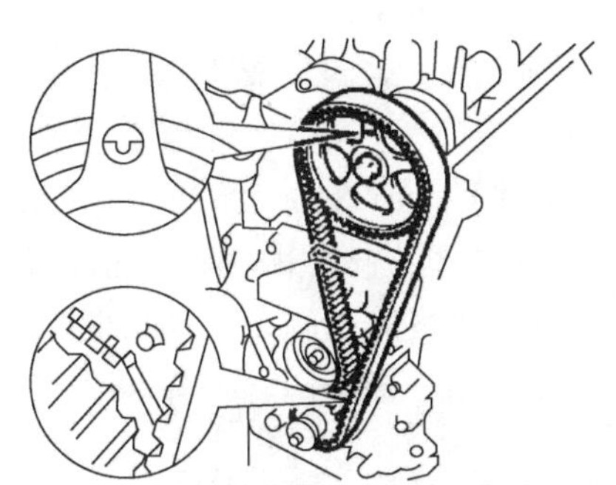

图 2-45　正时记号的检查

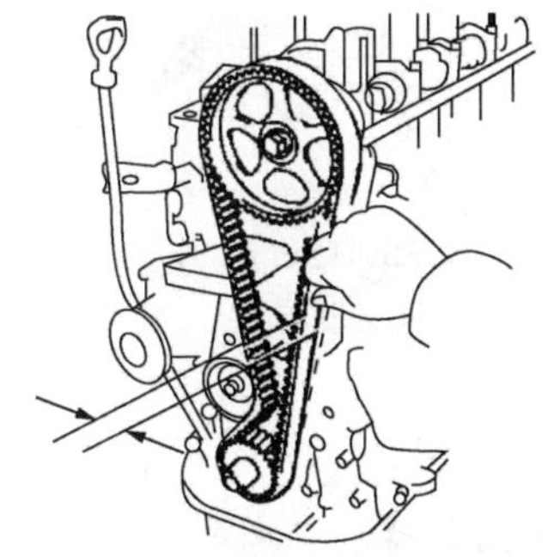

图 2-46　检查正时皮带扰度

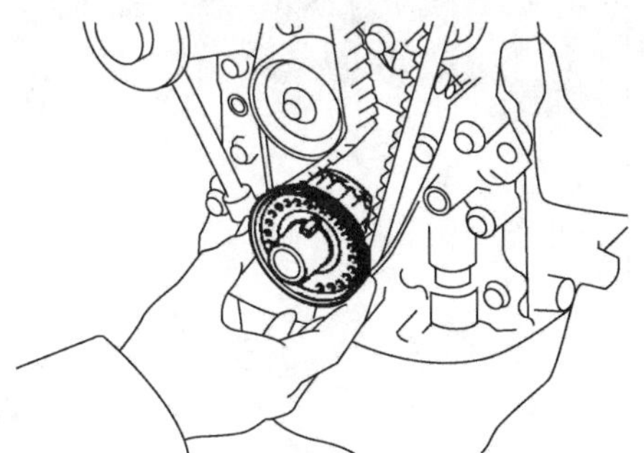

图 2-47　安装正时皮带导轮

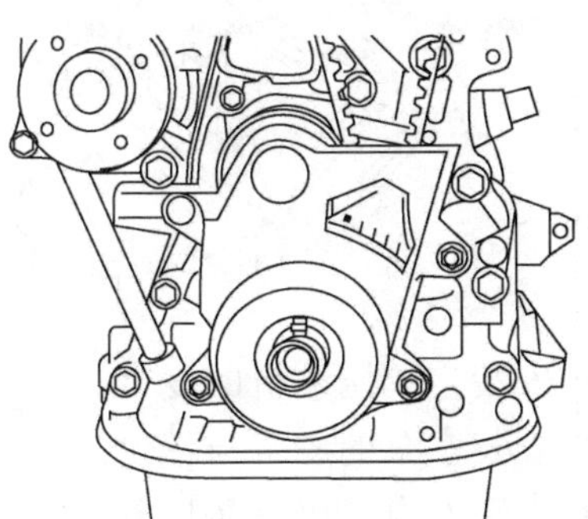

图 2-48　安装正时皮带下罩

（8）如图2-49所示，使用专用工具（SST 09213—54015，09330—00021）安装正时皮带轮，注意对准正时轮定位键和皮带轮键槽，扭矩为127N·m。

（9）如图2-50所示，用三个螺栓安装正时皮带中罩，安装扭矩为9.3N·m。

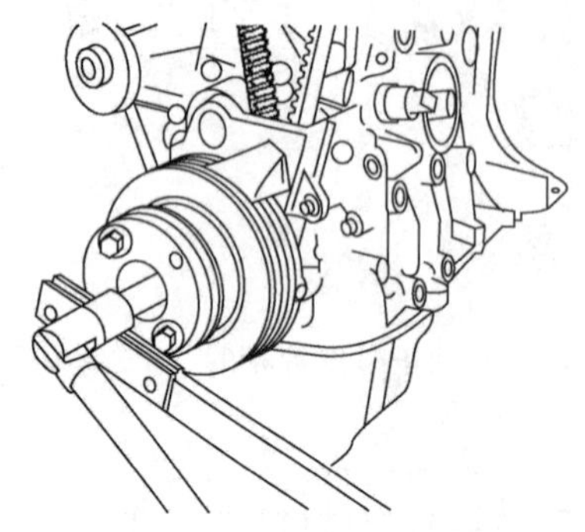

图2-49　安装曲轴前端皮带轮

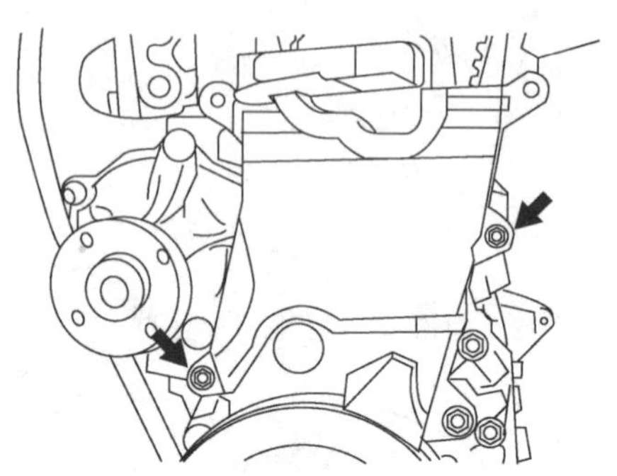

图2-50　安装正时皮带中罩（2号正时皮带罩）

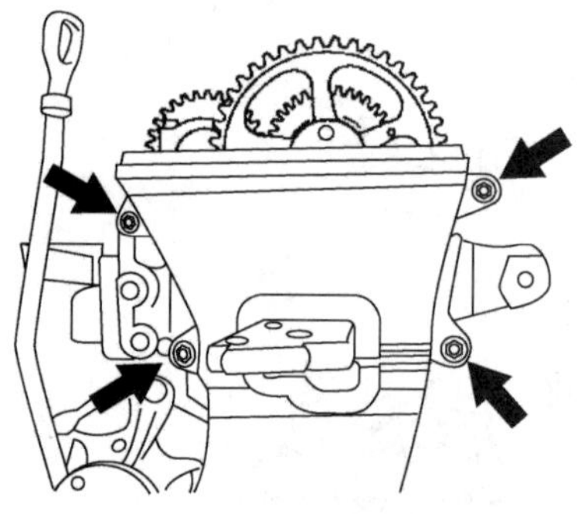

图2-51　安装正时皮带上罩（1号正时皮带罩）

（10）如图2-51所示，安装1号正时皮带罩，扭矩为9.3N·m。

（11）如图2-52所示，更换火花塞密封圈。

（12）安装气门罩室盖。

4. 8A-FE发动机外部附件的安装

（1）安装气门室盖。清除所有旧密封填料(FIPG)，按图2-53所示在气缸盖上涂新密封填料，密封填料：零件号为08826—00080或类似产品。

（2）安装分电器，按照做功顺序插入高压缸线。

（3）安装气门室盖上两条发动机曲轴箱通风管。

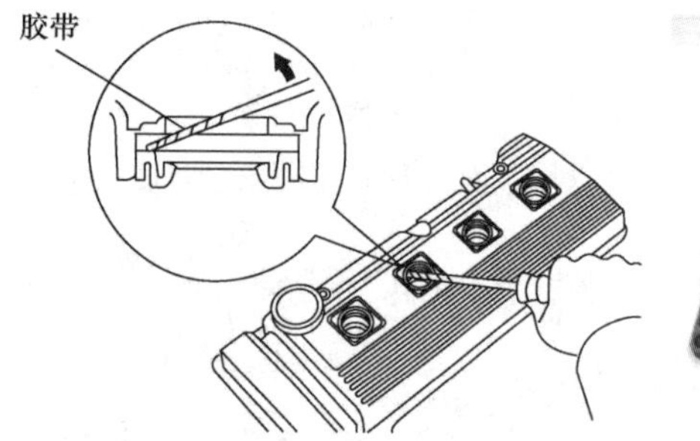

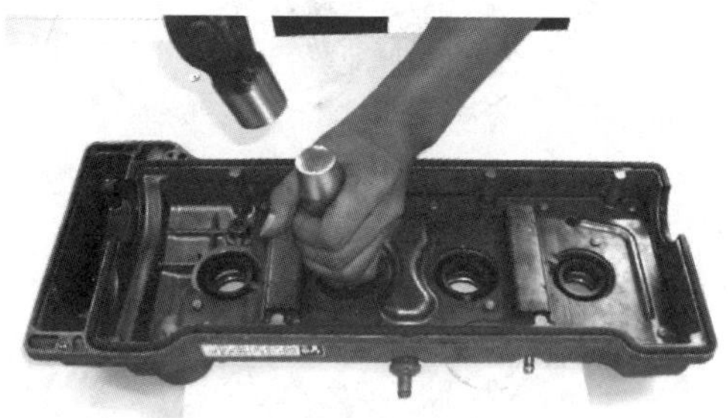

图2-52　更换火花塞密封圈

（4）安装空调压缩机的皮带。

（5）安装水泵的皮带与带轮。

（6）安装发电机皮带防护罩。

2.2.3　拓展技能：传动皮带及正时皮带的检查

1. 气门室罩盖

图 2-54 所示，气门室罩盖用薄钢板冲压而成，用来封闭和密封气缸盖上部，设有机油加注口，气门室罩盖和气缸盖之间有密封垫。

2. 传动皮带的检查项目

1）传动皮带外观

检查传动皮带的磨损情况，看是否有磨损、裂纹、层离、老化等现象；检查传动皮带安装情况，看是否正确地安装在皮带轮槽内；传动皮带应避免油污。

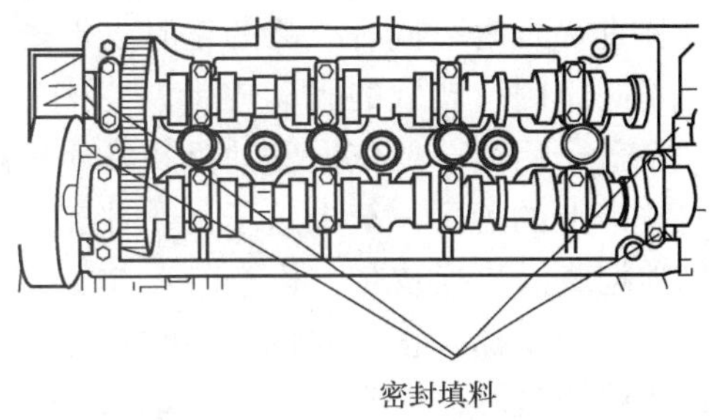

图 2-53　气缸盖上涂新密封填料

对于正时皮带，也要检查是否有磨损、裂纹、层离、老化等现象和其安装状况。

对于正时链条，要定期检查其磨损情况和润滑是否可靠。

图 2-54　气门室罩盖

2）传动皮带张紧度

用手指按压皮带的中部，检查其挠度是否在规定范围内；或者用张力计直接检测皮带的张力是否在正常范围内，测量前张力计需先复位。

传动皮带的检查步骤如下。

（1）将车辆举升至适当位置。

（2）举升后清洁地面。

（3）带上手套，拿着手电筒或工作灯。

（4）检查正时皮带是否有磨损、裂纹、老化等现象。

（5）检查正时皮带是否正确地安装在皮带轮槽内。

（6）将皮带张力计复位。

（7）测量传动皮带的张力，如张力值偏低，需适当调紧张紧力。

（8）工位复位及 5S。

3. 发动机正时皮带的日常检查

当今，随着汽车先进程度越来越高，维修的工作量将逐渐减少。于是，车主们往往认为他们的车辆基本不需要修理。而各汽车制造商明确规定了正时皮带进行常规检查及更换的周期，作为专业维修技师，一般应向车主讲明：作为定期维护、全面检查的一项内容，正时皮带的维护应该加在定期维护的程序中。如果忽视了这一点，没有定期检查，及时更换有故障的正时皮带，可能会导致严重的后果。

不同于附属装置的驱动皮带，它们很容易被看到并易于检查。正时皮带往往隐藏在一个盖子后面，要依据发动机及发动机舱的布置才能触及到。然而，在多数情况下，正时皮带上的盖子，至少盖子的上半部，是可以拆下或者移开的，有助于维修人员能仔细地检查及更换皮带。检查时，如果看到的不是保养良好、张紧适度的皮带，就应及时把它更换掉。正时皮带破裂时，如果皮带被咬住，那么气门停在打开状态，同时发动机停止运转；破裂时如果发动机是空转，就意味着在行程顶部的活塞与张开的气门之间存有空隙。这两种情况下的破裂，损坏的只是正时皮带本身。

思考题

1. 总结链条传动与皮带传动的优缺点。
2. 在车辆高速行驶过程中，正时皮带突然断裂，会造成什么后果？

任务2.3　发动机配气机构的拆装与检测

工作任务

气门间隙的检查与调整，对于维护发动机的正常工况至关重要。汽车发动机在使用过程中，由于配气机构某些零件的磨损或松动，会导致原有气门间隙的变化，因此一般行驶10 000km左右维护时，应检查和调整气门间隙，使之符合技术规范。

2.3.1　相关知识：配气机构的功用及组成

1. 配气机构功用

配气机构是发动机的进气和排气控制机构，四冲程汽油发动机采用气门式配气机构。配气机构按照发动机工作顺序和工作状况要求，准时打开和关闭各气缸的进、排气门，使新鲜可燃混合气或空气能充分地进入气缸，做功后产生的废气能及时彻底排出，当进、排气门关闭时，能保证气缸的密封。

2. 配气机构的组成

气门式配气机构由气门组和气门传动组两部分组成。气门组开闭进、排气道，气门组主要由进气门、排气门、气门导管、气门弹簧及弹簧座、气门锁片等组成。气门传动组按发动机的要求，准时驱动进、排气门开闭。气门传动组的基本组成根据配气机构的形式不同而不同，包括从正时齿轮直至气门动作的所有零件，主要有凸轮轴正时齿轮、凸轮轴、传动带（或传动链）及传动轮、摇臂及摇臂轴、推杆、挺柱等。一般的四冲程发动机配气机构如图 2-55 所示。

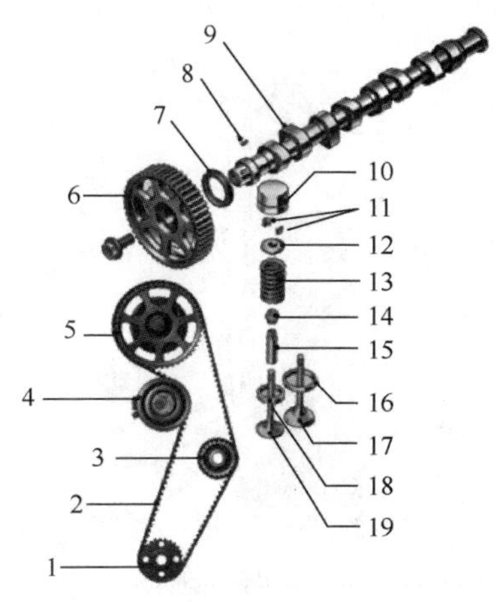

图 2-55　配气机构的主要零件

1—曲轴正时齿形带轮；2—正时齿形带；3—水泵齿形带轮；4—张紧轮；5—凸轮轴正时齿形带轮；6—凸轮轴正时齿形带轮；7—凸轮轴油封；8—半圆键；9—凸轮轴；10—挺柱体；11—气门锁片；12—上气门弹簧座；13—气门弹簧；14—气门油封；15—气门导管；16—进气门座；17—进气门；18—排气门座；19—排气门

3. 配气机构的分类

按照凸轮轴的传动方式，其传动机构有齿轮式、链条式及齿形带式，如图 2-56 所示。如图 2-57 所示，按凸轮轴的布置位置，配气机构分为凸轮轴下置式、中置式和上置式三类；按气门的驱动形式分，配气机构分为直接驱动式和摇臂驱动式两类。按每缸气门数目，有二气门式、三气门式、四气门式和五气门式。

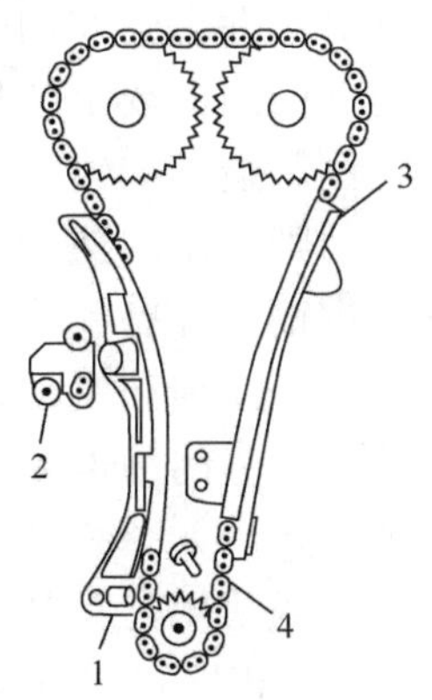

(a) 正时链条自动张紧器

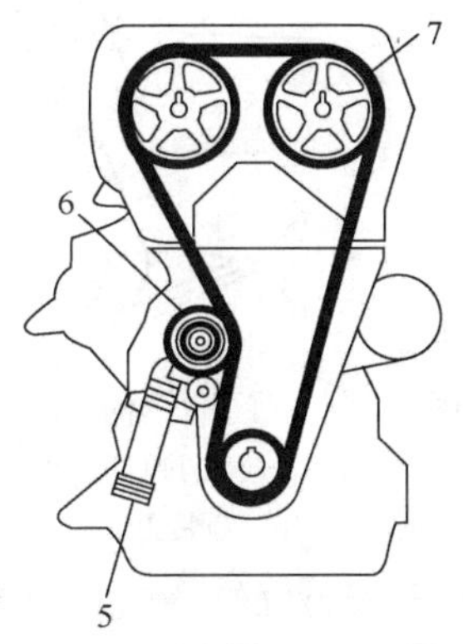

(b) 正时皮带自动张紧器

图 2-56　按凸轮轴的传动方式分类

1—链条张紧器滑块；2—正时链条自动张紧器；3—链条减振器；4—正时链条；5—正时皮带自动张紧器；6—张紧轮；7—正时皮带

4. 配气机构的零件

1）气门组

图 2-58 所示，气门组包括气门、气门座、气门导管、气门弹簧、气门弹簧座及气门锁片等零件。

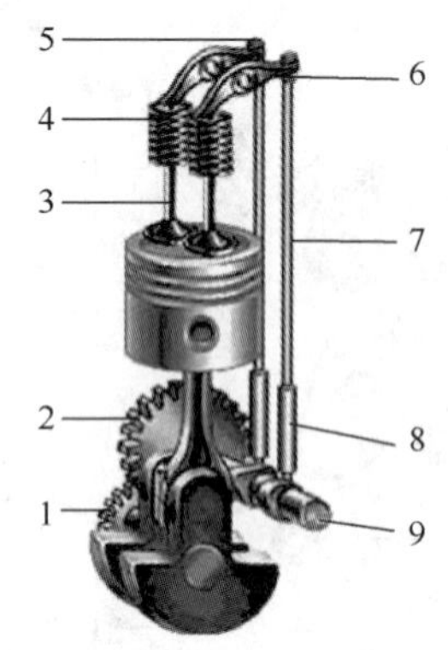

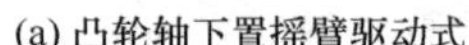
(a) 凸轮轴下置摇臂驱动式

(b) 凸轮轴中置摇臂驱动式

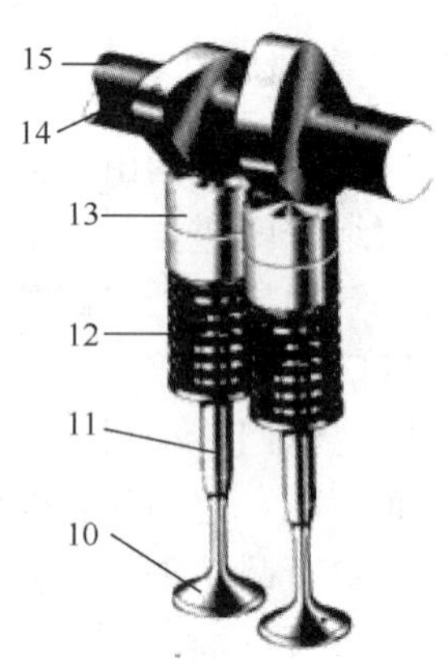

(c) 凸轮轴上置直接驱动式

图 2-57　按凸轮轴的布置位置和驱动方式分类

1—曲轴正时齿轮；2—凸轮轴正时齿轮；3、10—气门；4、12—气门弹簧；5—气门调整螺钉；6—摇臂；7—推杆；8、13—挺柱；9、14—凸轮；11—气门导管；15—凸轮轴

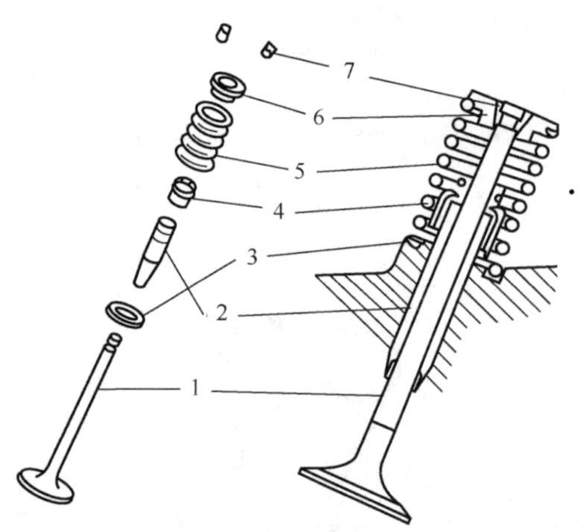

图 2-58　气门的结构

1—气门；2—气门导管；3—气门弹簧下座；4—气门油封；5—气门弹簧；6—气门弹簧上座；7—气门锁片

(1) 气门是燃烧室的组成部分，是气体进、出燃烧室通道的开关，承受冲击力、高温冲击、高速气流冲击。

气门在高温、高压、散热困难、腐蚀、润滑差以及要承受气体力、气门弹簧力、配气机构运动件的惯性力的作用等很差的条件下工作，因此气门制造要求严格，进气门一般用中碳合金钢制造，如铬钢、铬钼钢和镍铬钢等。排气门则采用耐热合金钢制造，如硅铬钢、硅铬钼钢、硅铬锰钢等。有些发动机采用气门内部充注金属钠的措施，以改善气门的导热性能。气门顶部主要有平顶、凹顶和凸顶三种形式，如图 2-59 所示。

(2) 气门座的功用是靠其内锥面与气门锥面的紧密贴合密封气缸。气门座的温度很高，又承受频率极高的冲击载荷，容易磨损。因此，铝气缸盖和大多数铸铁气缸盖均镶嵌由合金铸铁或粉末冶金或奥氏体钢制成的气门座圈，可延长气缸盖的使用寿命。

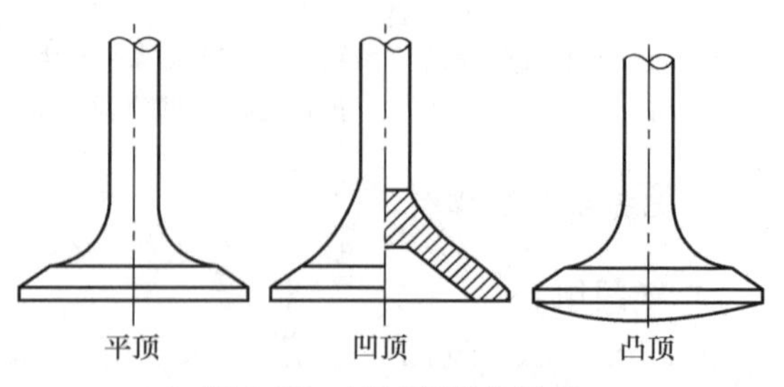

图 2-59　气门顶部的形式

(3) 气门导管保证气门作直线往复运动，使气门与气门座或气门座圈能正确贴合。还将气门杆接受的部分热量传给气缸盖。气门导管的工作温度较高，而且润滑条件较差，靠配气机构工作

时，飞溅起来的机油来润滑气门杆和气门导管孔。

（4）气门弹簧保证气门关闭时能紧密地与气门座或气门座圈贴合，并克服在气门开启时配气机构产生的惯性力，使传动件始终受凸轮控制而不相互脱离。气门弹簧一般为等螺距圆柱形螺旋弹簧、锥形弹簧或双弹簧。

2）传动组

配气机构传动组包括挺柱、推杆、摇臂、摇臂轴等零件。

（1）摇臂。摇臂的一端压在气门杆上，另一端压在挺柱上作为摇臂的支点。摇臂的中间安装有滚轮，凸轮轴上的凸轮压在滚轮上，直接驱动凸轮，利用摇臂的杠杆作用，打开或关闭气门。

（2）挺柱。挺柱的功用是将凸轮的推力传给推杆或气门，承受凸轮旋转时传来的切向力，并传给发动机机体。挺柱分为机械挺柱和液压挺柱。

现代轿车发动机的配气机构轿采用液压挺柱。液压挺柱主要由单向阀、活塞弹簧、带内置油道的活塞及壳体组成。挺柱体由圆桶和上端盖焊接而成，下端封闭的油缸外圆柱面与挺柱导向孔配合，内圆柱面与柱塞配合。球阀被补偿弹簧压靠在柱塞下端面的阀座上。

挺柱体内部的低压油腔通过挺柱顶背面的键形槽与柱塞上方的低压油腔相通。当挺柱在运动过程中，挺柱体上的环形槽与缸盖上的斜油孔对齐时，缸盖油道内的润滑油通过量油孔、斜油孔和环形油槽进入低压油腔。柱塞下端油缸内部的空腔，称为高压油腔，当球阀打开时，高压油腔与低压油腔相通。高、低压油腔都充满了油液，补偿弹簧还可以使油缸与柱塞相对运动，保持挺柱顶面与凸轮紧密接触。油缸下端面与气门杆下端面紧密接触。

液压挺柱实现了气门零间隙，减小了配气机构工作时产生的撞击和噪声。气门及其传动件因温度升高而膨胀，凸轮或挺柱因磨损而缩短，都会由液力作用来自行调整或补偿。

图2-60所示，在气门关闭的过程中，挺柱上移，由于仍受到凸轮和气门弹簧两方面的顶压，高压油腔仍保持高压，球阀仍处于关闭状态，液力挺柱仍是一个整体，直至气门完全关闭为止。在气门打开的过程中，凸轮推动挺柱体和柱塞下移，油缸受到气门弹簧的阻力而不能马上下移，导致高压腔油压升高，球阀将阀门关闭，挺柱成为刚性整体向下移动，将气门打开。

3）驱动组

配气机构驱动组包括凸轮轴、凸轮轴轴承和止推装置等。

凸轮轴的功用是驱动和控制各缸气门的开启和关闭，使其符合发动机的工作顺序、配气相位和气门开度的变化规律等要求。

凸轮轴承受周期性的冲击载荷，气门弹簧刚度很大，凸轮与挺柱或摇臂之间的接触面积很小，相对滑动速度也很高，因此，凸轮表面的接触应力很大，凸轮工作表面的磨损比较严重，并且会弯曲变形。凸轮的磨损及弯曲变形会造成配气相位的改变，气门升程的减少。因此凸轮轴应具有足够的硬度和耐磨性。

凸轮轴主要由凸轮、凸轮轴颈等零件组成，如图2-61所示。凸轮分为进气凸轮和

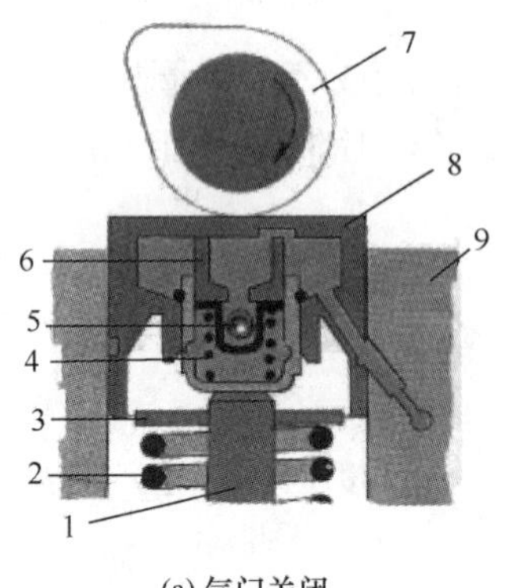

(a) 气门关闭

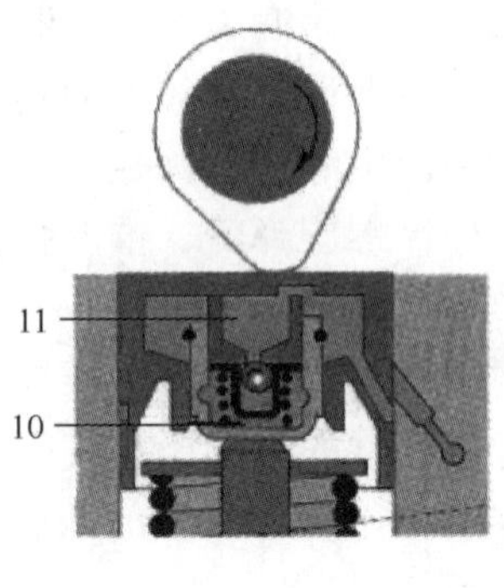

(b) 气门打开

图 2-60　液力挺柱工作原理

1—气门；2—气门弹簧；3—气门弹簧座；4—补偿弹簧；5—单向阀；6—柱塞；7—凸轮；8—挺柱体；9—气缸盖；10—高压腔；11—低压腔

图 2-61　凸轮轴的构造

1—进气凸轮；2—排气凸轮；3—主轴承；4—链轮

排气凸轮，控制气门的开启与关闭。凸轮轴颈起支承的作用，安装在气缸盖上的凸轮轴颈轴承座孔内，用上瓦盖固定，轴颈座孔中有轴承瓦。凸轮轴的前端安装正时齿轮或链轮或传动带轮。凸轮轴上的限位装置限制凸轮轴工作时的轴向窜动。

2.3.2　任务实施：8A-FE 发动机配气机构的拆装与检测

1. 8A-FE 发动机外部附属部件的拆卸

(1) 拆下两条发动机曲轴箱通风管、分电器和高压缸线。

(2) 如图 2-62 所示，拆下进气歧管。

图 2-62　拆下进气歧管

（3）如图 2-63 所示，拆下发电机皮带防护罩，拆下发电机皮带、发电机和发电机皮带松紧度调节支架。

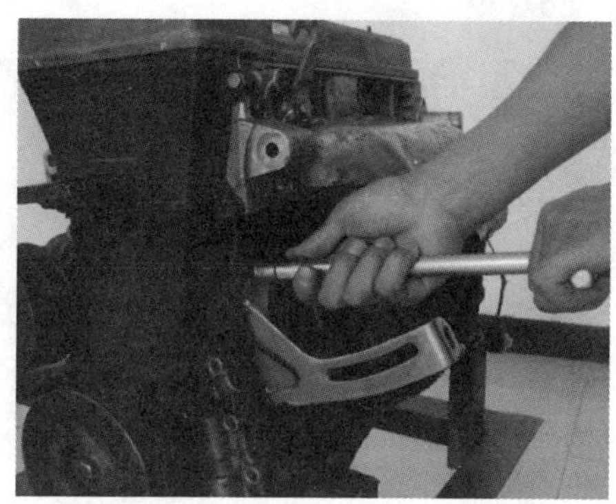

图 2-63　拆下发电机皮带和发电机

（4）如图 2-64 所示，拆下转向助力泵皮带、转向助力泵和转向助力泵支架。

图 2-64　拆下转向助力泵

（5）如图 2-65 所示，拆下空调压缩机皮带、空调压缩机和空调压缩机支架。

（6）如图 2-66 所示，拆下排气管隔热罩，松开排气管下方与气缸盖相连的螺母，拆下排气管。

（7）拆卸发动机气门室盖，拆下发动机正时皮带上、中、下护罩和水泵皮带轮。

（8）如图 2-67 所示，拆下正时皮带惰轮。

（9）如图 2-68 所示，拆下三个横置发动机安装支架螺栓和发动机右侧安装支架。

（10）如图 2-69 所示，使用两个螺钉旋具，垫上抹布防止损坏，拆下曲轴正时皮带轮。

（11）如图 2-70 所示，从发电机支架上拆下螺栓，并拆下 1 号发动机吊钩。

（12）如图 2-71 所示，拆下三个螺栓和 1 号发电机支架。

（13）如图 2-72 所示，拆下三个螺栓和机油尺导管，拆下 O 形圈。

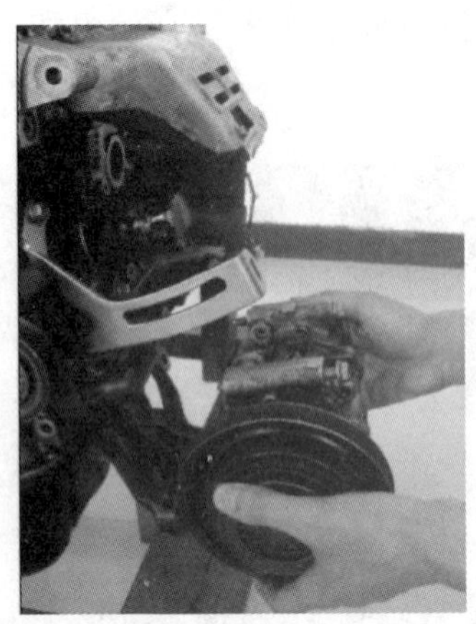

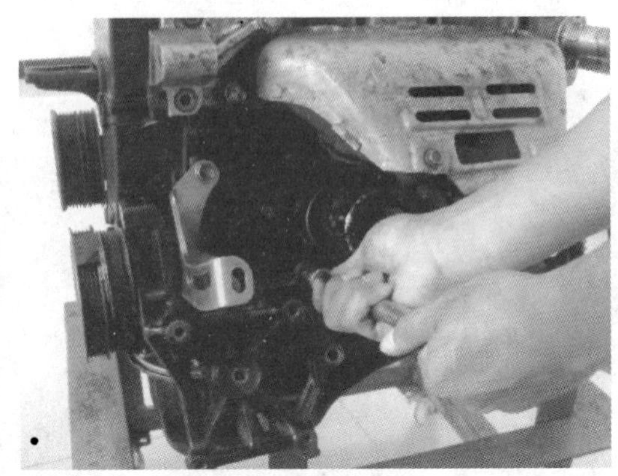

图 2-65　拆下空调压缩机

图 2-66　拆下排气管

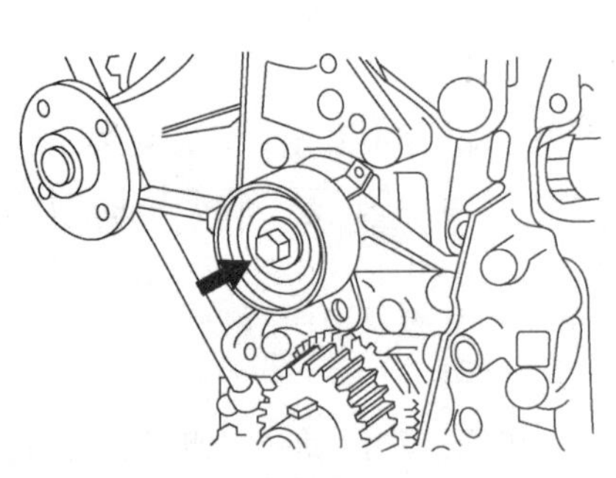

图 2-67　拆下正时皮带惰轮

图 2-68　拆下发动机安装支架

(14) 如图 2-73 所示，拆下两个螺栓和进水管，断开进水软管，拆下垫片，从水泵总成上拆下进水软管。

(15) 如图 2-74 所示，拆下三个螺栓和水泵总成，拆下 O 形圈。

2. 8A-FE 发动机气门传动组的拆卸

(1) 如图 2-75 所示，用扳手夹持凸轮轴的六角头部分，并松开皮带轮螺栓，拆下

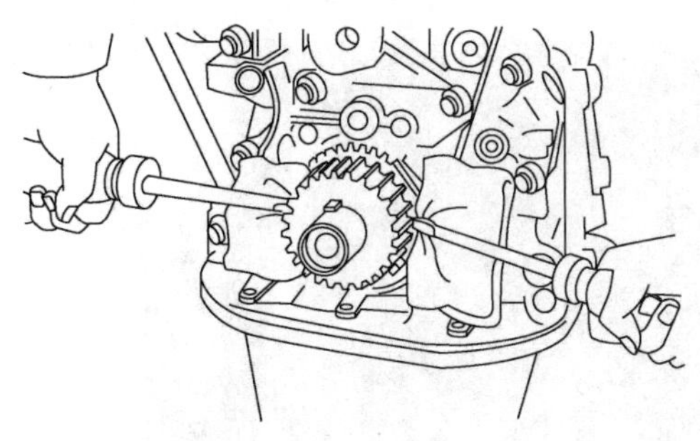

图 2-69 拆下曲轴正时皮带轮

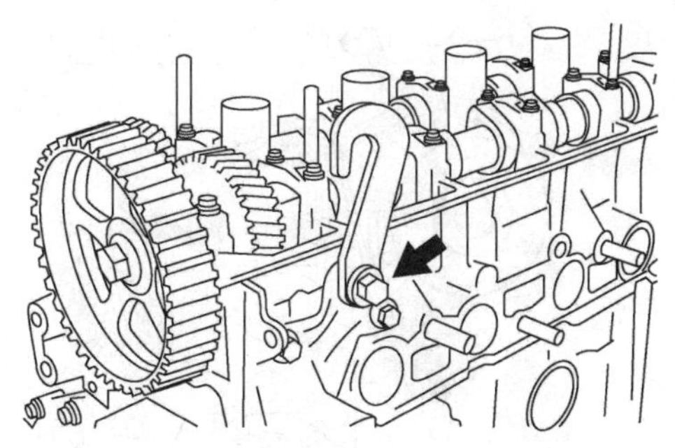

图 2-70 拆下 1 号发动机吊钩

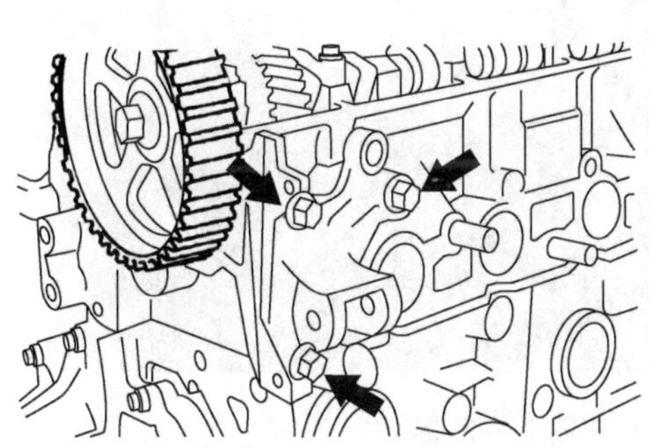

图 2-71 拆下 1 号发电机支架

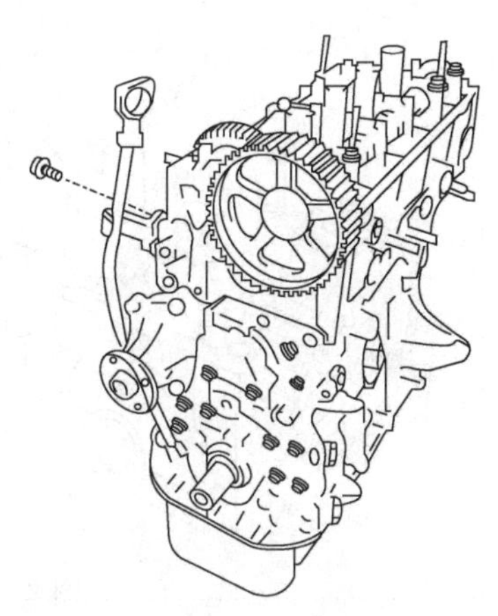

图 2-72 拆下机油尺导管

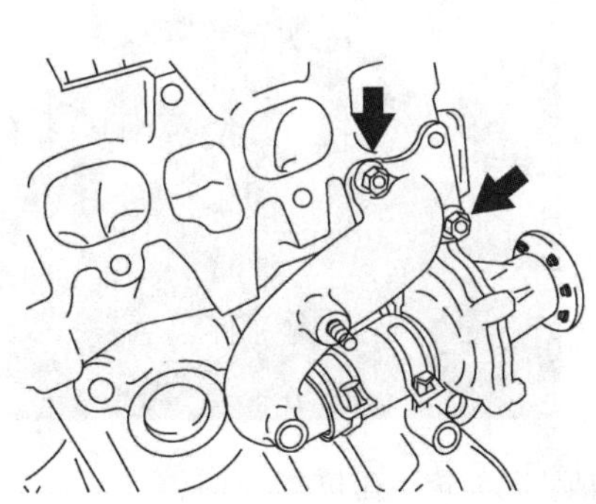

图 2-73 拆下进水管

皮带轮螺栓和凸轮轴正时皮带轮。

（2）如图 2-76 所示，转动凸轮轴的六角部分将副齿轮小孔转上来（它定位主齿轮和副齿轮）。

（3）如图 2-77 所示，拆下进气凸轮轴 1 号轴承盖的两条螺栓，拆下进气凸轮轴 1 号轴承盖。

（4）如图 2-78 所示，使用维修螺栓固定主、副齿轮。

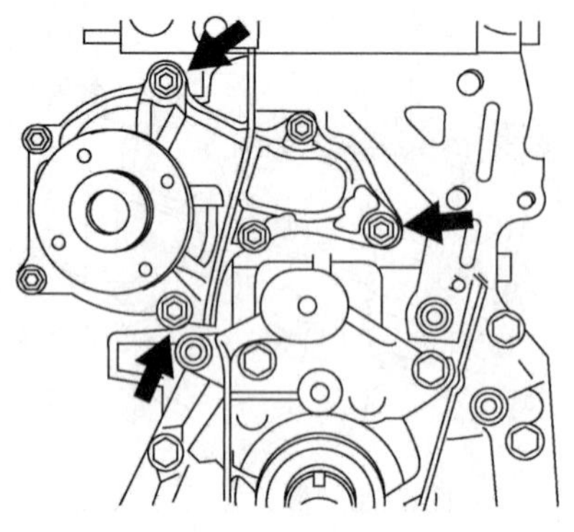

图 2-74 拆下水泵总成

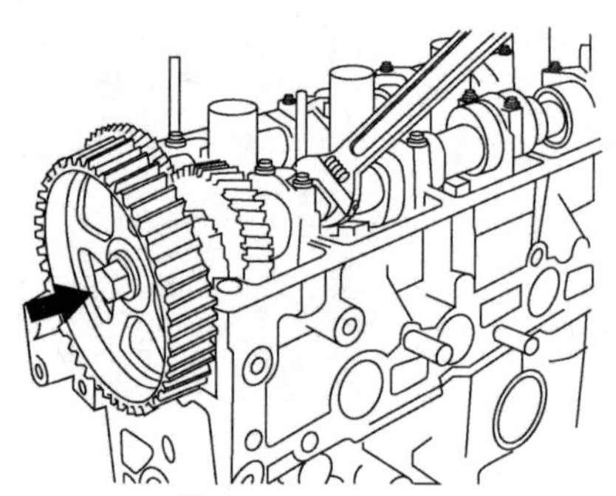

图 2-75 拆下凸轮轴正时皮带轮

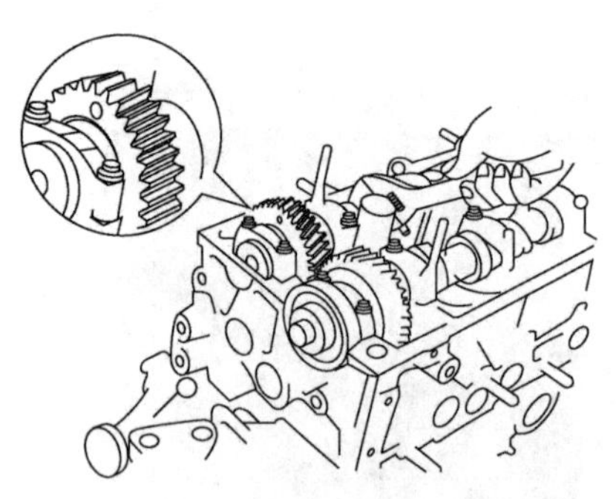

图 2-76 转动凸轮轴使副齿轮小孔朝上

(5) 按从两边两道轴承盖向中间轴承盖的顺序分几次均匀地拧松八个轴承盖螺栓。

(6) 拆下四个轴承盖和进气凸轮轴，如图 2-79 所示为拆下的进气凸轮轴轴承盖和进气凸轮轴。

(7) 转动排气凸轮轴的六角部分，如图 2-80 所示，使定位销位于排气凸轮轴垂直中心线偏右的位置。使得排气凸轮轴的 1、3 号气缸凸轮的突起同时顶到各自的挺柱上。拆下 1 号轴承盖上的两个螺栓，取下凸轮轴定位油封和 1 号轴承盖。

(8) 按从两边到中间的顺序分三次均匀地旋松八个轴承盖螺栓。拆下四个轴承盖

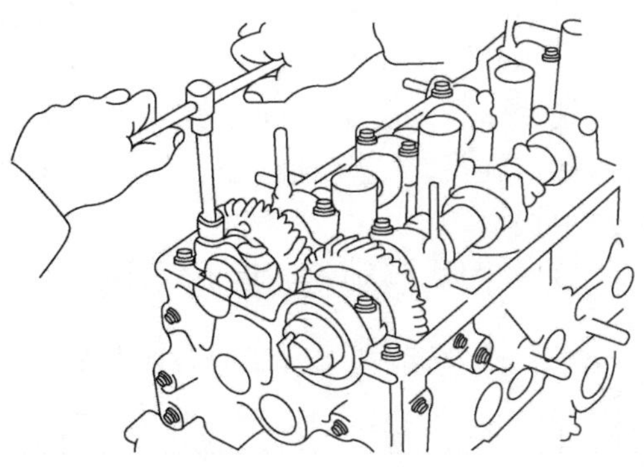

图 2-77 拆下进气凸轮轴 1 号轴承盖

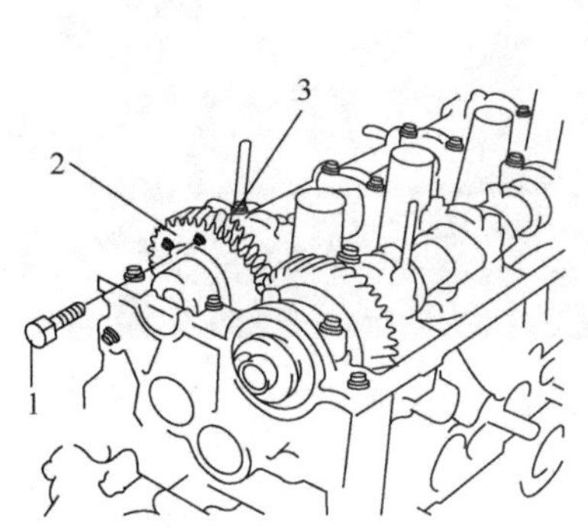

图 2-78 使用维修螺栓固定主、副齿轮

1—维修螺栓；2—副齿轮；3—主齿轮

图 2-79 拆下的进气凸轮轴轴承盖和进气凸轮轴

和两排气凸轮轴，如图 2-81 所示为拆下的排气凸轮轴承盖和排气凸轮轴。注意，不要用工具或其他物体撬动和用力拆除凸轮轴。

(9) 如图 2-82 所示，按顺序取下 16 个挺柱。

(10) 如图 2-83 所示，按从两边到中间的对角顺序分几次均匀地旋松十个气缸盖螺栓。

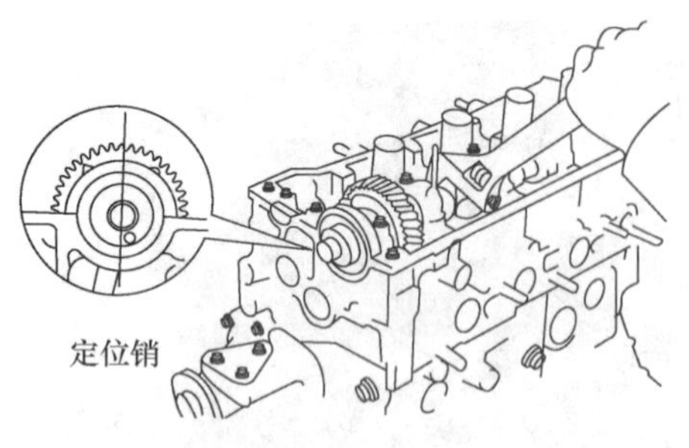

图 2-80　定位销的位置

（11）如图 2-84 所示，拆下十个平垫圈。

（12）如图 2-85 所示，为了便于拆下气缸盖，在气缸体和气缸盖之间，气缸体的定位销处插入螺钉旋具，撬起气缸盖。将气缸体放置在长形木块上。

（13）如图 2-86 所示，拆下气缸垫。

3. 8A-FE 发动机气门组的拆装与检查

1）8A-FE 发动机气门组的拆卸与清洁

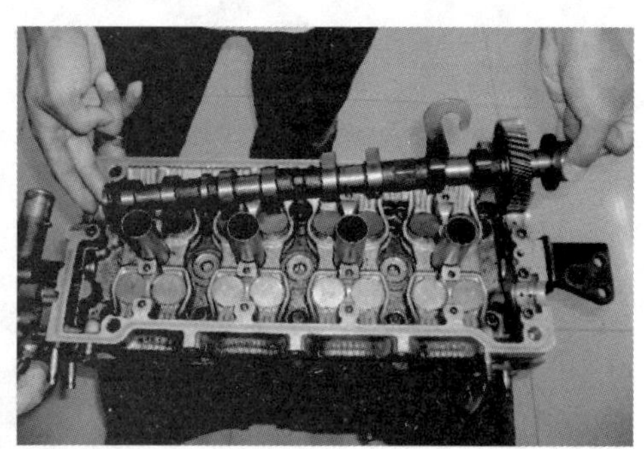
图 2-81　拆下的排气凸轮轴承盖和排气凸轮轴

图 2-82　拆下 16 个挺柱

（1）如图 2-87 所示，使用 SST 09202—70020（09202—00010）压缩气门弹簧，拆下两个锁片。拆下弹簧座、气门弹簧和进、排气门，按正确的顺序排列排气门、气门弹簧、弹簧座和锁片。

（2）如图 2-88 所示，使用尖嘴钳拆下气门杆油封。

（3）如图 2-89 所示，使用压缩空气和磁棒，拆下弹簧座平垫圈。注意按正确的顺序摆放气门弹簧座平垫圈。

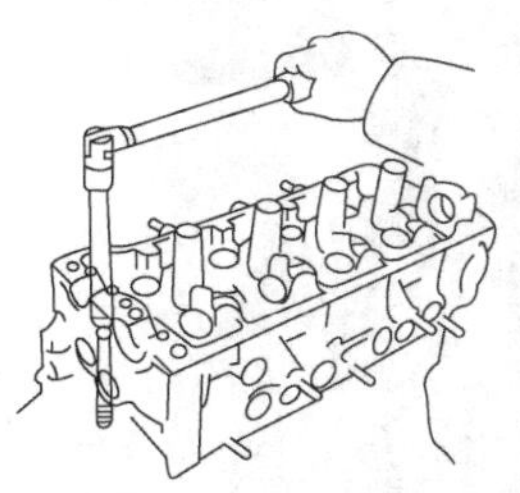

图 2-83　拆下气缸盖螺栓

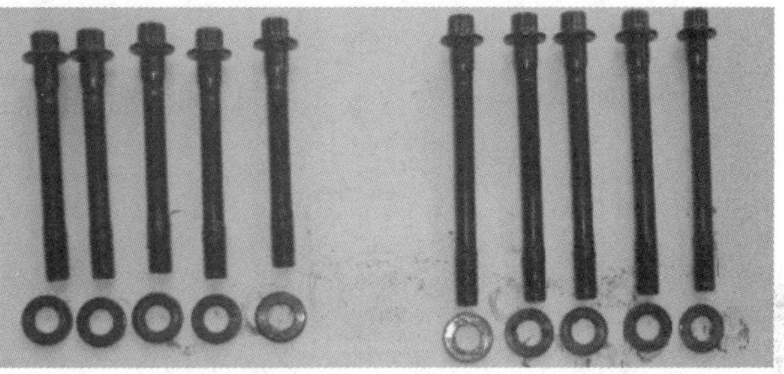

图 2-84　拆下十个平垫圈

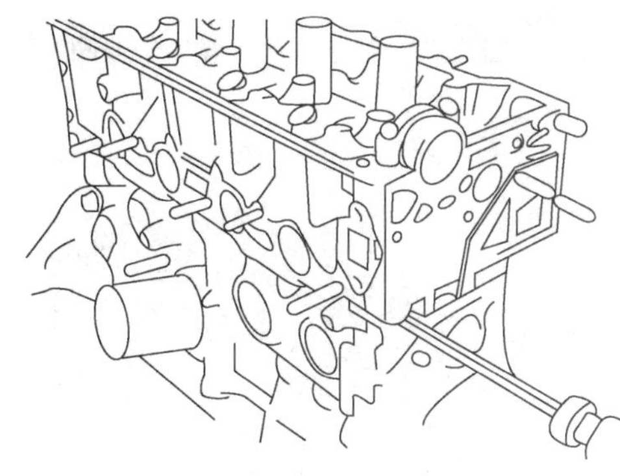

图 2-85　拆下气缸盖

（4）如图 2-90 所示，使用垫片铲刀，从气缸体结合表面清除所有垫片材料，清洁气缸盖总成。

（5）如图 2-91 所示，使用钢丝刷，清除燃烧室所有积炭。

（6）如图 2-92 所示，使用气门导管衬套刷和溶剂，清洁所有气门导管衬套。

（7）如图 2-93 所示，使用软毛刷和溶剂，彻底清洁气缸盖。

图 2-86　拆下气缸垫

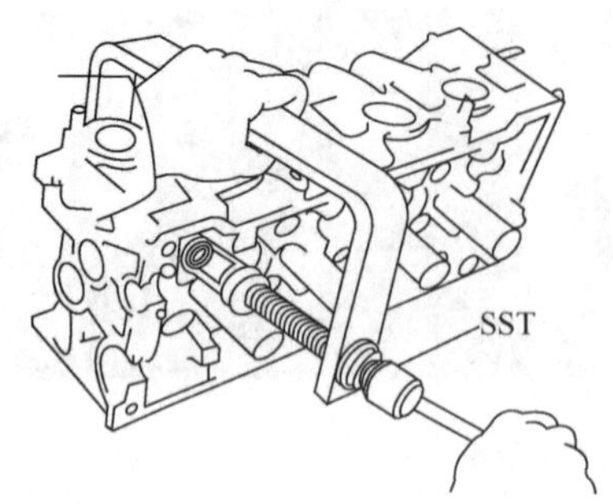

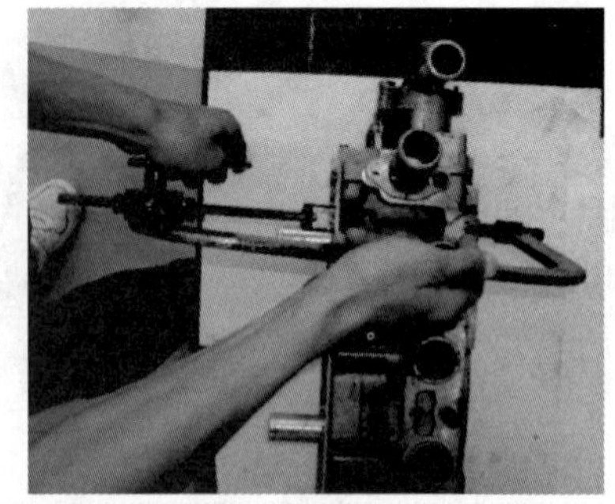

图 2-87 拆卸进、排气门

图 2-88 拆下气门杆油封

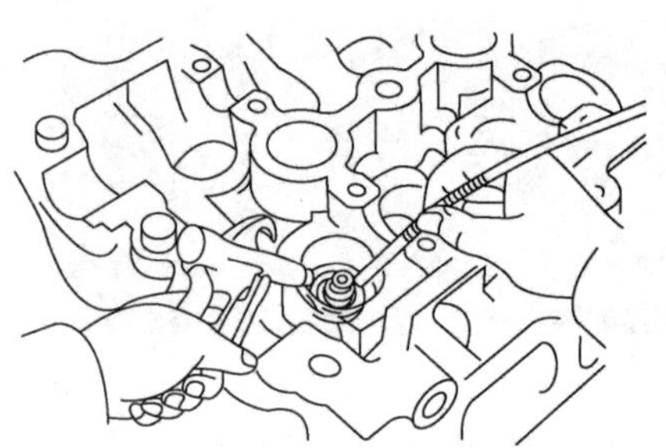

图 2-89 拆下气门弹簧座平垫圈

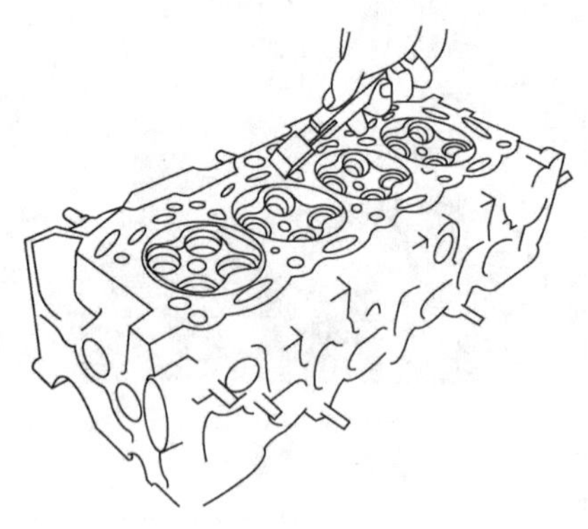

图 2-90 清洁气缸盖总成

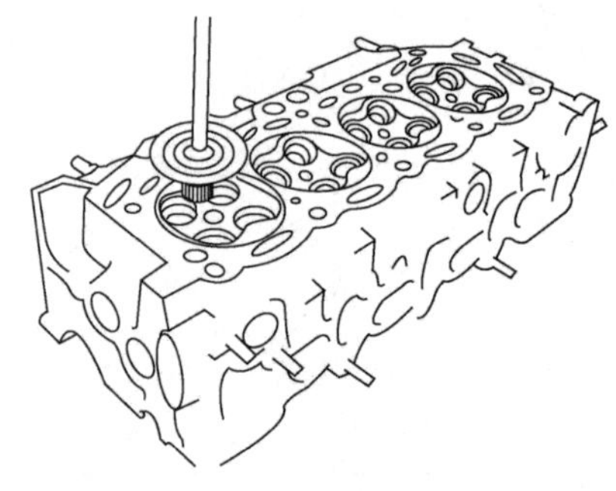

图 2-91 清除燃烧室积炭

（8）如图 2-94 所示，使用垫片铲刀，铲掉气门顶部的积炭；使用钢丝刷，彻底清洁气门。

2）8A-FE 发动机气门组的检查

（1）检查气门导管油隙。

① 如图 2-95 所示，使用百分表，测量导管直径。导管标准直径为 6.010～6.030mm。

② 如图 2-96 所示，使用千分尺测量气门杆直径。进气门杆标准直径为 5.974～5.985mm，排气门杆标准直径为 5.965～5.980mm。

③ 计算气门导管油隙，进气门最大油隙为 0.08mm；排气门最大油隙为 0.10mm，

如果间隙大于最大值，更换气门和导管衬套。

气门导管油隙＝气门导管直径测量值－气门杆直径测量值

（2）检查气门。

① 如图 2-97 所示，检查气门顶部边缘厚度，边缘标准厚度为 0.8～1.2mm，如果小于最小边缘厚度，更换气门。

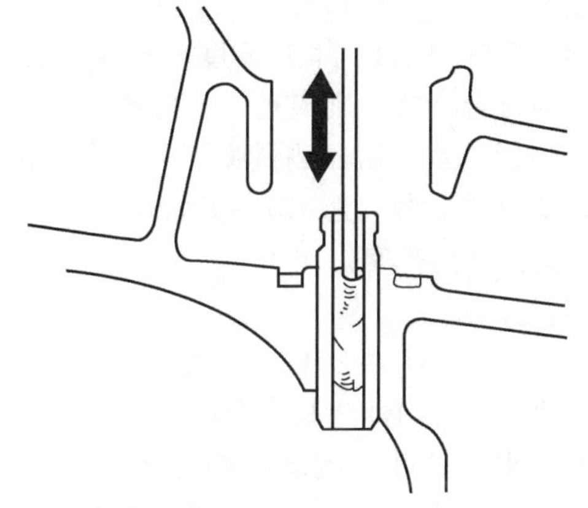

图 2-92　清洁气门导管衬套

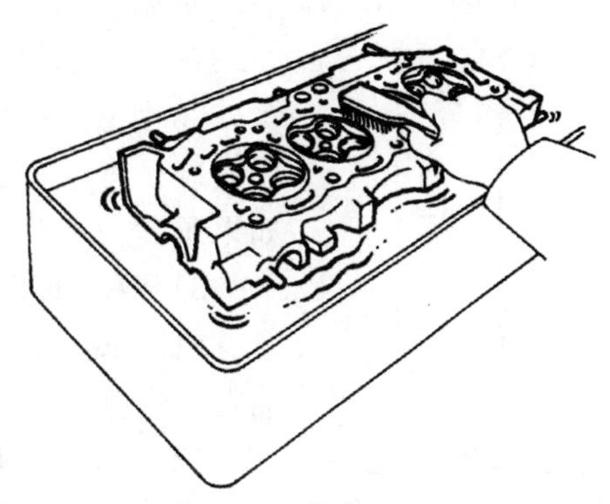

图 2-93　清洁气缸盖

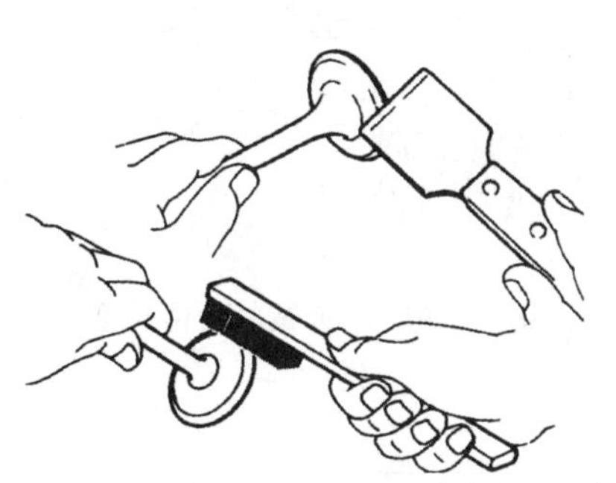

图 2-94　清洁气门

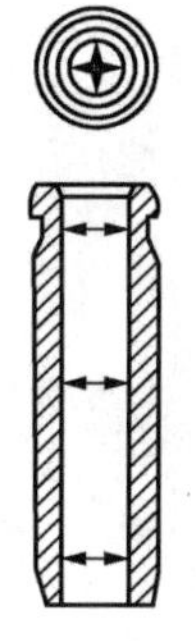

图 2-95　测量导管直径

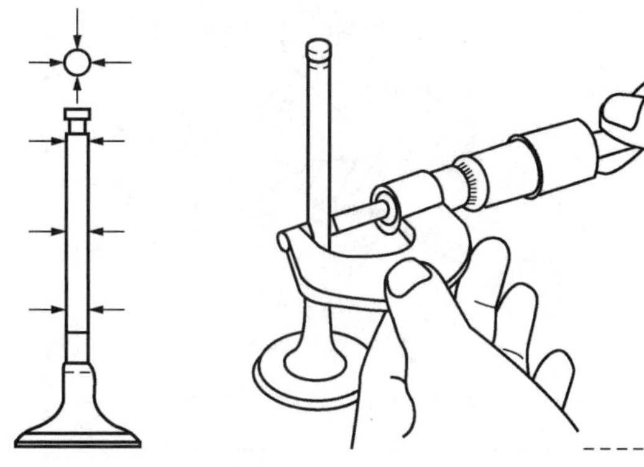

图 2-96　测量气门杆直径

图 2-97　检查气门顶部边缘厚度

② 如图 2-98 所示，检查气门全长，进气门标准长度为 87.45mm，排气门标准长度为 87.84mm；进气门最小长度为 86.95mm，排气门最小长度为 87.35mm，如果气门小于最小长度，更换气门。

（3）检查气门弹簧。

① 如图 2-99 所示，使用钢角尺，测量气门弹簧的偏斜量。最大偏斜量为 2mm，如果偏斜量大于最大值，更换气门弹簧。

② 如图 2-100 所示，使用游标卡尺，测量气门弹簧的自由长度，自由长度为 38.57mm，如果自由长度不符合标准，则应更换气门弹簧。

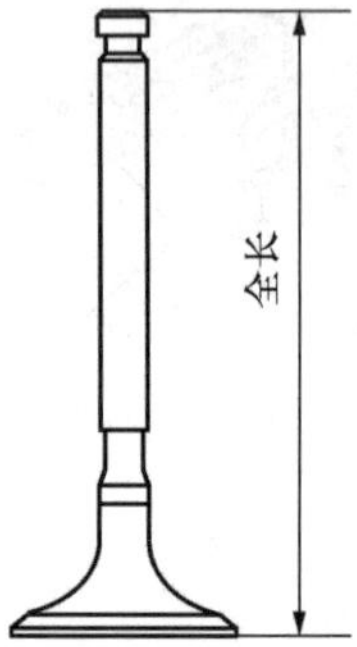

③ 如图 2-101 所示，使用弹簧测试器测量弹簧预紧力，在标准安装长度下测量气门弹簧的预紧力应为 157～174N，31.7mm。如果预紧力不符合标准，更换气门弹簧。

3）8A-FE 发动机气门组的安装

（1）如图 2-102 所示，使用 SST 09201—41020，压入一个新油封。进气门油封是灰色的，排气门油封是黑色的。

（2）如图 2-103 所示，使用 SST（运动换挡变速器），压缩气门弹簧，并在气门杆周围放入两个锁片，安装进、排气门。

全长

图 2-98　检查气门长度

图 2-99　测量气门弹簧的偏斜量

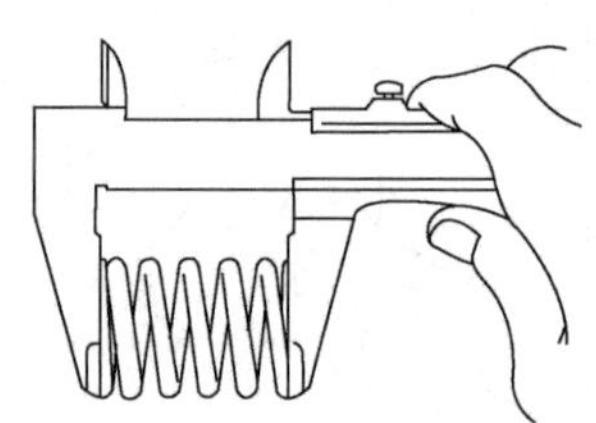

图 2-100　测量气门弹簧的自由长度

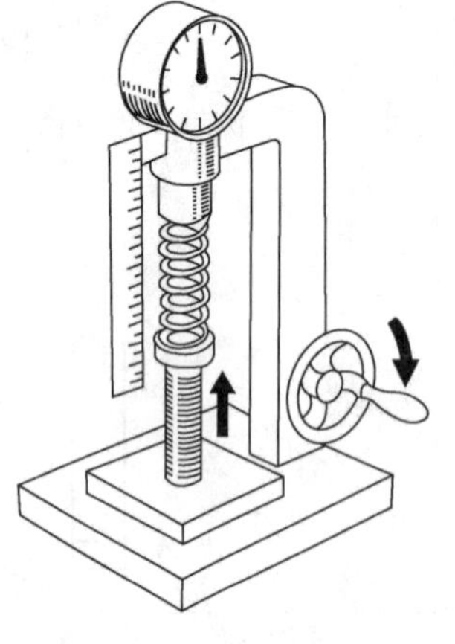

图 2-101　测量弹簧预紧力

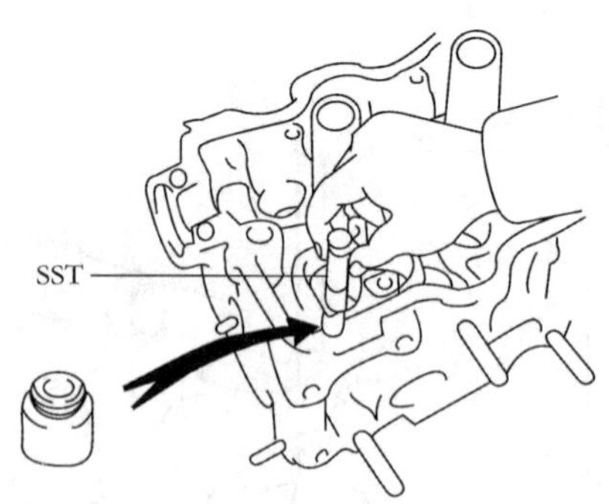

图 2-102　安装气门杆油封

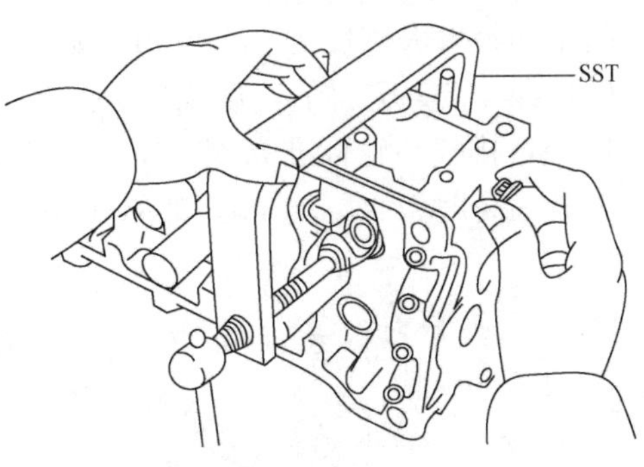

图 2-103　安装进、排气门组

4. 8A-FE 发动机机体及零部件的检查

1）气缸盖的检查

（1）如图 2-104 所示，使用刀口直尺和塞尺，测量气缸体和歧管接触面的翘曲变形。

气缸体表面最大翘曲变形为 0.05mm，歧管表面最大翘曲变形为 0.10mm，如果翘曲变形超过最大值，则更换气缸盖。

（2）检查裂纹，如果有裂纹，更换气缸盖。

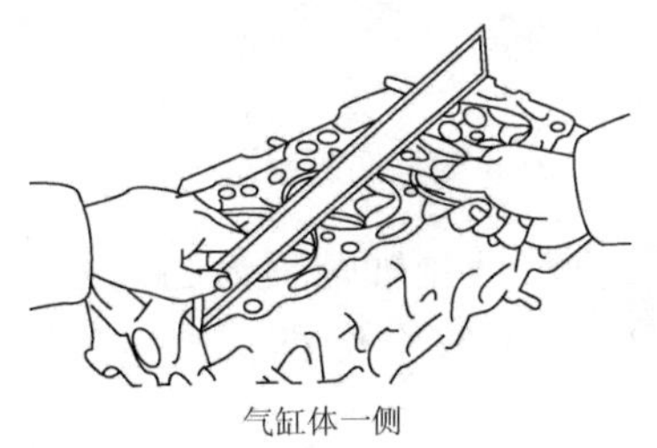

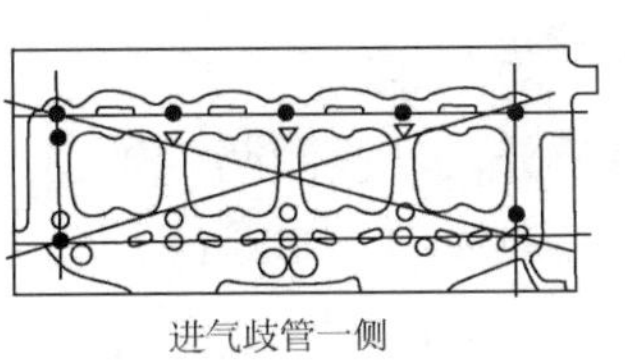

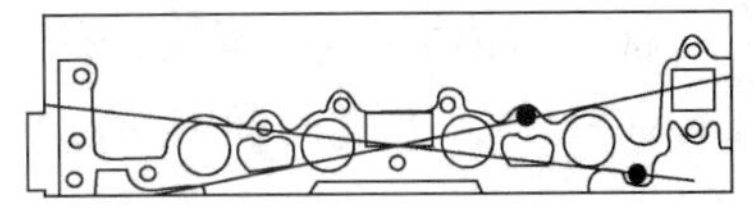

图 2-104　检查平整度

2）气缸盖螺栓的检查

图 2-105 所示，使用游标卡尺测量螺栓的标准长度。进气门气缸盖螺栓标准长度为 108mm，排气门气缸盖螺栓标准长度为 90mm。

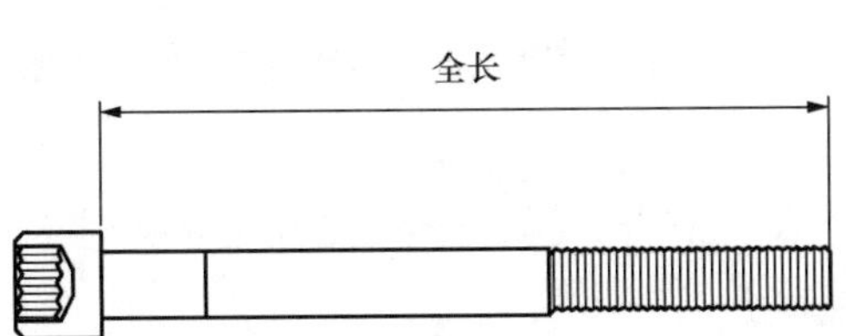

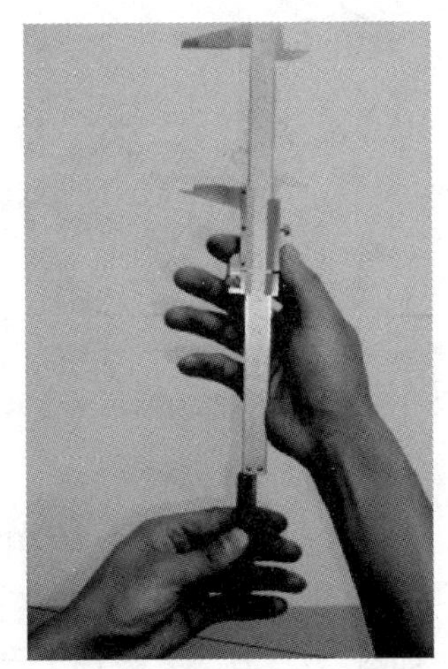

图 2-105　检查气缸盖螺栓

3）凸轮轴的检查

（1）如图 2-106 所示，将凸轮轴放在 V 形铁上，使用百分表测量中间轴颈的失圆度。凸轮轴最大失圆度为0.03mm，如果失圆度超过最大值，则更换凸轮轴。

（2）如图2-107所示，使用千分尺，测量凸轮高度。进气凸轮标准高度为41.71～41.81mm，排气凸轮标准高度为1.96～42.06mm；进气凸轮最小高度为41.30mm，排气凸轮最小高度为41.55mm。如果桃尖高度低于最小值，则更换凸轮轴。

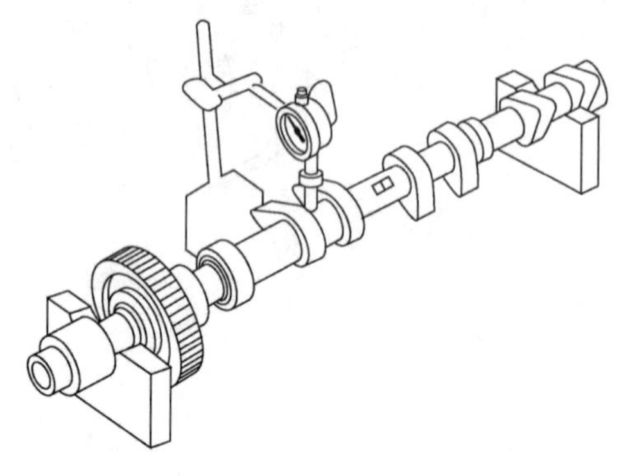

图2-106　检查凸轮轴失圆度

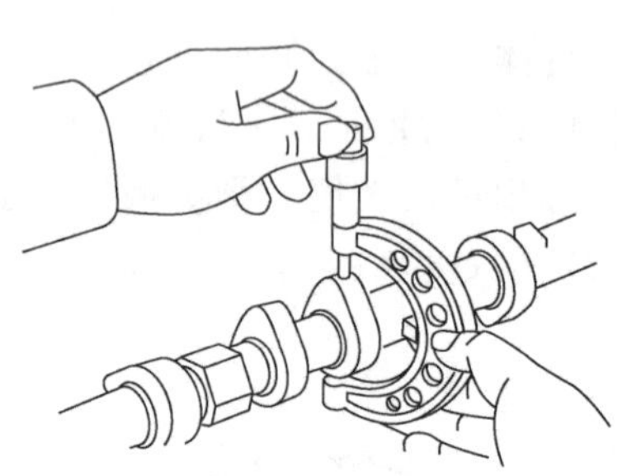

图2-107　测量凸轮高度

（3）如图2-108所示，使用千分尺，检测凸轮轴轴颈。排气凸轮轴轴颈为24.949～24.965mm，进气凸轮轴轴颈22.949～24.965mm，如果轴颈不符合标准，则更换凸轮轴。

（4）如图2-109所示，检查凸轮轴轴颈油隙。将凸轮轴放在气缸盖上，在每个凸轮轴轴颈上放上塑料间隙规，盖上凸轮轴轴承盖，用13N·m力矩拧紧轴承盖螺栓后，拆卸轴承盖，对照标准读取塑料间隙规的间隙。

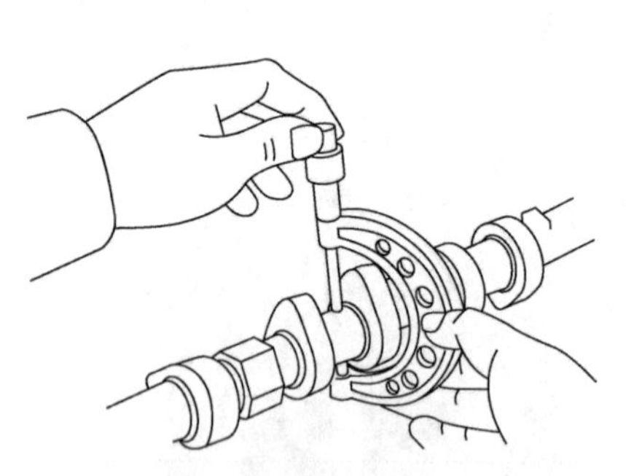

图2-108　检测凸轮轴轴颈

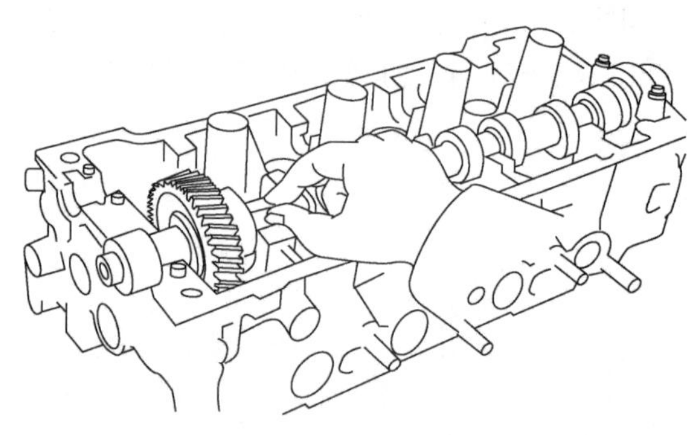

图2-109　检查凸轮轴轴颈油隙

4）气门挺柱的检查

（1）如图2-110所示，使用内径表，测量气缸盖挺柱孔直径。挺柱孔径为31.000～31.025mm。

（2）如图2-111所示，使用千分尺，测量挺柱直径。挺柱直径为30.966～30.976mm。

（3）计算挺柱配合标准油隙：

$$挺柱配合标准油隙 = 挺柱孔直径 - 挺柱直径$$

标准油隙为0.024～0.059mm，如果油隙超过0.07mm，则应更换气缸盖。

5. 8A-FE 发动机气门传动组的安装

1）安装气缸垫

按如图 2-112 所示方向，安装气缸垫，放上气缸盖。

2）安装气缸盖分总成

（1）按照顺序将气缸盖螺栓的垫片套在气缸盖螺栓上，如图 2-113 所示，在气缸盖螺栓的螺纹和螺栓头下部涂一薄层机油。

（2）按从中间到两边的顺序分几次均匀拧紧十个气缸盖螺栓，气缸盖螺栓拧紧扭矩为 29N·m。

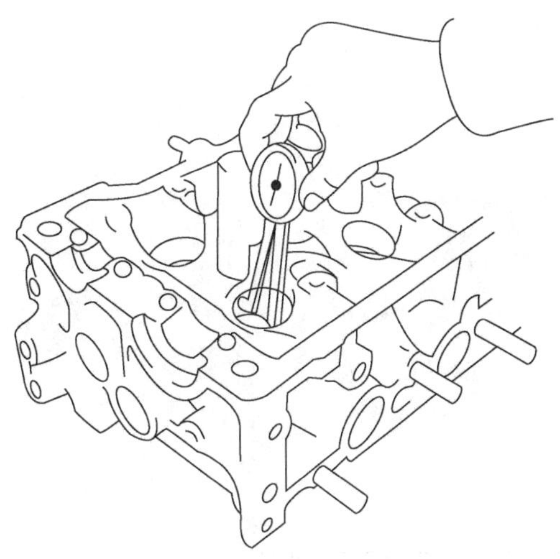

图 2-110 测量气缸盖挺柱孔直径

（3）在每个气缸螺栓的螺母上，用油漆在气缸盖螺栓的前面做标记。如图 2-114所示，按顺序号分两次将气缸盖螺栓拧紧 180°。

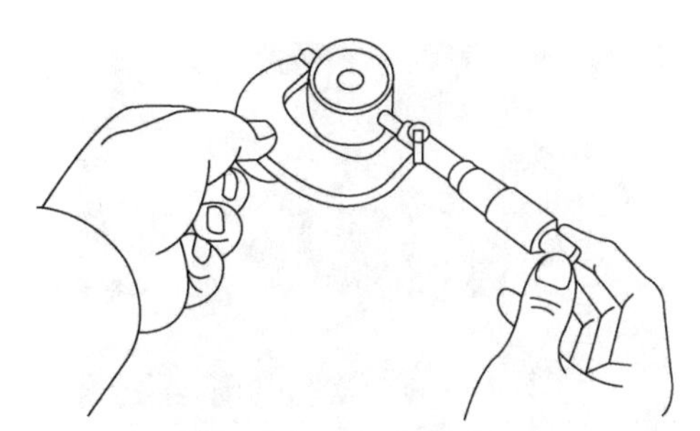

图 2-111 测量挺柱直径

图 2-112 安装气缸垫

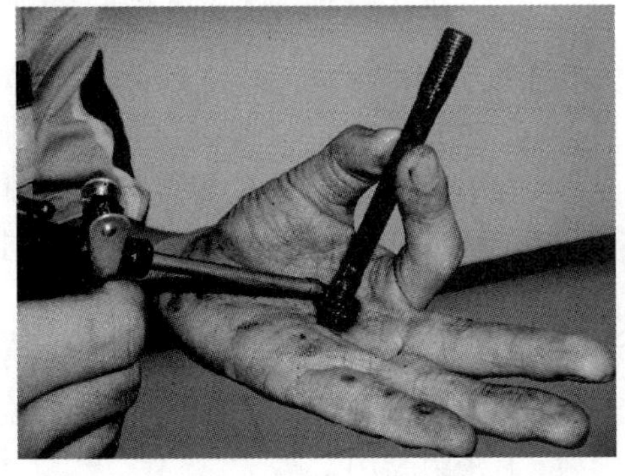

图 2-113 在气缸盖螺栓的螺纹和螺栓头下部涂一薄层机油

3）安装气门挺柱

图 2-115 所示，在气门挺柱四周涂一层薄机油，按照顺序安装气门挺柱。给调整垫

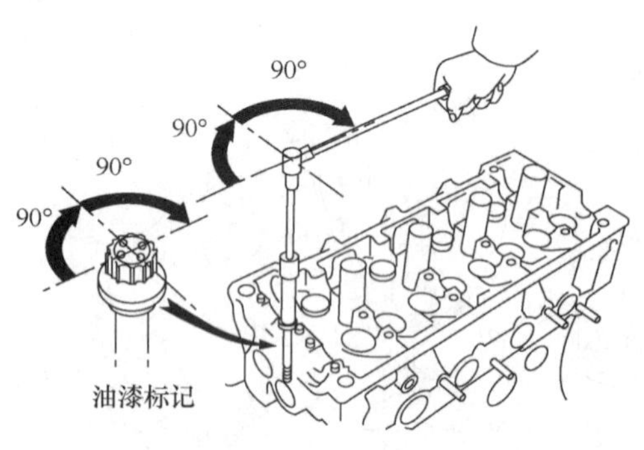

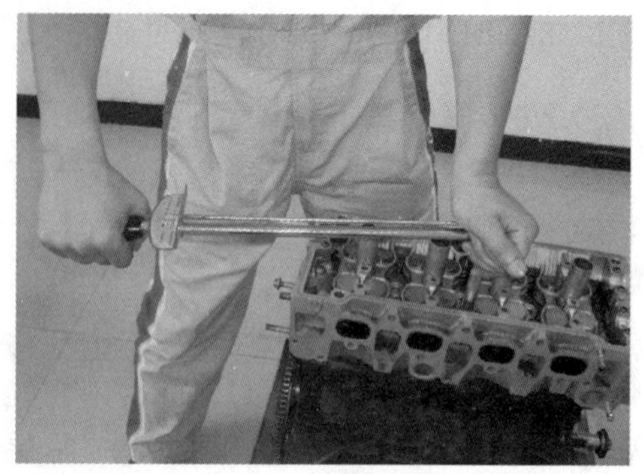

图 2-114　分两次将气缸盖螺栓拧紧 180°

片涂一薄层机油，装到气门挺柱上，安装气门调整垫片。

4）安装排气凸轮轴

（1）在排气凸轮轴的止推位置涂 MP 黄油。

（2）如图 2-116 所示，在凸轮轴轴承座上涂上润滑油。

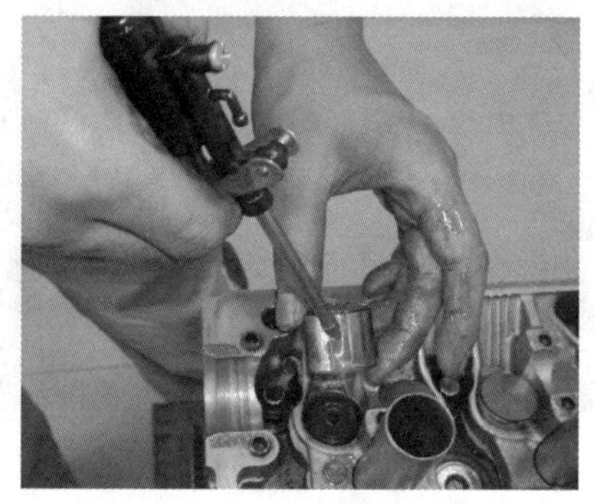

图 2-115　安装气门挺柱

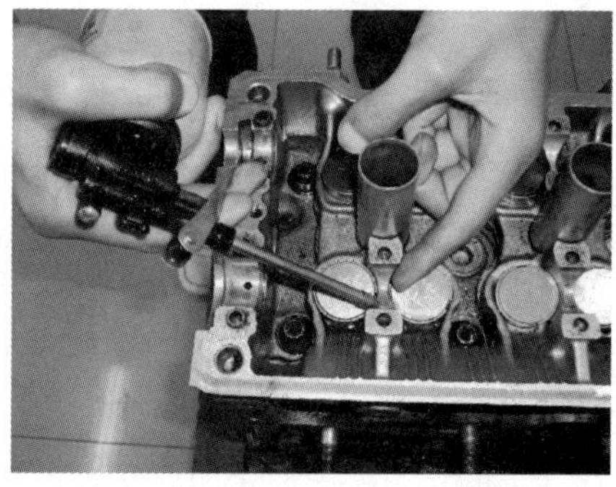

图 2-116　在凸轮轴轴承座上涂润滑油

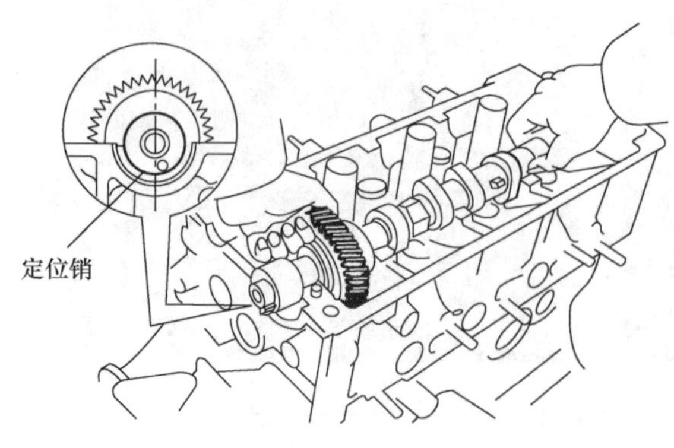

图 2-117　放置排气凸轮轴

（3）如图 2-117 所示，放置排气凸轮轴，使定位销定位在凸轮轴的垂直中心线偏右的位置。此时，排气凸轮轴的 1、3 号气缸凸轮桃心同时顶到它们的气门挺柱。

（4）如图 2-118 所示，在第一道轴承盖上和气缸盖第一道轴承盖处填上密封材料。

（5）按顺序将五个轴承盖装在各自位置上，注意标记朝前，并按图 2-119所示，在每个轴承盖上涂上润滑油。在轴承盖螺栓的螺纹和螺栓头下部涂一薄层机油。

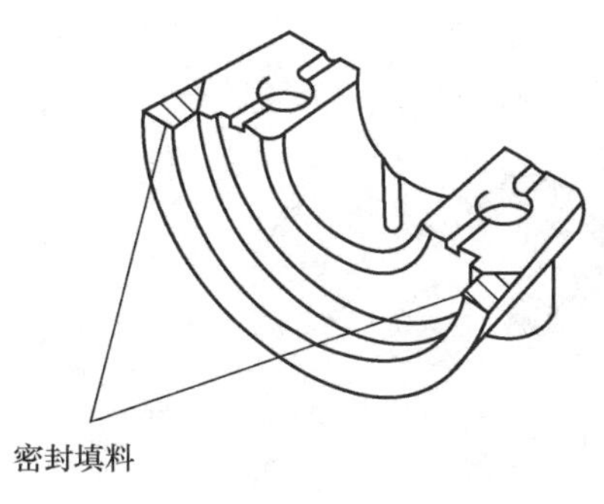

图 2-118　填密封材料

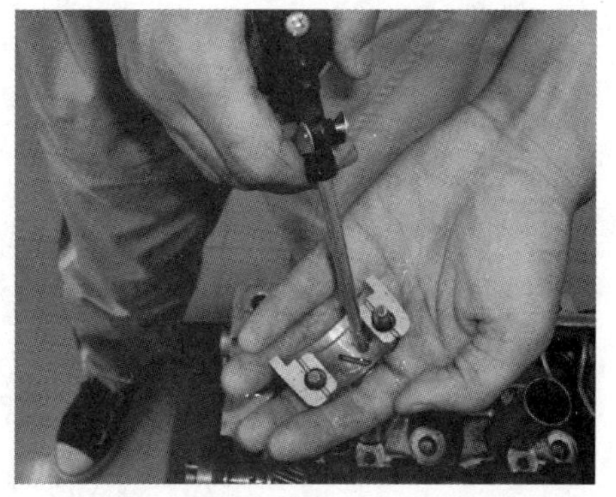

图 2-119　在轴承盖上涂上润滑油

(6) 如图 2-120 所示，按从中间到两边的顺序分几次均匀拧紧十个轴承盖螺栓。凸轮轴轴承盖螺栓拧紧扭矩为 13N·m。

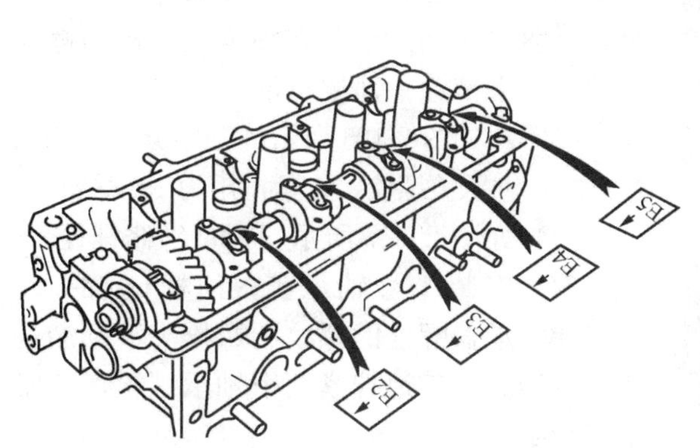

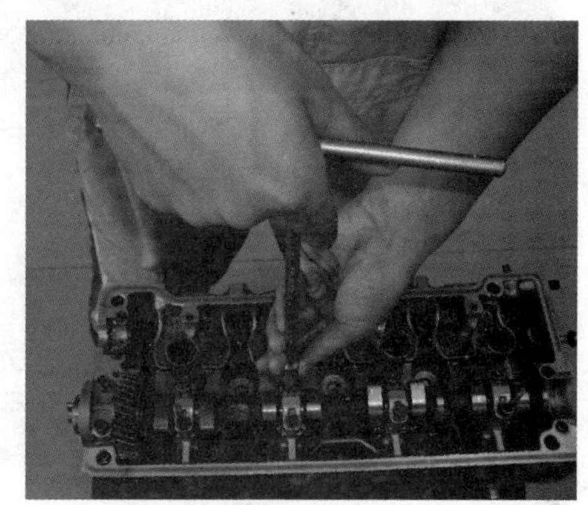

图 2-120　按从中间到两边的顺序分几次均匀拧紧轴承盖螺栓

5) 安装凸轮轴定位油封

图 2-121 所示，在新油封唇部涂 MP 黄油，用 SST 敲入凸轮轴定位油封，安装过程中注意油封的安装方向。

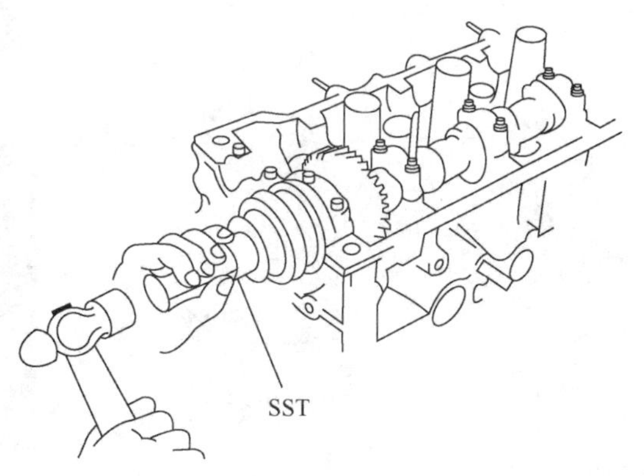

图 2-121　安装凸轮轴定位油封

6) 安装进气凸轮轴

(1) 如图 2-122 所示，转动排气凸轮轴，以便定位销位于气缸盖顶部稍微偏上的位置。

(2) 如图 2-123 所示，在进气凸轮轴轴承座上涂润滑油，在凸轮轴的止推位置涂 MP 黄油。

(3) 如图 2-124 所示，让进气凸轮轴齿轮啮入排气凸轮轴齿轮的安装标记，此时进气凸轮轴的 1、3 号气缸凸轮凸起，同时顶到 1、3 号气缸的气门挺柱。

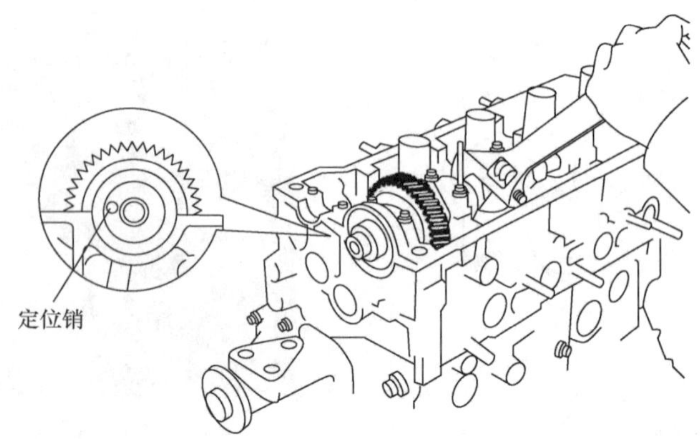

图 2-122 转动排气凸轮轴使定位销位于气缸盖顶部稍微偏上的位置

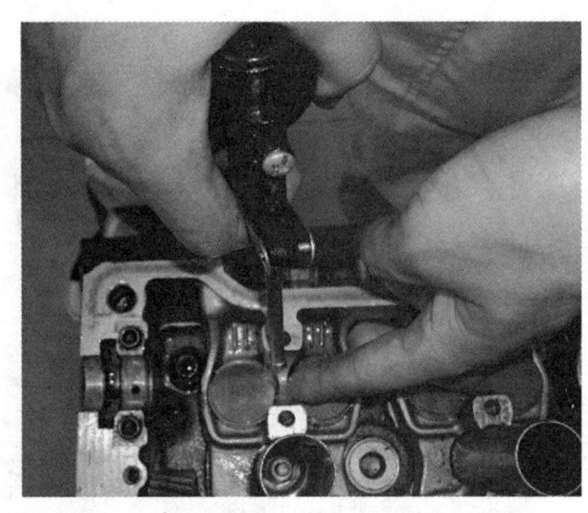

图 2-123 在进气凸轮轴轴承座上涂润滑油

（4）如图 2-125 所示，按顺序将四个轴承盖装在各自位置上，注意朝前标记。在每个轴承盖上涂润滑油，在轴承盖螺栓的螺纹和螺栓头下部涂一薄层机油。

（5）按如图 2-126 所示的顺序分几次均匀拧紧八个轴承盖螺栓，拧紧扭矩为 13N·m。

（6）如图 2-127 所示，拆下维修螺栓。

（7）安装 1 号轴承盖，使标记箭头朝前。在轴承盖螺栓的螺纹和螺栓头下部涂一薄层机油。交替地拧紧两个轴承螺栓，拧紧扭矩为 13N·m。

7）安装凸轮轴正时带轮

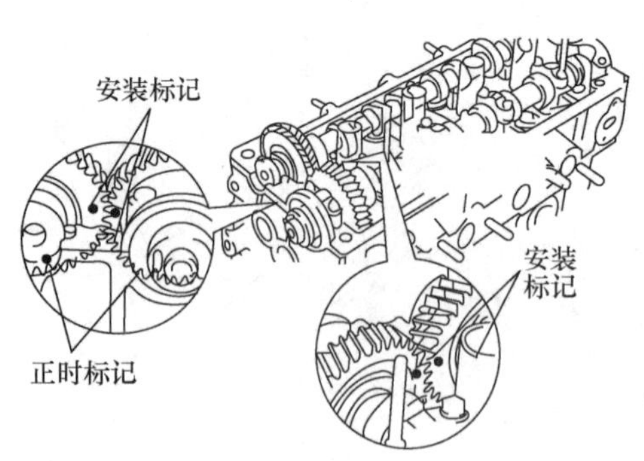

图 2-124 进气凸轮轴齿轮对准排气凸轮轴齿轮的安装标记

（1）顺时针转动进气凸轮轴，如图 2-128 所示，使定位销朝上。检查凸轮轴齿轮正时标记是否对准。

(2) 将凸轮轴定位销对准皮带轮带“K”标记的定位销槽，安装正时皮带轮螺栓。

(3) 如图 2-129 所示，用活动扳手夹持凸轮轴六角部位，拧紧正时皮带轮螺栓。凸轮轴正时带轮扭矩为 59N·m。

8) 按照更换正时皮带的安装步骤完成后续的任务

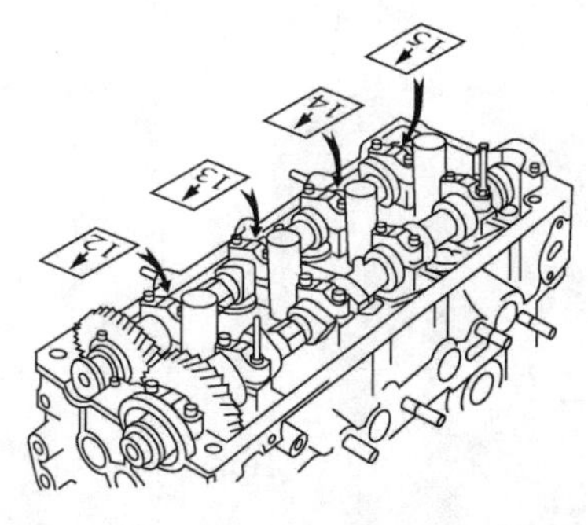

图 2-125 安装进气凸轮轴轴承盖

6. 8A-FE 发动机气门间隙的检测与调整

1) 气门间隙的检测

将 1 号气缸置于压缩上止点位置，使用塞尺测量气门处于关闭状态时，气门挺柱和凸轮轴之间的间隙。进气门的间隙为 0.15～0.25mm，排气门的间隙为 0.25～0.35mm。记录各气门的间隙，并对超过标准的气门进行调整。

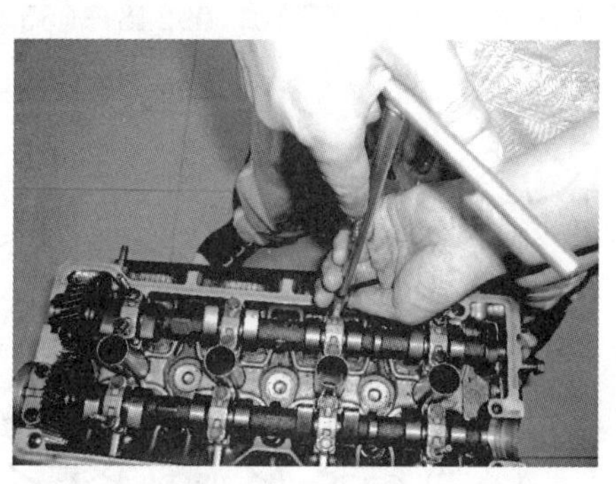
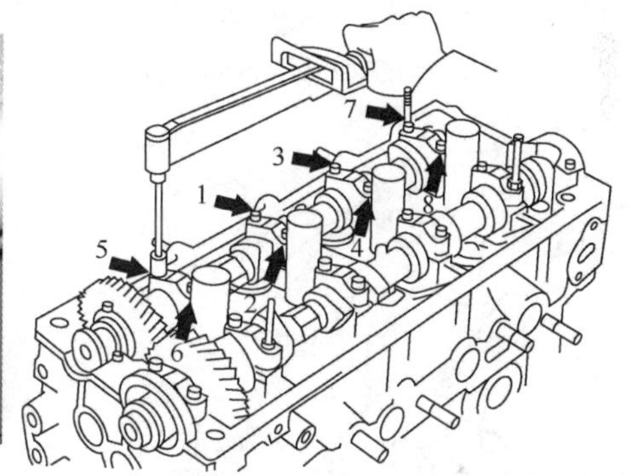

图 2-126 拧紧八个轴承盖的顺序

图 2-127 拆下维修螺栓

2-128 进气凸轮轴定位销朝上标记

2) 气门间隙的调整

(1) 拆下调整垫片。

① 转动曲轴，如图 2-130 所示，把要调节气门对应的凸轮桃尖朝上，使气门挺杆

的缺口朝向排气歧管一侧。

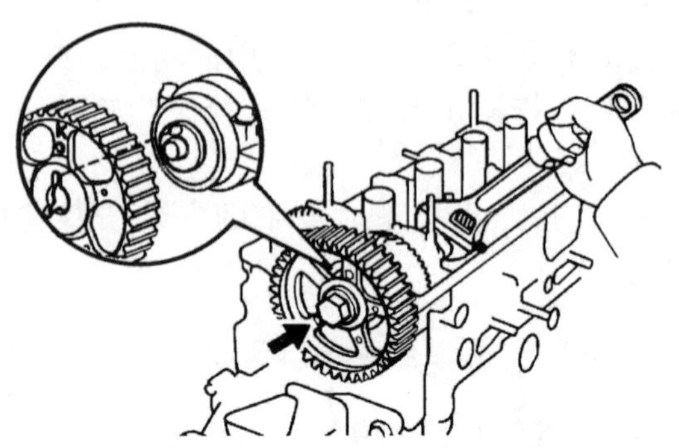

图 2-129　拧紧正时皮带轮螺栓

② 如图 2-131 所示，使用 SST（A），压下气门挺柱，在凸轮轴和气门挺柱之间放置 SST（B），拆下 SST（A）。SST 09248—55050（09248—05510，09248—05520）。

提示：使用带标记“11”SST（B）的一侧。

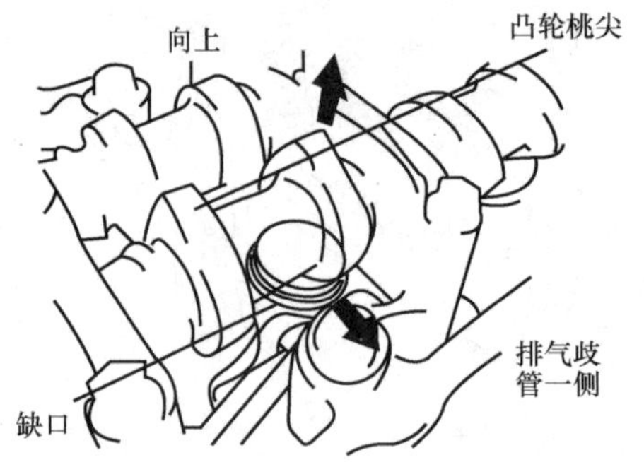

图 2-130　调节气门挺柱的缺口朝向排气歧管一侧

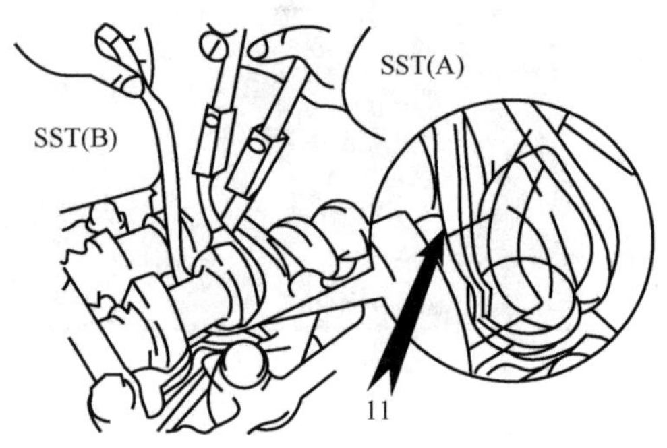

图 2-131　压下气门挺柱

③ 如图 2-132 所示，用一个小螺钉旋具和磁棒拆下调整垫片。

（2）按计算调整垫片的厚度并更换垫片。

① 如图 2-133 所示，使用千分尺，测量拆下的垫片厚度。

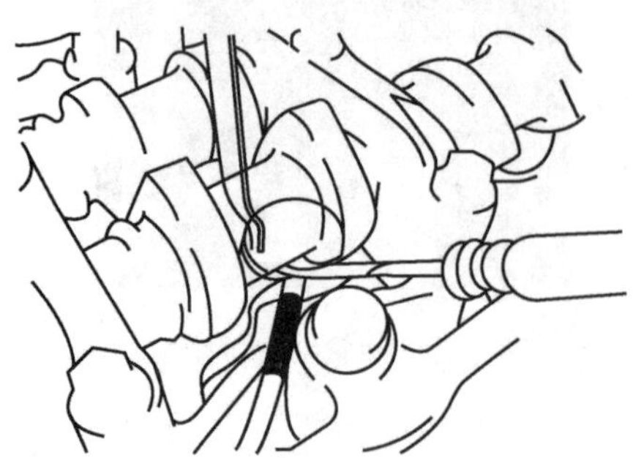

图 2-132　拆下调整垫片

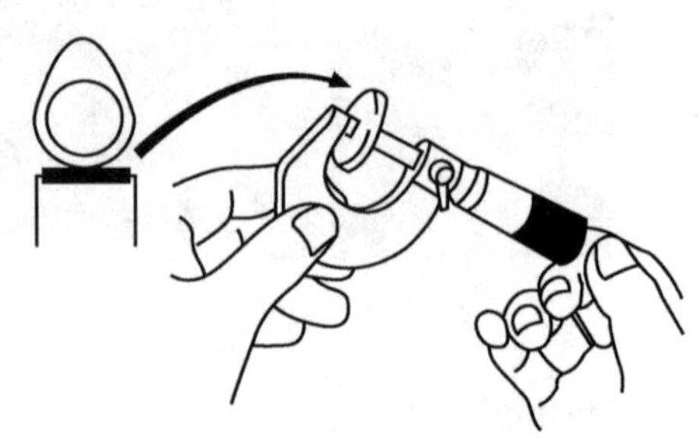

图 2-133　测量垫片厚度

② 按标准值计算新垫片的厚度。

$$进气：N = T + (A - 0.20\text{mm})$$

$$排气：N = T + (A - 0.30\text{mm})$$

式中：T——拆下调整垫片的厚度（mm）；

A——测量的气门间隙（mm）；

N——新调整垫片的厚度（mm）。

③ 选择一个厚度尽可能接近计算值的新垫片，调整垫片的厚度从 2.55～3.30mm 之间有 16 级尺寸，每级增加 0.05mm。

7. 8A-FE 发动机气门间隙的检测与调整

(1) 安装气门室盖。清除所有旧密封填料（FIPG），按图 2-134 所示在气缸盖上涂新密封填料，密封填料的零件号为 08826—00080 或类似品。

(2) 安装分电器，按照做功顺序插入高压缸线。

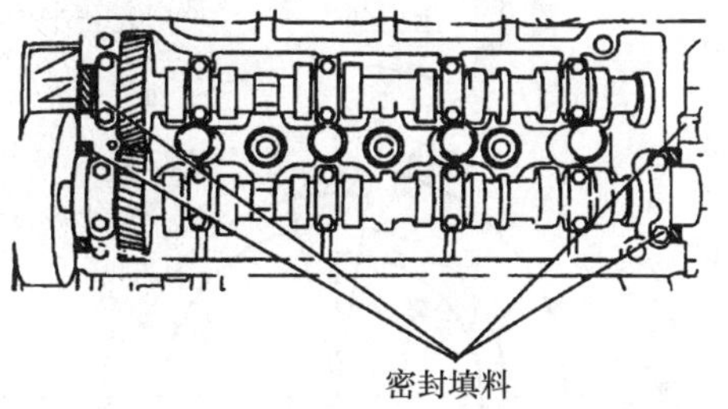

图 2-134　气缸盖上涂新密封填料

(3) 安装气门室盖上两条发动机曲轴箱通风管。

(4) 安装空调压缩机的皮带。

(5) 安装水泵的皮带与带轮。

(6) 安装发电机皮带防护罩。

2.3.3　拓展技能：配气相位及可变配气相位

1. 配气相位

理论上四行程发动机的进气门应当在活塞处在上止点时开启，当活塞运动到下止点时关闭；排气门则应当在活塞处于下止点时开启，在上止点时关闭。进气时间和排气时间各占 180°曲轴转角。但是实际发动机的曲轴转速都很高，活塞每一行程历时都极短。例如，上海桑塔纳发动机，在最大功率时的转速为 5600r/min，一个行程历时仅为 0.0054s。进气和排气过程的时间过短，往往会使发动机充气不足或排气不干净，造成发动机功率下降。因此汽车发动机采取延长进、排气时间的方法改善进排气情况，即气门开启和关闭的时刻并不正好是活塞位于上止点和下止点的时刻，而是分别提前或延迟一定曲轴转角。

用曲轴转角表示的进、排气门开闭时刻和开启持续时间，称配气相位，又称气门正时。用曲轴转角的环形图表示配气相位，称为配气相位图，如图 2-135 所示。

1) 进气门的配气相位

在排气行程接近终了，活塞到达上止点之前，进气门已开始开启。进气门早开，使得活塞到达上止点开始向下运动时，进气门已有一定的开度，可获得较大的进气通道截面，减少进气阻力。从进气门开始开启到上止点所对应的曲轴转角称为进气提前角（或早开角），

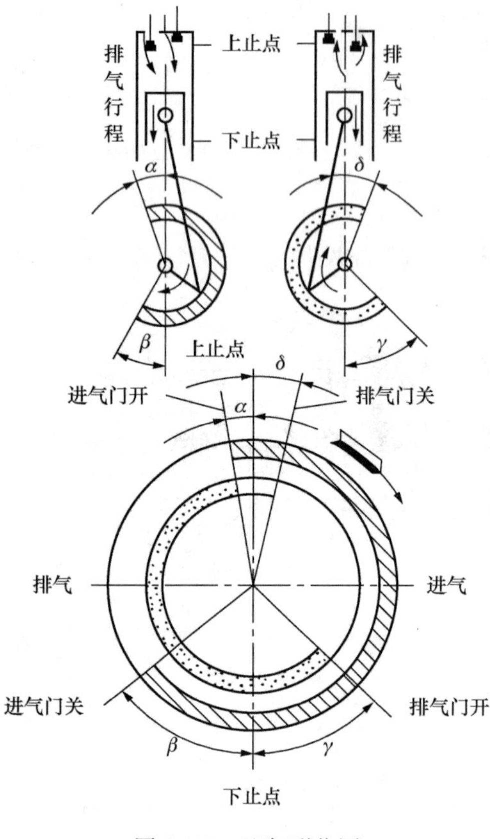

图 2-135 配气形位图

用α表示，一般α为0°～40°。

进气门在活塞运行至进气行程下止点后及压缩行程中才关闭。活塞到达进气行程下止点时，由于进气阻力的影响，气缸内的压力仍低于大气压，且气流还有相当大的惯性，进气迟关，可利用大气压力和气流惯性，增大进气量。从下止点到进气门关闭所对应的曲轴转角称为进气迟后角，用β表示。一般β为20°～60°。

下止点过后，随着活塞的上行，气缸内压力逐渐增大，进气气流速度也逐渐减小。若β过大，便会将进入气缸的气体重新又压回进气管，使发动机充气效率下降。

2）排气门的配气相位

排气门早开迟关，废气在气体膨胀压力作用下自动排出，因而使气缸内压力迅速降低，减少排气阻力，并利用气流惯性，使缸内废气尽可能排净。

在做功行程的后期，活塞到达下止点前，排气门便开始开启，从排气门开始开启到下止点所对应的曲轴转角称为排气提前角，用γ表示，一般γ为30°～80°。在做功行程结束前，气缸内还有0.3～0.5MPa的压力，此时提前打开排气门，可利用此压力使气缸内的废气迅速地自由排出，当活塞到达下止点时，气缸内压力为0.11～0.120MPa，排气阻力大为减小。

活塞越过排气上止点后，在下一循环的进气行程中排气门才关闭。从上止点到排气门完全关闭所对应的曲轴转角称为排气迟后角，用δ表示。一般δ为10°～35°。活塞到达排气上止点时，气缸内的压力仍高于大气压，废气气流仍有较大惯性，排气门迟关有利于缸内的废气排除，防止发动机高温。

3）气门重叠角

由于进气门早开及排气门晚关，在排气终了和进气刚开始，即排气上止点附近，两个气门同时开启，称为气门重叠。进、排气门同时开启时间所对应的曲轴转角，称为气门重叠角。进、排气门重叠的时间极短，进、排气流还来不及改变各自的流动方向和流动惯性。

合理的配气相位应根据发动机性能的要求，通过反复试验确定。对于不同的发动机，结构形式、转速各不相同，配气相位也不相同。传统发动机用发动机最常用的转速确定最佳配气相位，且固定不变，气门升程也由凸轮形状决定固定不变。配气相位不是根据发动机的工作状况不同而改变。

随着发动机多气门化，发动机的高速动力性大大提高，但是中小负荷的经济性变差，低速扭矩降低。因此高性能发动机广泛采用可变配气相位、可变增压系统、可变进气道、可变喷油系统等技术，使发动机从高速到低速整个使用范围内提高发动机的动力性和经济性，特别是怠速和低速的稳定性，降低发动机的排放量。

2. 可变配气相位

其可变配气相位（可变气门正时）的任务是：在发动机的怠速、最大输出功率和扭矩以及废气再循环操作模式时提供最优化的气门正时设置。

不同车系其可变气门正时机构各有不同，但控制原理基本相同，如图 2-136 所示。根据发动机负荷、转速、车速、凸轮轴位置、水温等信号，由发动机电子控制单元（ECU 或 ECM）进行分析、比较、运算后，给凸轮轴控制电磁阀发布工作命令，电磁阀调整注入到调节机构的油压，调整凸轮轴的旋转状况，控制进排气门的开启及关闭时刻，实现气门正时随发动机的工作状况的不同而不同。

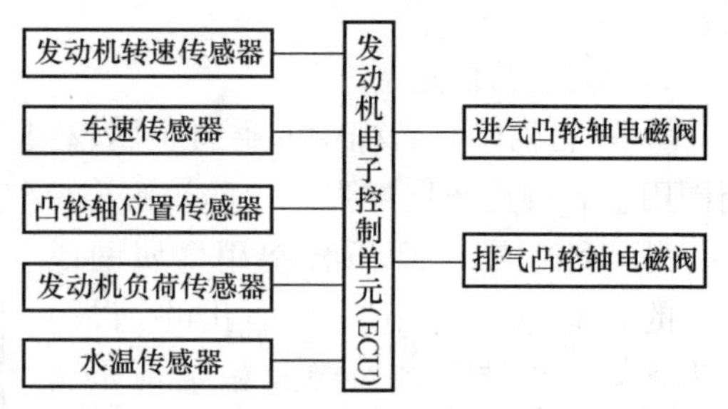

图 2-136　可变配齐相位控制原理框图

发动机怠速时，活塞运行速度较慢及气缸内残余气体较多，造成发动机进气不充分，排气不彻底。在怠速时可变气门正时机构对凸轮轴进行控制，使进气门较晚打开，并且较晚关闭，进气较充分；排气门提前打开的角度较大，并且在上止点之前完全关闭，由于只有最少量的残余气体燃烧，使怠速更稳定。

若要在发动机转速很高时获得较高的输出功率，只有使排气门较晚开启，才能使燃烧气体的膨胀力较长时间作用在活塞上；进气门在上止点后开启并且在下止点后完全关闭，利用进气的动态自增压效应来增加输出功率。

发动机若要输出较高的扭矩，进气门要较早开启，关闭也较早，避免了将新鲜空气压出去。

一部分发动机的可变配气正时机构通过调节凸轮轴可实现内部废气再循环。在排气行程中，进、排气门同时打开重叠时，进气歧管内的真空度较高，燃烧室中一部分废气又被吸入到进气道内，进入下一个进气缸。气门重叠的程度决定了再循环的废气量，因此进气门在上止点之前完全开启，排气门在上至点之前关闭。

可变气门正时控制机构的类型随发动机的不同而不同，中低档发动机一般只控制进气凸轮轴，大部分中高档多气门发动机常采用进排气门共同控制的方式，高档发动机不但控制配气正时，还控制气门的升程。

3. 气缸盖

图 2-137 所示，气缸盖安装在气缸体的上方，从上部密封气缸体，并形成燃烧室。内设冷却水路和润滑油道、配气机构的大部分零件以及进气道和排气道，外部安装进、

排气歧管。

气缸盖是结构复杂的箱形零件。气缸盖上加工有进、排气门座孔、气门导管孔、火花塞安装孔（汽油机）或喷油器安装孔（柴油机）。在气缸盖内还有水套、进排气道和燃烧室或燃烧室的一部分。若凸轮轴安装在气缸盖上，则气缸盖上还加工有凸轮轴轴承孔或凸轮轴轴承座及其润滑油道。

图 2-137　气缸盖

4. 气缸垫

气缸与气缸体之间安装有气缸垫，用来保证气缸盖与气缸体之间的密封，防止燃烧室漏气、水道漏水及机油道漏油。目前应用较多的气缸垫如图 2-138 所示。

1）金属-石棉垫

金属-石棉垫是石棉中间夹有金属丝或金属屑，外裹铜片或钢皮。水孔和燃烧室孔周围用金属镶边予以加强，以防被高温燃气烧坏，可重复使用。

另一种金属骨架-石棉垫用金属网或带孔的钢板（冲有带毛刺小孔的钢板）作为骨架，外覆石棉及橡胶粘结剂压制而成，表面涂以石墨粉等光滑剂，只在气缸孔、油道孔和水道孔处用金属包边。这种缸垫弹性更好，但易粘结，一般只能使用一次。

图 2-138　气缸垫

2）纯金属垫

一些强化发动机采用纯金属气缸垫，由单层或多层金属片（铜、铝或低碳钢）制成。为了保证密封，在气缸孔、油道孔和水道孔处冲有弹性凸筋。

随着新型密封材料的研制，一些发动机开始使用单层金属片加耐热密封胶，或只用耐热密封胶，彻底取代了气缸垫。使用耐热密封胶或纯金属垫的发动机，对气缸体与气缸盖结合面的加工精度要求较高。

思考题

1. 什么情况需要解体发动机？
2. 为什么在拆装进气凸轮轴时要使用维修螺栓？

任务 2.4　发动机曲柄连杆组的拆装与检测

工作任务

一辆桑塔纳 3000 轿车，行驶过程中加速无力，经气缸压力检测发现两缸压力明显低于其他三缸，进一步检测怀疑两缸的活塞环漏气。分析认为：活塞环长期在高温、高压、高速下工作，其润滑条件差，其磨损、失效往往较快，随着磨损的加剧，活塞环的弹力逐渐减弱，端隙、侧隙增大，气缸密封性变差，造成窜机油和漏气，从而会降低发动机的动力性和经济性，所以建议大修发动机，恢复发动机的性能。

2.4.1　相关知识：曲柄连杆的作用及结构组成

1. 曲柄连杆机构的概述

曲柄连杆机构是发动机实现能量转换的主要机构。燃料在高压下燃烧产生的热能，作用在活塞顶上，推动活塞做往复运动，活塞的力通过连杆作用在曲轴上，转变为曲轴的扭矩，向外输出机械能。曲柄连杆机构主要由机体组、活塞连杆组和曲轴飞轮组组成，如图 2-139 所示。

2. 机体组

图 2-140 所示，机体组是曲柄连杆机构、配气机构和发动机各系统主要零部件的装配基体。气缸盖用来封闭气缸顶部，并与活塞顶和气缸壁一起形成燃烧室。另外，气缸盖和机体内的水套和油道以及油底壳又分别是冷却系统和润滑系统的组成部分。

1）气缸体与曲轴箱

水冷式发动机的气缸体和曲轴箱铸造在一起，称为气缸体，是发动机运动件及附件的主要装配基体，并且使各零件之间保持准确的位置。

气缸体如图 2-141 所示，上半部有若干个圆柱形空腔，为活塞在其中运动导向，称为气缸。下半部为支承曲轴的上曲轴箱，有支承曲轴的主轴承座孔及曲轴运动的空间。在气缸体侧壁上加工有主油道，前后壁和中间隔板上也有油道，为运动件进行润滑；在气缸体的壁上还加工有冷却水道，以便将发动机多余的热量带走，保持发动机的工作温度。有些发动机还有凸轮轴轴承座孔。气缸体的上、下平面用来安装气缸盖和下曲轴箱。

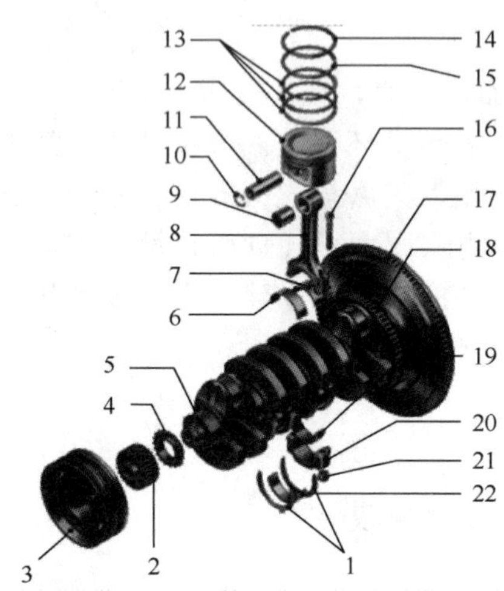

图 2-139　曲柄连杆机构的组成

1—止推片；2—曲轴正时齿带轮；3—曲轴带轮；4—曲轴链轮；5—曲轴；6—主轴承上轴瓦；7—连杆大头上轴瓦；8—连杆；9—连杆小头轴瓦；10—卡环；11—活塞销；12—活塞；13—油环；14—第一道气环；15—第二道气环；16—连杆螺栓；17—飞轮；18—转速传感器脉冲轮；19—连杆大头下轴瓦；20—连杆盖；21—连杆螺母；22—主轴承下轴瓦

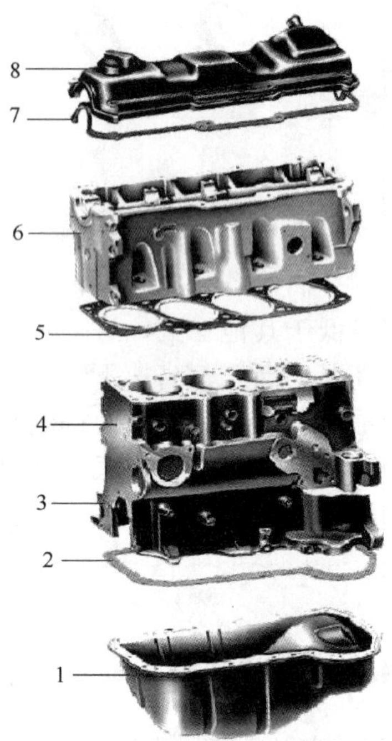

图 2-140　机体组的组成

1—油底壳；2—衬垫；3—曲轴箱；4—气缸体；5—汽缸垫；6—气缸盖；7—衬垫；8—气缸盖罩

图 2-141　气缸体

2）气缸体的形式

按气缸体与油底壳安装平面位置不同，气缸体通常分为平分式（也称无裙式）、龙门式（也称有裙式）和隧道式三种，如图 2-142 所示。

平分式气缸体油底壳安装平面和曲轴旋转中心在同一高度，多用于中小型发动机。

龙门式气缸体油底壳安装平面低于曲轴的旋转中心，应用车型较为广泛。

隧道式气缸体上曲轴的主轴承孔为整体式结构，常用于机械负荷大的柴油机。

3）气缸的排列形式

气缸的排列形式决定了发动机的外形尺寸和结构特点以及汽车的总体布置。按照气缸的排列方式不同，气缸体分为直列式、V 型、VR 型（V 型直列式）和水平对置式四种，如图 2-143 所示。

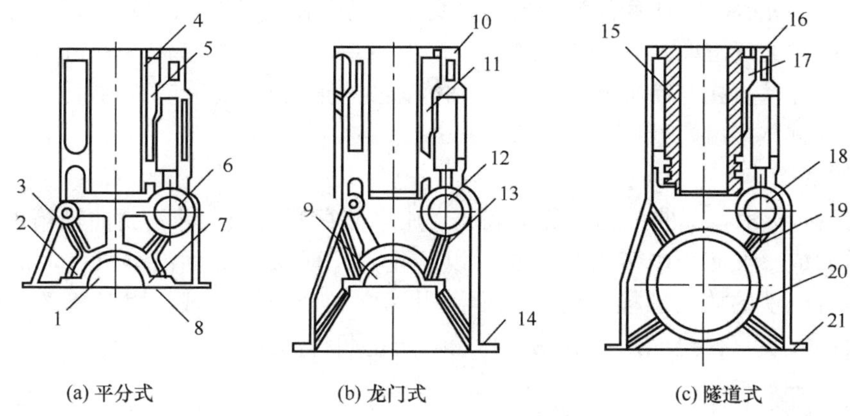

图 2-142　气缸体结构示意图

1、9—主轴孔；2、20—主轴承座；3、13、19—加强筋；4、10、16—缸体；5、11、17—水套；6、12、18—凸轮轴轴孔座；7—主轴承；8、14、21—油底壳接合面；15—湿式缸套

图 2-143　气缸的排列形式

直列式发动机的各个气缸排成一列，一般垂直布置。采用直列式气缸体的发动机长度和高度较大，多用于六缸以下的发动机。V 型发动机气缸排成两列，左右两列气缸中心的夹角不大于 180°，多数为 90°。VR 型发动机的特点是在气缸体外形尺寸不变，增大了发动机气缸径，使排量增大。VR 型发动机气缸也排成两列，但左右两列气缸中心夹角较小，气缸偏移量较大。VR 型发动机形状复杂，加工困难，一般用于排量较大并且采用气缸内喷射燃油发动机，安装在高档车辆上，如奥迪 S8、宝马、奔驰等。水平对置式发动机的高度比其他形式的发动机要小得多，使一些轿车（赛车、跑车）和大型客车的总布置更为方便。

4）气缸与气缸套

气缸工作表面直接与高温、高压气体相接触，并且活塞在其中作高速往复运动时，缸壁工作表面又要承受很大的侧压力，因此，气缸必须耐高温、耐磨损、耐腐蚀和具备较高的耐疲劳强度。因此一般采用灰铸铁、优质合金铸铁或铝合金制造。

大部分发动机在气缸内镶入气缸套形成工作表面。有些采用优质合金铸铁缸体、负荷比较轻、缸径不大的汽油机，在气缸体上直接加工出气缸内壁。铝合金缸体耐磨性不好，必须在气缸内镶入气缸套形成气缸工作表面。

图2-144所示，气缸套分为干式气缸套和湿式气缸套。装入气缸体后，外壁不直接与冷却水接触的气缸套，称为干式气缸套。其壁厚较薄，一般为1～3mm。气缸套装入气缸体后，外壁直接与冷却水接触的，称为湿式气缸套。气缸套仅在上、下各有一圆环地带和气缸体接触，壁厚一般为5～9mm。

5）油底壳

图2-145所示，下曲轴箱又称油底壳，用来储存润滑油，并密封曲轴箱，一般用薄钢板冲压而成。油底壳内装有稳油板，以防止汽车颠簸时油面波动过大，油底壳底部安装带永久磁铁的放油螺栓，用来吸附润滑油中的金属屑，减少发动机的磨损。与气缸体结合面安装有衬垫或采用耐热密封胶，防止润滑油泄漏。

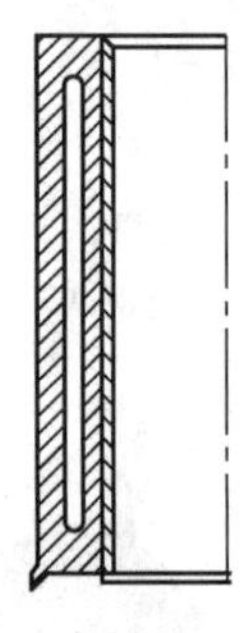

(a) 干式气缸套

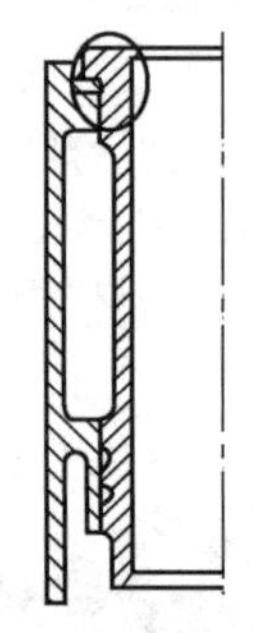

(b) 湿式气缸套

图2-144 气缸套分类

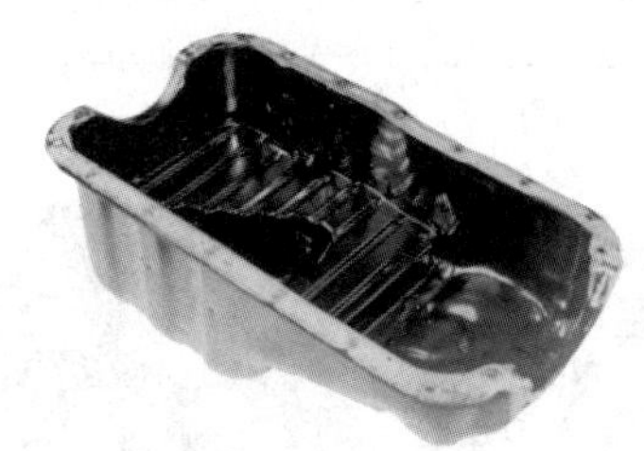

图2-145 下曲轴箱又称油底壳

3. 活塞连杆组功用及组成

1）活塞连杆组的组成

活塞顶与气缸盖共同组成燃烧室，燃料燃烧的压力作用在活塞顶上，通过活塞销传递给连杆，推动连杆作往复运动，连杆推动曲轴作旋转运动，对外输出机械能。活塞连杆组由活塞组和连杆组组成，如图2-146所示。活塞组主要由活塞、活塞销和活塞环组成；连杆组主要由连杆、连杆盖、连杆轴瓦、连杆螺栓和连杆衬套组成。

2）活塞

（1）活塞的功用。一是活塞顶部与气缸盖、气缸壁共同组成燃烧室。二是承受气体压力，并将此力通过活塞销传给连杆，以推动曲轴旋转。

（2）活塞顶部、头部和裙部。如图2-147所示，活塞的基本结构分为顶部、头部和裙部三部分。活塞顶部是燃烧室的组成部分。活塞头部指活塞顶到最后一道油环槽下端面之间的部分。在活塞头部加工有用来安装气环和油环的气环槽和油环槽。在油环槽底部还加工有回油孔或横向切槽，油环从气缸壁上刮下来的多余机油，经回油孔或横向切槽流回油底壳。活塞裙部指最后一道油环槽下端以下部分，裙部为活塞在气缸内作往复运动导向和承受侧压力。

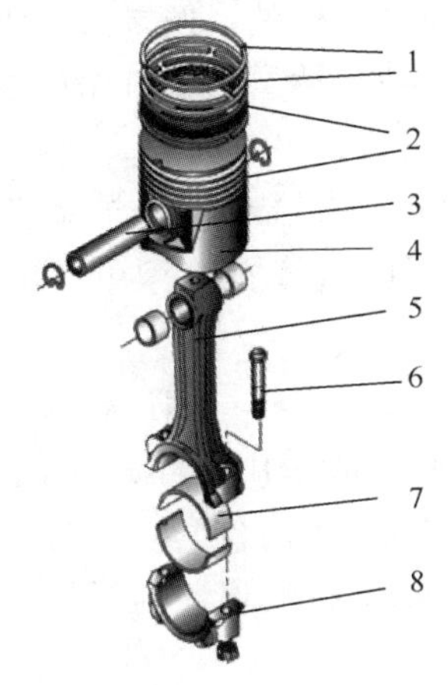

图 2-146　活塞连杆组

1—气环；2—油环；3—活塞销；4—活塞；5—连杆；6—连杆螺栓；7—连杆轴瓦；8—连杆盖

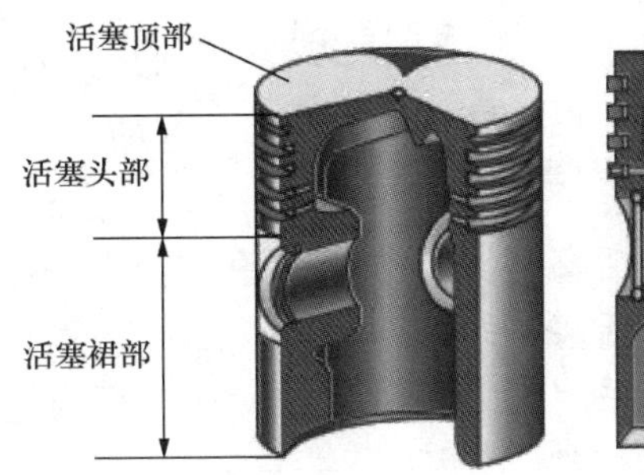

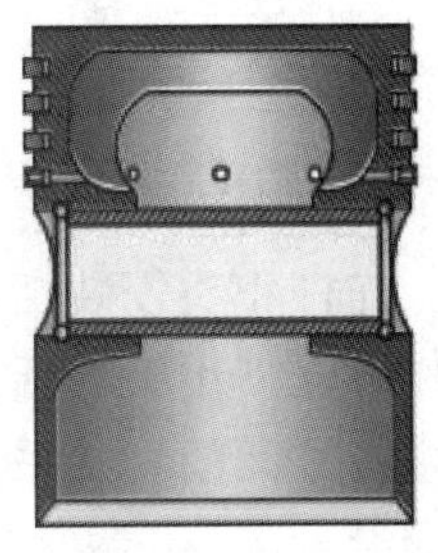

图 2-147　活塞的基本结构

(3) 活塞销座及活塞销。活塞销座在活塞裙部的上部，通过活塞销将活塞和连杆连接起来。大部分活塞销座孔内接近外端的位置有安装卡环的槽，限制活塞销的轴向窜动。

活塞销是一个厚壁空心圆柱，在高温下承受较大的冲击载荷，而且仅依靠飞溅润滑，润滑条件较差。活塞销与活塞销座孔及连杆小头的连接如图 2-148 所示，多采用全浮式连接方式；个别发动机采用半浮式连接方式。

全浮连接方式活塞销能在连杆小头、销座孔中自由转动，三者间可相对运动，减少了磨损并使磨损均匀。半浮式连接采用连杆小头与活塞销固定，活塞销在活塞座孔内自由转动。

(4) 活塞环。活塞的热膨胀系数大，为保证活塞在气缸内高速往复运动，活塞和气缸壁之间必须有合理的间隙。活塞环安装在活塞环槽内，用来密封活塞与缸壁之间的间隙，防止窜气和窜油。同时使活塞的往复运动更圆滑。发动机工作时，活塞环跟随活塞在气缸中作往复运动。活塞环分为气环和油环两种。

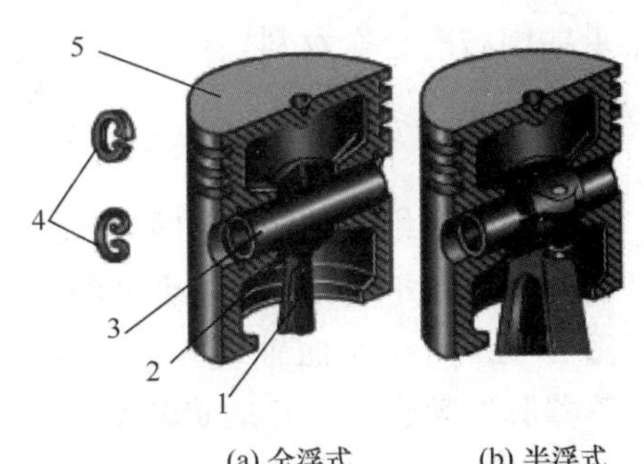

图 2-148　活塞销的连接方式

1—连杆；2—连杆衬套；3—活塞销；4—活塞卡环；5—活塞

气环保证活塞与气缸壁间的密封，防止高温、高压的气体漏入曲轴箱，同时，将燃烧的部分热量传递给气缸壁由冷却水带走，防止高温。

较常用的油环有整体式和组合式两种结构形式，如图 2-149 所示。整体式油环没有背压，为提高油环对缸壁的压力，并增加刮油次数，在油环的外圆上切有环形槽，槽底开回油的小孔或小槽。

组合式油环一般由刮油钢片和弹性衬簧组成，防止发动机的机油窜入燃烧室，同

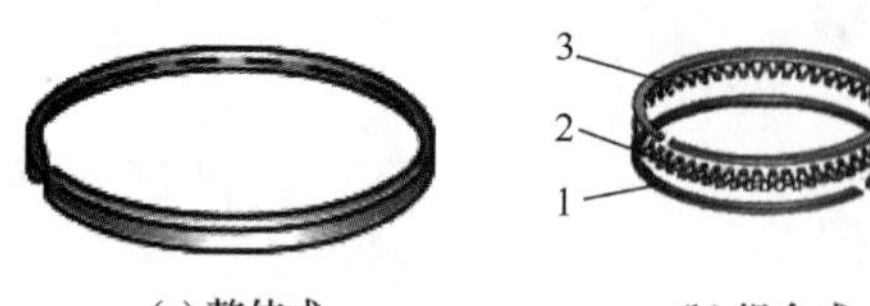

(a) 整体式　　(b) 组合式

图 2-149　油环的分类

1—下油环刮片；2—衬簧；3—上油环刮片

时刮除气缸壁上多余的机油，使气缸壁上涂一层均匀的机油膜，减小活塞与气缸壁的磨损。

3）连杆

将活塞承受的力传给曲轴，推动曲轴转动，从而使活塞的往复运动转变为曲轴的旋转运动。

连杆由连杆小头、连杆身和连杆大头等组成。连杆小头安装活塞销，以连接活塞。连杆小头与活塞销一般采用全浮式连接方式，工作时连杆小头与活塞销作相对运动，因此在连杆小头孔中装有铜衬套。连杆小头与活塞销之间的润滑采用压力润滑方式，在连杆身内钻有纵向压力油道，通过高压润滑油润滑。

连杆杆身一般做成工字形或 H 形，在满足强度和刚度的基础上减小质量。

连杆大头与曲轴的连杆轴颈相连，同曲轴一起作旋转运动，为了便于安装，一般做成分开式，与杆身切开的一半称为连杆盖，依靠连接螺栓将连杆及连杆盖组装为一体。

连杆螺栓是一个经常承受交变载荷的重要零件，连杆大头在安装时，必须紧固可靠。连杆螺栓必须以维修手册规定的拧紧力矩，分 2～3 次均匀地拧紧。

连杆轴承又称连杆轴瓦，装在连杆大头内，保护曲轴的连杆轴颈和连杆大头孔。轴瓦剖分成两半，在上面浇铸减磨合金层制成，连杆轴承装入连杆大头时有一定的过盈，使能轴瓦均匀地紧贴在孔壁上，具有很好的承载能力和导热能力。轴瓦上的定位凸键，分别嵌入在连杆大头和连杆盖上的相应凹槽中，防止连杆轴承在工作中发生转动或轴向移动。连杆轴承瓦内表面上还加工有油槽，用以贮油和保证可靠润滑。连杆轴承采用减磨合金材料，主要有巴氏合金、铜铅合金和铝基合金。

4. 曲轴飞轮组的功用及组成

曲轴飞轮组主要由曲轴和飞轮及其他具有不同功能的零件和附件组成，零件和附件的种类和数量取决于发动机的结构和性能要求。如图 2-150 所示，曲轴飞轮组由曲轴、飞轮、转速传感器脉冲轮、曲轴正时齿轮等组成。

1）曲轴

曲轴将连杆传来的气体力转变为转矩，用来驱动汽车的传动系统和发动机的配气机构以及空调压缩机、发电机等其他辅助装置。

发动机曲轴有整体式和组合式两种形式，组合式曲轴用于大型发动机。

轿车采用整体式曲轴，如图 2-151 所示。主要由前端轴、主轴颈、连杆轴颈、曲柄、曲拐、平衡重和后端凸缘等组成。前端轴安装驱动配气机构的正时齿轮和驱动辅助装置的传动皮带轮，后端凸缘安装飞轮。

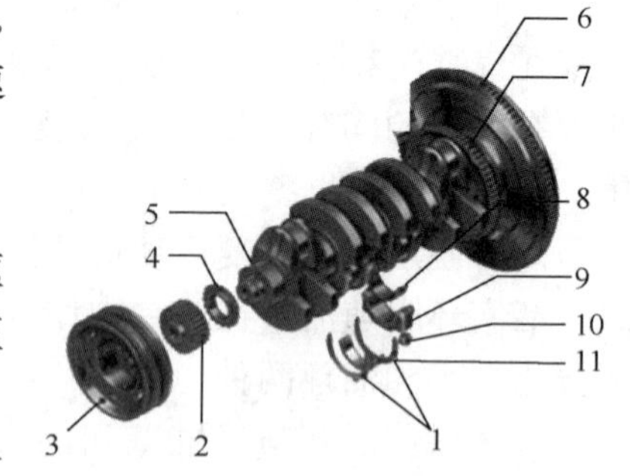

图 2-150　曲轴飞轮组的组成

1—止推片；2—曲轴正时齿轮；3—曲轴带轮；4—挡圈；5—曲轴；6—飞轮；7—转速传感器脉冲轮；8—连杆大头下轴瓦；9—连杆盖；10—连杆螺母；11—主轴承下轴瓦

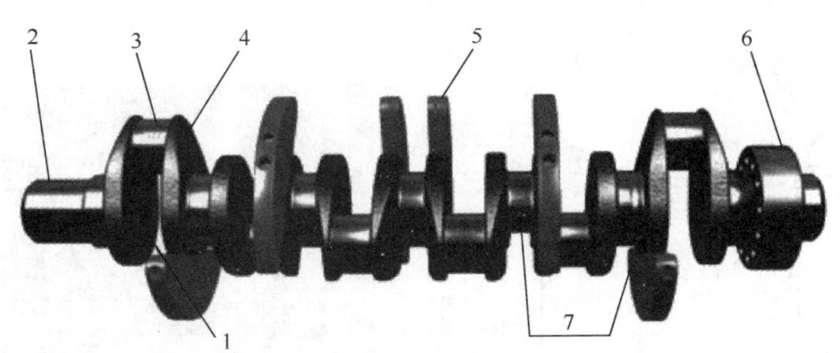

图2-151 直列四缸发动机曲轴

1—油孔和油道；2—前端轴；3—曲柄销；4—曲柄臂；5—平衡块；6—输出端；7—主轴颈

2）飞轮

飞轮是转动惯量很大的盘形零件，其作用如同一个能量存储器，如图2-152所示。

在做功行程中发动机传输给曲轴的能量，除对外输出外，还有部分能量被飞轮吸收，从而使曲轴的转速不会升高很多。在排气、进气和压缩三个行程中，飞轮将其储存的能量放出来补偿这三个行程所消耗的功，使曲轴转速不致降低太多。

在飞轮轮缘上镶嵌有供起动发动机用的飞轮齿圈，当起动发动机时，起动机齿轮与飞轮齿圈啮合，带动曲轴旋转。

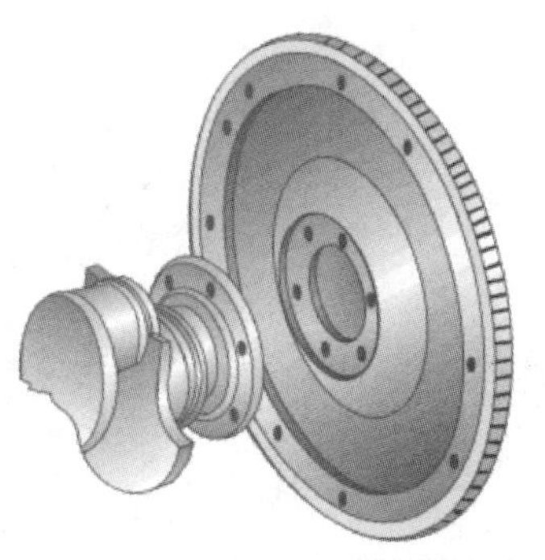

图2-152 飞轮

2.4.2 任务实施：曲柄连杆组的拆装及检修

1. 曲柄连杆机构的拆卸

按照配气机构的拆卸步骤完成气缸盖以前的拆卸。

1）拆卸油底壳分总成

（1）翻转发动机，使油底壳朝上，如图2-153所示，拆下飞轮。

（2）如图2-154所示，拆下19个螺栓和两个螺母。

（3）如图2-155所示，在气缸体和油底壳之间插入SST 09023—00100的铲刀，铲掉密封垫并拆下油底壳。

2）拆下机油滤清器分总成

图2-156所示，拆下两个螺栓、两个螺母、机油滤清器和垫片，拆下机油滤清器分总成。

图2-153 拆下飞轮

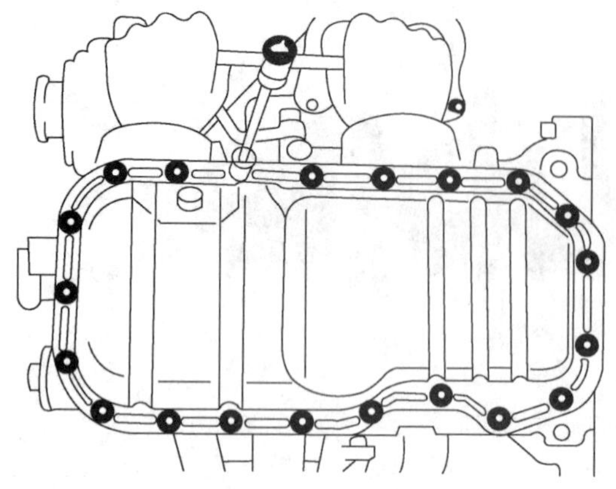

图 2-154　拆卸油底壳螺栓

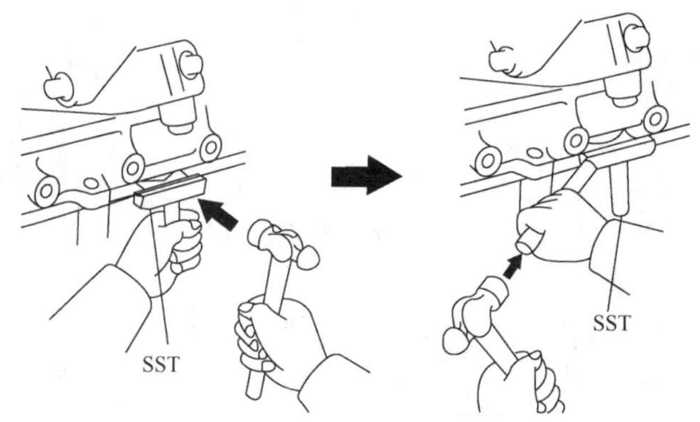

图 2-155　铲掉油底壳密封垫

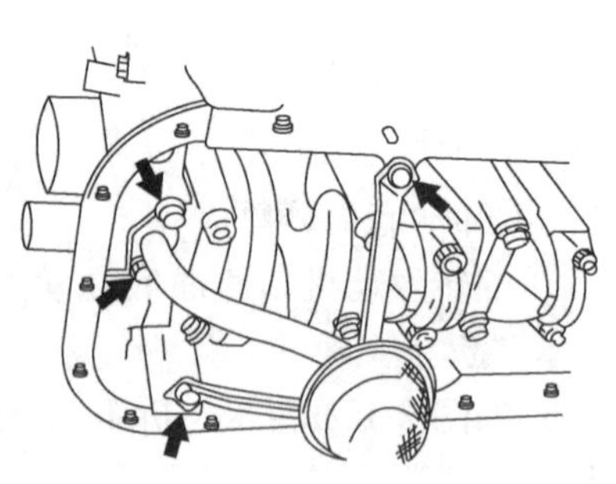

图 2-156　拆下机油滤清器分总成

3）拆下机油泵总成

图 2-157 所示，从机油泵拆下七个螺栓，用一个塑料锤子轻轻敲击机油泵体，拆下机油泵，拆下垫片。

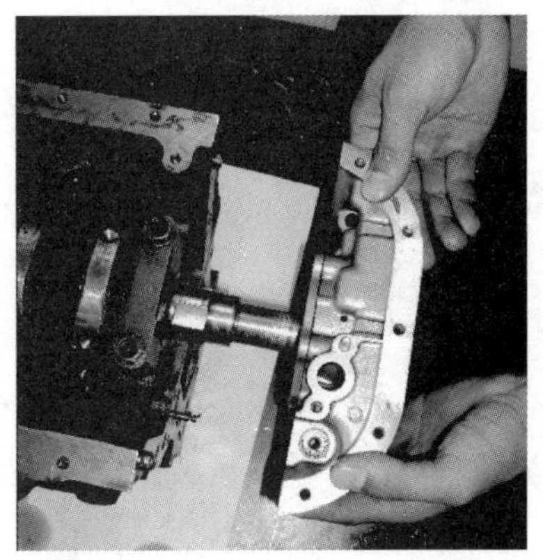

图 2-157　拆下机油泵总成

4）拆下机油泵油封

图 2-158 所示，使用螺钉旋具和锤子，敲出机油泵油封，更换油泵螺栓。

图 2-158　拆下机油泵油封

5）拆下发动机后油封座

图 2-159 所示，拆下六个螺栓、座圈和垫片，取下发动机后油封座。

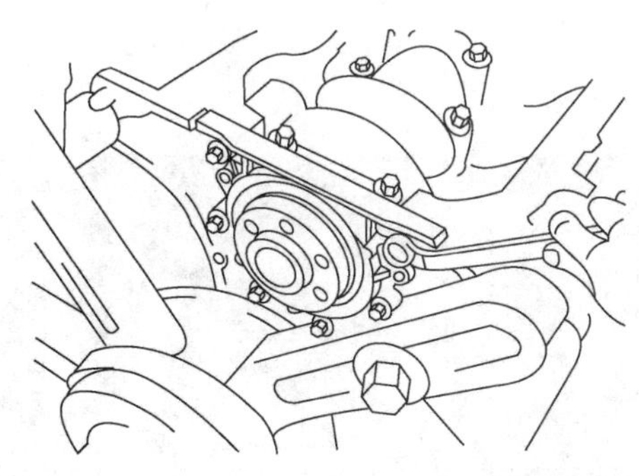

图 2-159　拆下发动机后油封座

6）更换发动机后油封

图 2-160 所示，使用螺钉旋具和锤子，敲出发动机后油封，更换发动机后油封。

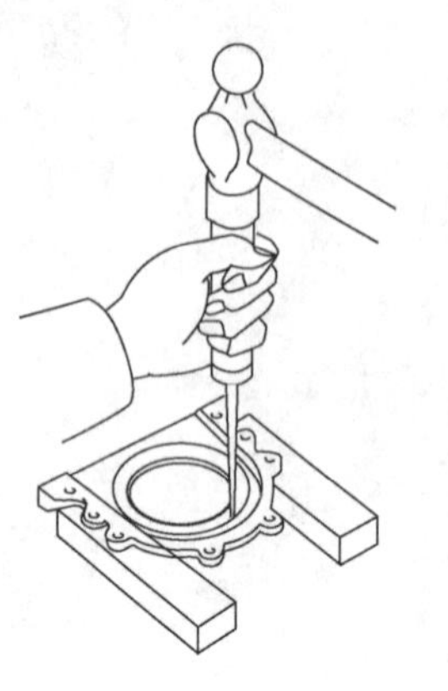

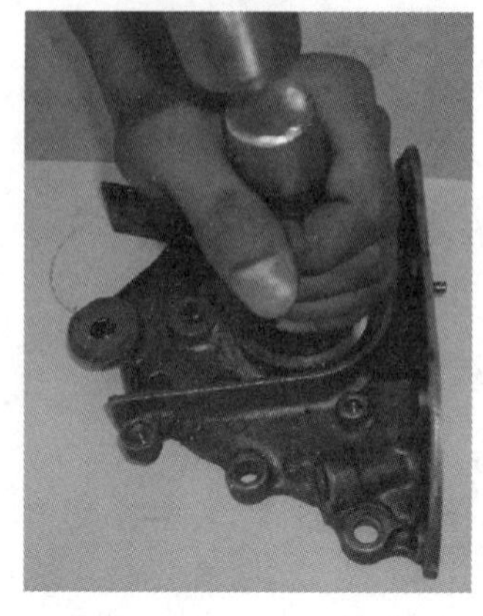

图 2-160　更换发动机后油封

7）拆下各缸的活塞连杆组

图 2-161 所示，拆下连杆大头的连杆轴承盖，将连杆与活塞逐气缸取下。

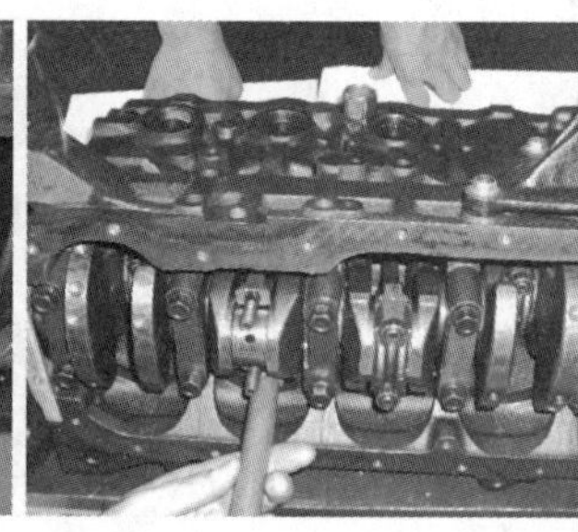

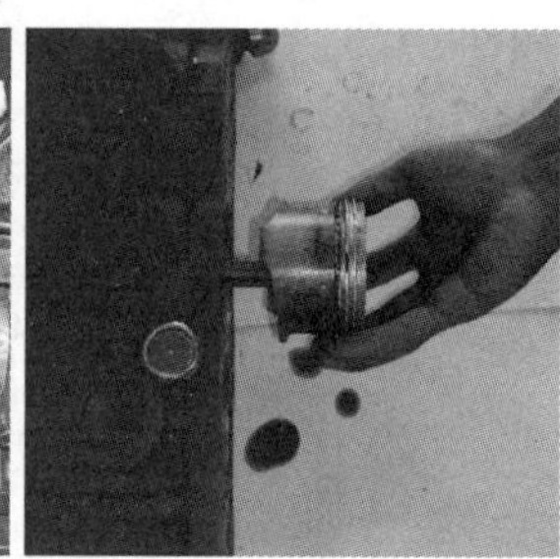

图 2-161　拆下各缸的活塞连杆组

注意：拆下各气缸的活塞时，应观察是否有气缸的标记，活塞或连杆上有无安装标记，若无则应做记号。

8）拆下曲轴

图 2-162 所示，拆下曲轴主轴承盖及轴瓦取下曲轴（注意不要搞乱各道上、下轴瓦）。

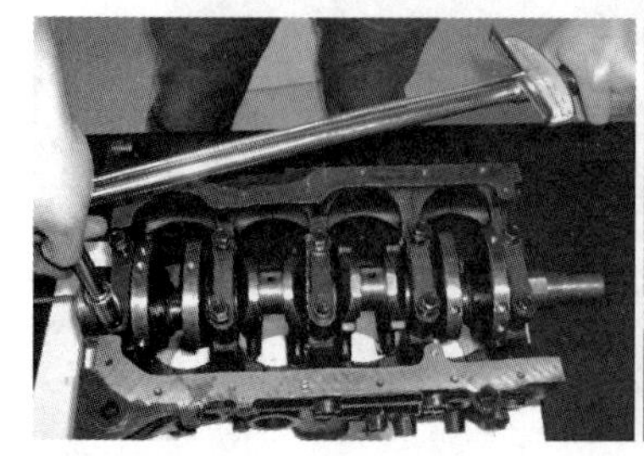

图 2-162　拆下曲轴

2. 机体组的检修

1）清洁气缸分总成

图 2-163 所示，使用垫片铲刀，从气缸体的接触表面清除所有垫片，清洁气缸体分总成。用软毛刷和溶剂，彻底清洁气缸体。

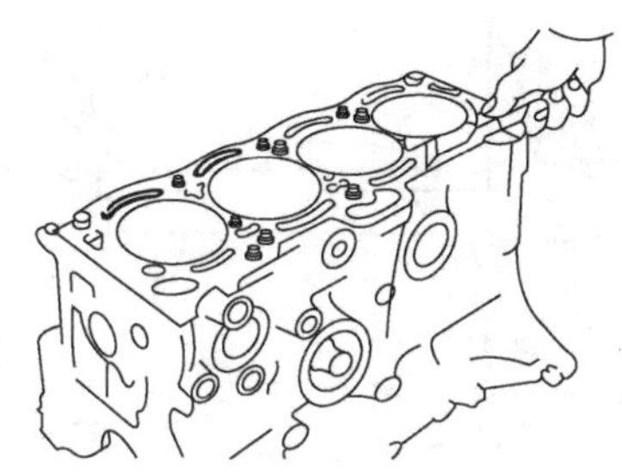

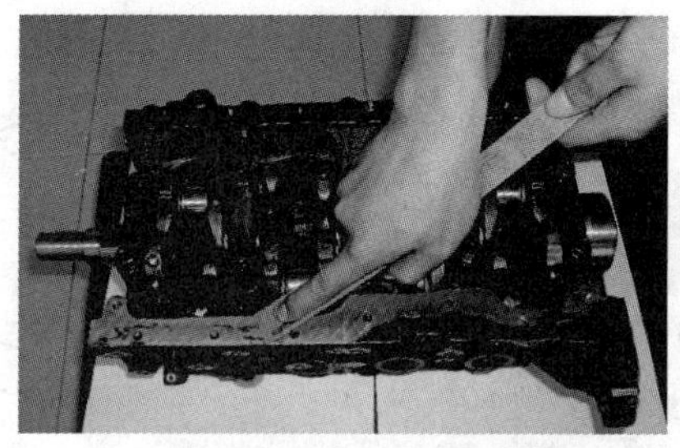

图 2-163　清洁气缸体分总成

2）检查气缸平整度

图 2-164 所示，使用刀口尺和塞尺，测量气缸体和气缸盖接触面翘曲变形，检查气缸体平整度。气缸体最大翘曲变形为 0.05mm。如果翘曲变形超过最大值，应更换气缸体。标准气缸孔径有 3 级尺寸，分别标记“1”、“2”和“3”，这个标记打在气缸体上面。

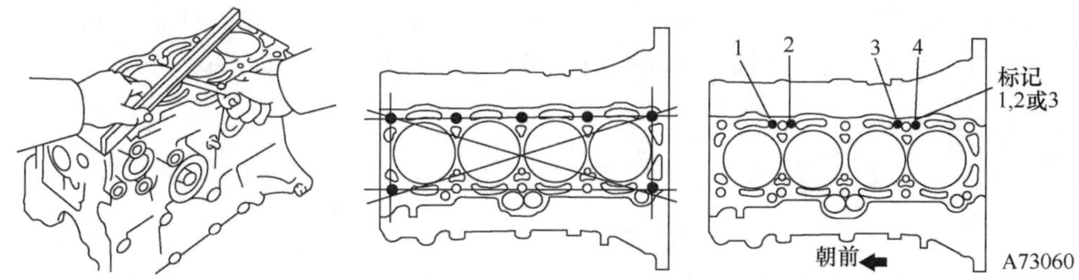

图 2-164　检查气缸体平整度

3）直观地检查气缸垂直划痕

如果存在深度划痕，重新镗削所有四个气缸。如果必要，更换气缸体。

4）检查气缸直径

（1）测量位置。如图 2-165 所示，气缸直径的测量位置如下所述。

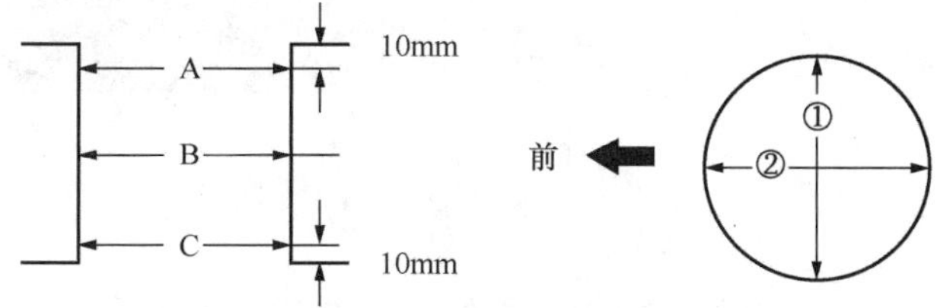

图 2-165　气缸直径的测量位置

①横向；②纵向

① 上止点时第一道活塞环气缸壁处，约距气缸上端 10mm。

② 活塞下行至最下端时，最下边一道油环所接触处的横断面（气缸套下端以上 10mm 左右处）。

③ 在活塞行程中间部位的横断面。

（2）如图 2-166 所示，用游标卡尺测量气缸标准直径。

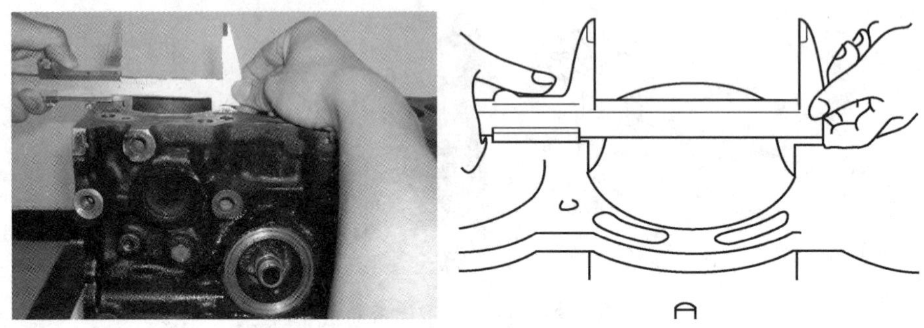

图 2-166　使用游标卡尺测量气缸标准直径

（3）安装量缸表。

① 将百分表的杆部插入量缸表杆上端的孔内，当表杆与传动杆接触，表针有少量顶动即可，并使微分表面与活动测杆同一方向，锁紧螺母将百分表固定。

② 按被测气缸的标准尺寸，选择合适的接杆，装上后，暂不拧紧固定螺母。如图 2-167所示，把外径千分尺调到被测气缸的标准尺寸，将装好的量缸表放入千分尺。稍微旋动接杆，使量缸表指针转动 2mm（2 圈），即有 2mm 的压缩余量。

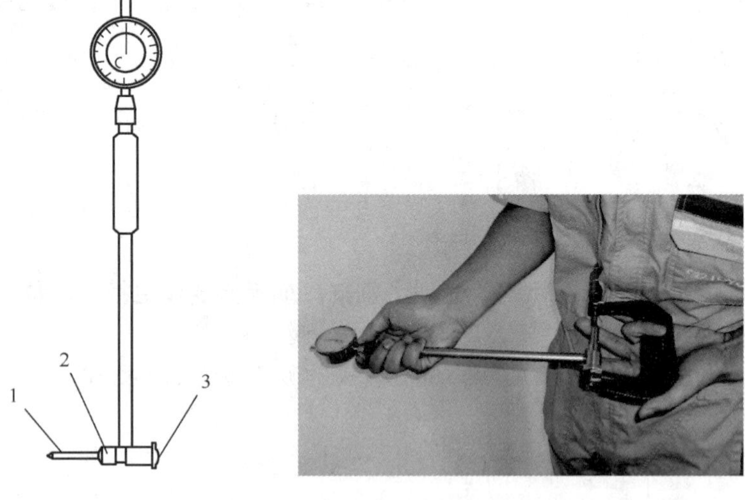

图 2-167　校对量缸表

1—替换杆件；2—替换杆件紧固螺钉；3—探头

③ 如图 2-168 所示，使指针对准刻度零处，扭紧接杆的固定螺母。为使测量正确，重复校零一次。

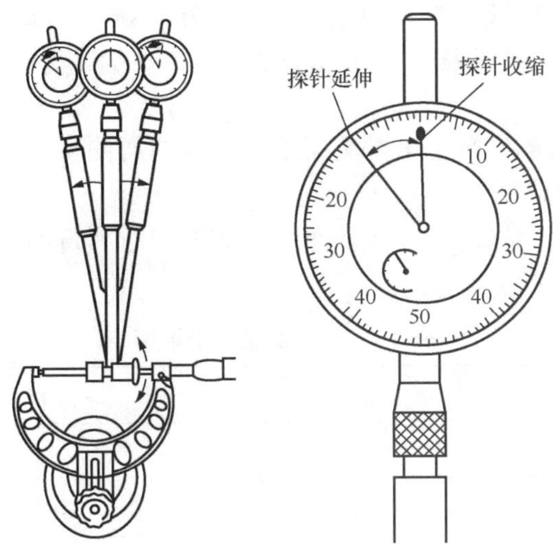

图 2-168　指针校零

（4）气缸的测量。

① 用干净软布擦净气缸套表面。

② 如图 2-169 所示，一手拿住隔热套，另一只手托住管子下部靠近本体的地方。把量缸表活动测量头一端先压入气缸后，再使接杆一端进入气缸内，前后摆动。

③ 测量时，使量缸表的活动测杆同气缸轴线保持垂直，才能准确测量。当前后摆动量缸表，表针指示到最小数字时，即表示活动测杆已垂直于气缸轴线。

④ 百分表表盘刻度为 100，指针在圆表盘上转动一格为 0.01mm，转动一圈为 1mm；小指针移动一格为 1mm。测量时，表针顺时针方向离开“0”位，表示气缸径在增大；表针逆时针方向离开“0”位，表示气缸径在减小。若测量时，小指针移动超过 1mm，则应在实际测量值中加上或减去 1mm。

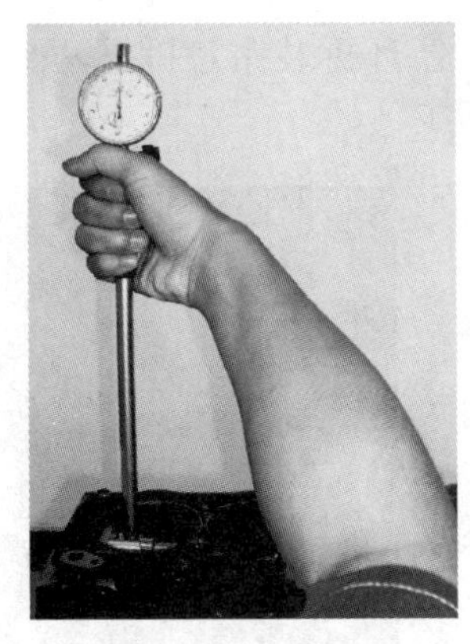

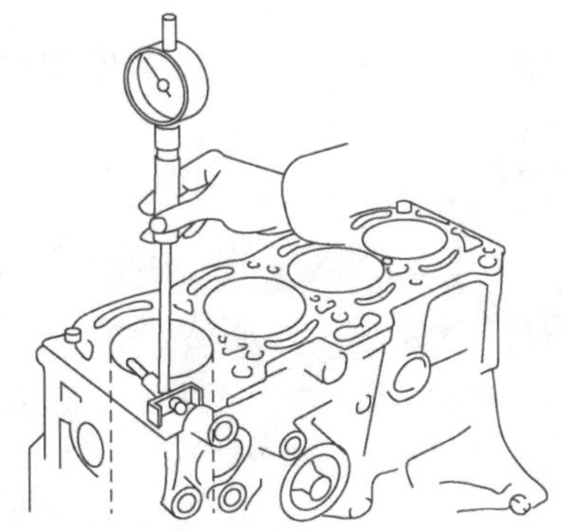

图 2-169　气缸的测量

（5）数据记录与计算。将（4）中的测量数据记录在表 2-1，并计算出圆度误差、圆柱度误差和最大磨损量。

① 圆度误差：被测气缸同一横截面上不同方向测得的最大与最小直径差值的一半即为该横截面的圆度误差。三个横截面中最大的圆度误差即为该气缸的圆度误差。

② 圆柱度误差：被测气缸三个横截面中任意方向所测得的最大与最小直径差值的一半，即为该气缸的圆柱度误差。

③ 最大磨损量：被测气缸三个横截面中任意方向所测得的最大直径与标准直径的差值。

表 2-1　气缸测量值记录表

测量部位		1 缸	1 缸	1 缸	1 缸
上	纵向				
	横向				
中	纵向				
	横向				
下	纵向				
	横向				
圆度					
圆柱度					
最大磨损量					

3. 活塞连杆组的检修

1）活塞连杆组的拆卸

（1）拆下活塞环组。如图 2-170 所示，使用活塞环拆装钳，拆下两个气环，用手拆下两边的刮环和油环。注意按正确的顺序摆放活塞环。

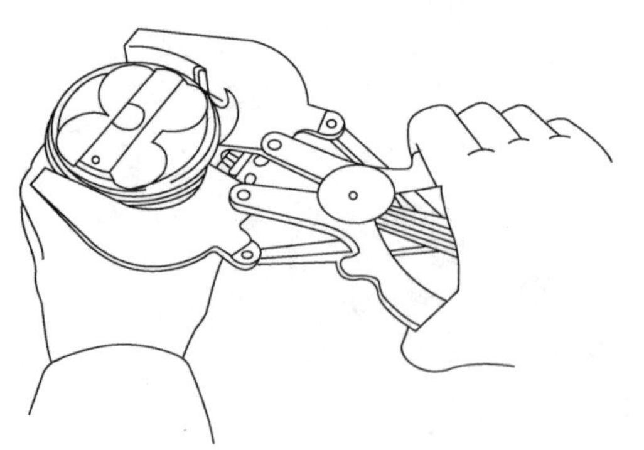

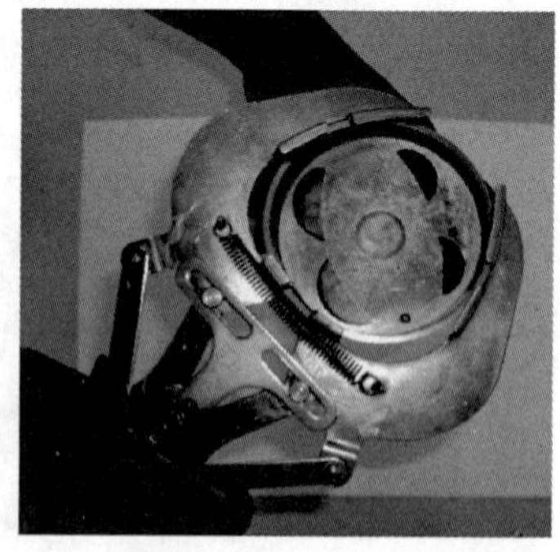

图 2-170　拆卸活塞环组

(2) 如图 2-171 所示，使用 SST（运动换挡变速器），从活塞中压出活塞销，拆下连杆。

(3) 如图 2-172 所示，使用垫片铲刀，从活塞顶面清除所有积炭，使用环槽清洁工具或旧活塞环，清洁活塞环槽，使用溶剂和刷子，彻底清洁活塞。

2）活塞连杆组的检查

(1) 检查气缸与活塞之间的间隙。

① 如图 2-173 所示，使用千分尺，在与销孔轴线垂直的方向，距离活塞顶 28.5mm 处测量活塞头部直径。

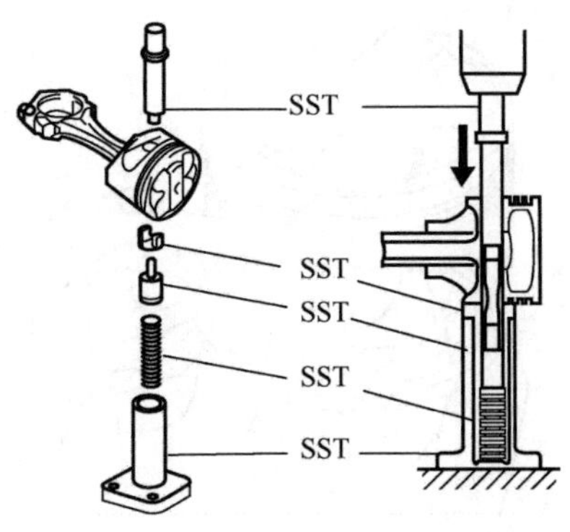

图 2-171　拆下活塞销

② 计算气缸与活塞之间的间隙，用横向测量气缸筒直径减去活塞直径。

(2) 检查活塞环槽间隙。如图 2-174 所示，使用塞尺测量活塞环与活塞环槽侧壁的间隙，8A 发动机第一道气环间隙为 0.040～0.080mm，第二道气环间隙为 0.030～0.070mm，如果间隙超过最大值，更换活塞。

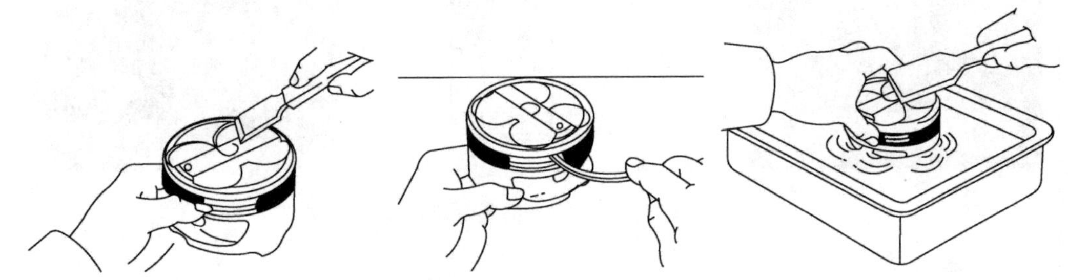

图 2-172　清洁带活塞销的活塞分总成

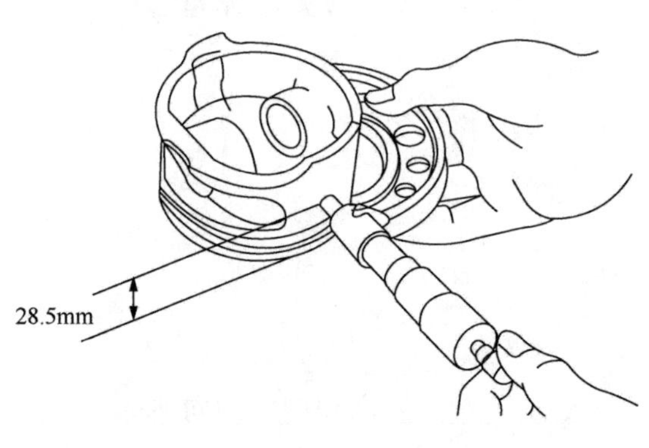

图 2-173　测量活塞头部直径

(3) 检查活塞环端隙。如图 2-175 所示，把活塞环插入气缸筒，使用活塞，推入活塞环到距气缸体顶面 97mm 处，使用塞尺测量端隙。8A 发动机第一道气环标准端隙为 0.250～0.450mm，第二道气环标准端隙为 0.035～0.060mm，油环的标准间隙为 0.15～0.500mm。如果端隙超过最大值，更换活塞环。

(4) 检查连杆弯曲与扭曲。如图 2-176 所示，使用连杆校正器和塞尺，检查连杆变形。8A 发动机两边最大弯曲为 0.05mm/100mm，最大扭曲为 0.05mm/100mm。如果弯曲和扭曲超过最大值，更换连杆总成。

(5) 把螺母装到连杆螺栓上，并能用手容易地将螺母拧到底。如果螺母转动困难，用游标卡尺测量螺栓外径。

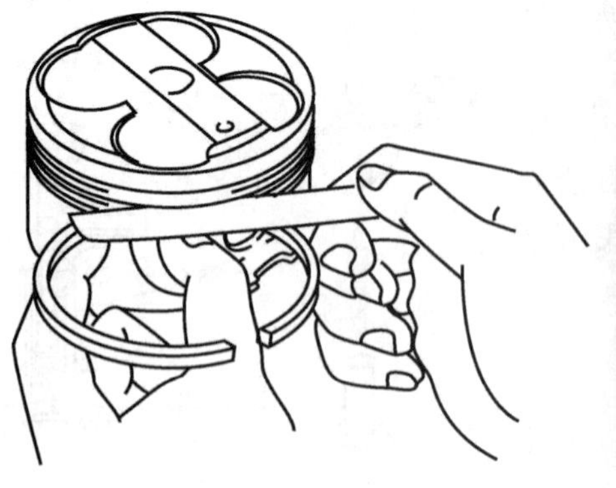

图 2-174　检查活塞环槽间隙

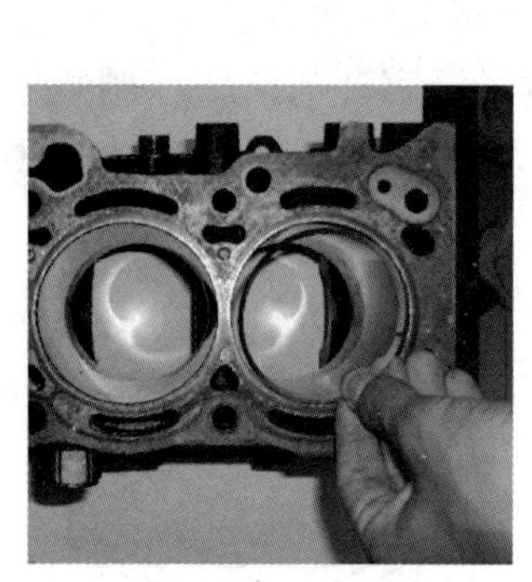

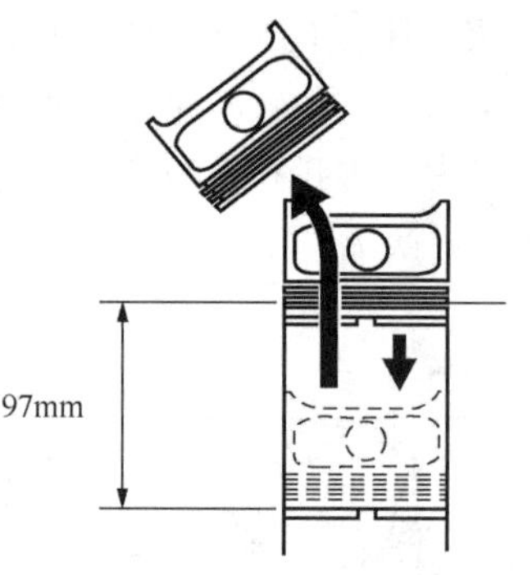

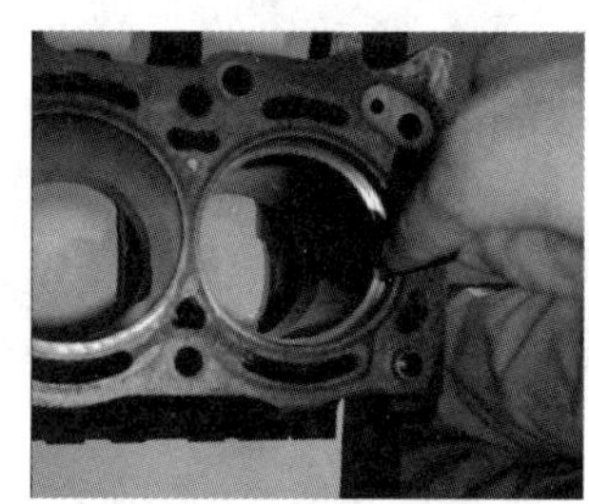

图 2-175　检查活塞环端隙

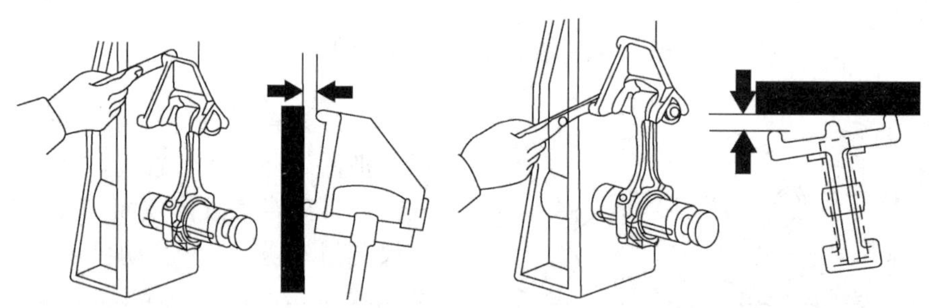

图 2-176　检查连杆弯曲与扭曲

3）活塞连杆组的安装

（1）将活塞销和销孔涂上机油，如图 2-177 所示，对正活塞和连杆的向前标记，用拇指推入活塞销，使用 SST，压入活塞销。

（2）用手安装油环弹簧和两个刮油环，使用活塞环扩张器，如图 2-178 所示，安装第二道气环，代码标记朝上，最后安装第一道气环。

（3）如图 2-179 所示，对准轴承凸起和连杆或连杆盖的凹槽，将轴承安装到连杆和连杆盖中。

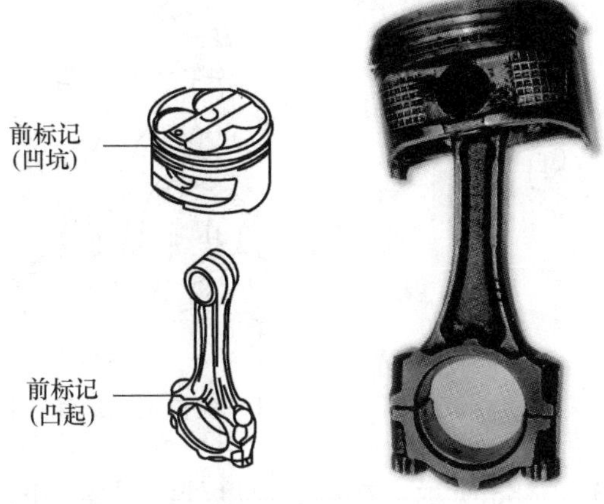

图 2-177 活塞连杆标记

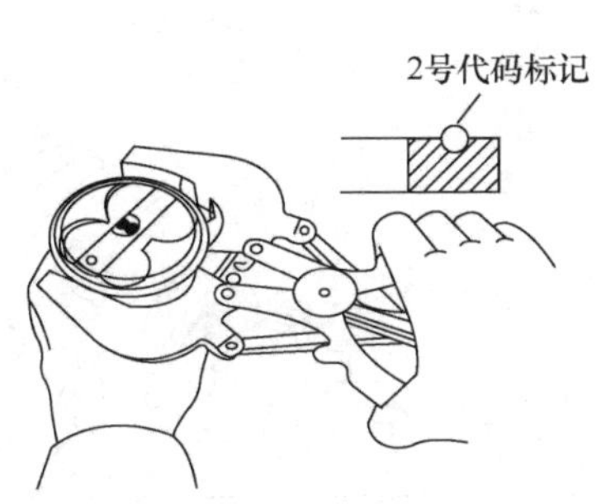

图 2-178 第二道气环的安装

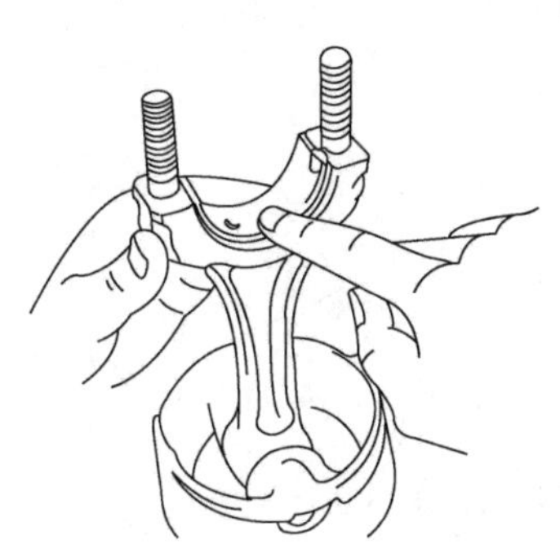
图 2-179 安装连杆轴承

4. 曲轴飞轮组的检修

(1) 检查曲轴失圆度。如图 2-180 所示，把曲轴放在 V 形铁上，使用百分表，测量中间轴颈的失圆度。最大失圆度为 0.06mm，如果失圆度超过最大值，更换曲轴。

(2) 检查主轴颈和连杆轴颈。8A 发动机主轴颈的标准尺寸为 47.982～48.000mm，连杆轴颈标准尺寸为 47.745～47.755mm。如果失圆柱度和锥度超过最大值，则更换曲轴。

图 2-181 所示，使用千分尺，检查主轴颈和连杆轴颈的失圆柱度和锥度。最大不圆柱度和锥度为 0.02mm。

(3) 检查曲轴周向间隙。检查每个主轴颈和轴承麻点和划痕，如果主轴颈和轴承损坏，更换轴承。如图 2-182 所示，把曲轴放在气缸体上，在每个轴颈处放一段塑料间隙规，在主轴承盖螺栓的螺纹和螺栓头下面涂一点机油，按从中间到两边的顺序，分几次均匀拧紧主轴承盖螺栓，但不转动曲轴。主轴承盖拧紧力矩为 60N·m。

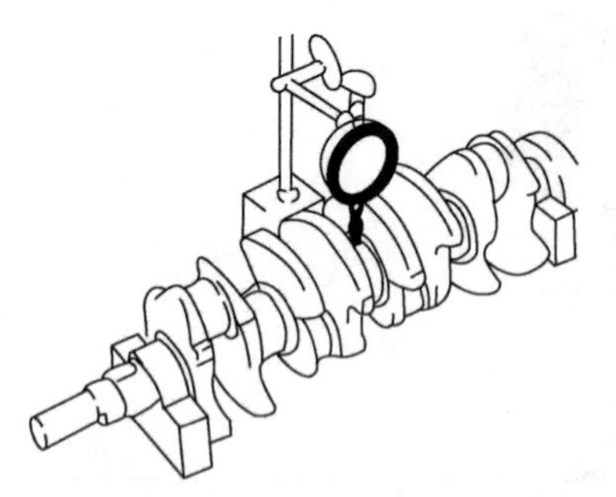
图 2-180　检查曲轴失圆度

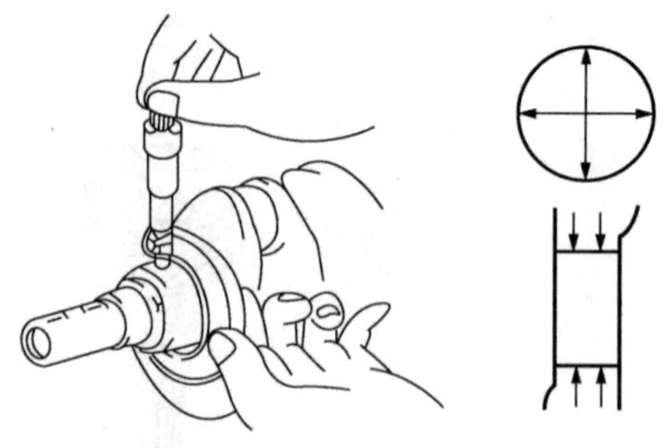
图 2-181　检查主轴颈和连杆轴颈的失圆柱度和锥度

拆下主轴承盖，如图 2-183 所示，在最大厚度处测量塑料间隙。丰田 8A 发动机曲轴周向标准间隙为 0.015～0.033mm，最大曲轴轴向标准间隙为 0.10mm。如果超过最大间隙，则更换曲轴主轴颈。

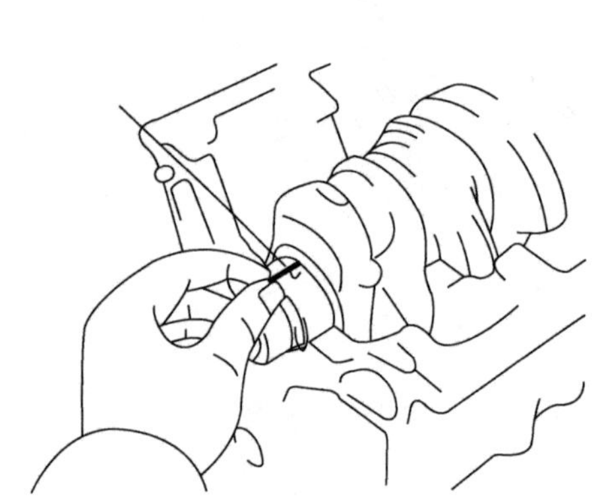
图 2-182　放置塑料间隙规

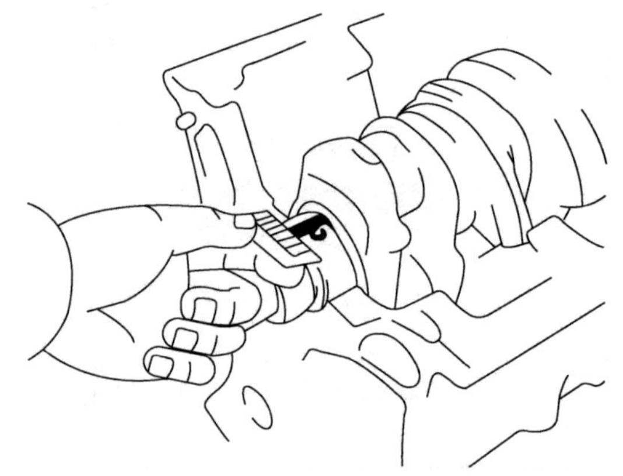
图 2-183　读取曲轴主轴颈轴向间隙值

（4）检查曲轴轴向间隙。如图 2-184 所示，使用百分表，用螺针旋具前后撬动曲轴测量曲轴轴向间隙。曲轴轴向标准间隙为 0.020～0.220mm，最大轴向间隙为 0.30mm。如果止推间隙超过最大值，成套更换止推垫片。

5．曲柄连杆机构的装配

装配曲柄连杆机构前，将机体组、曲轴飞轮组、活塞连杆组清洗干净，并用压缩空气吹干清洗液。

1）安装曲轴轴承

图 2-185 所示，对准轴承凸起和气缸体的凹槽，装上五个上轴承，上轴承有一个油槽和油孔与机体油道相通，对准轴承凸起和主轴承盖的凹槽，装上五个下轴承，并在凸轮轴轴承座上涂上机油。

2）安装曲轴止推垫片

图 2-186 所示，在气缸体 3 号轴颈位置安装两个上止推垫片，带油槽的一面朝外，

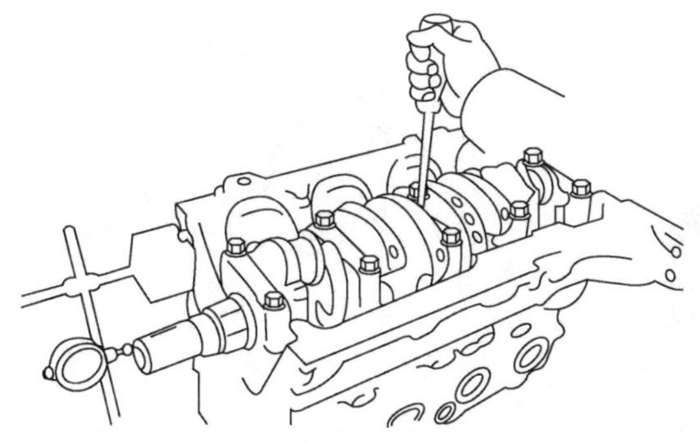

图 2-184　检查曲轴轴向间隙

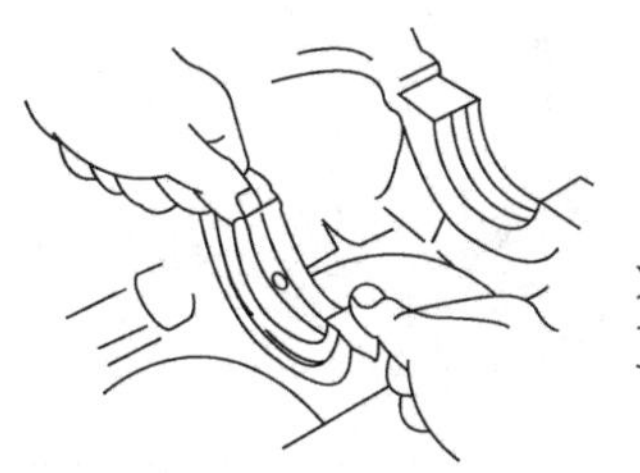
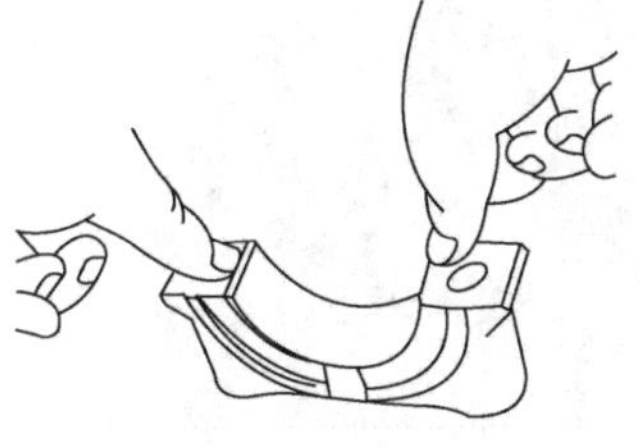
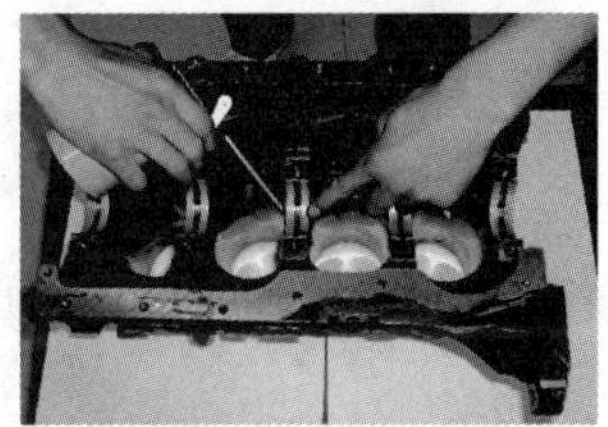

图 2-185　安装曲轴轴承

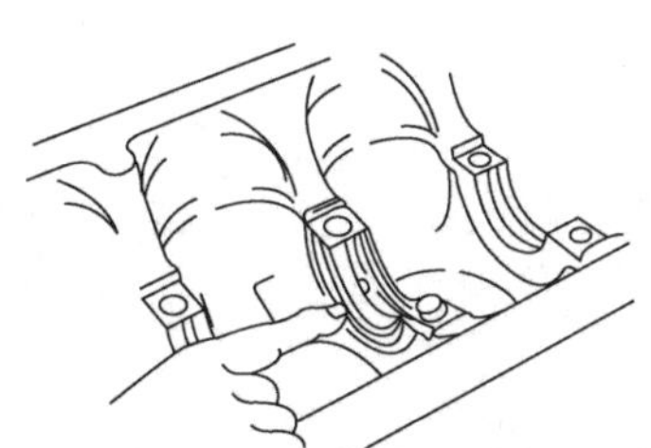

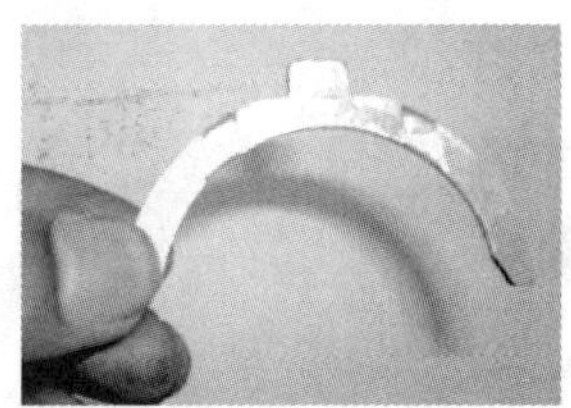

图 2-186　安装曲轴止推垫片

在 3 号轴承盖上安装两个下止推垫片，带油槽的一面朝外。

3）安装曲轴

图 2-187 所示，在正确的位置安装五个曲轴轴承盖。每个轴承盖有代号和向前标记，在主轴承盖螺栓的螺纹和螺栓头下面涂一薄层机油。按从中间到两边的顺序分几次均匀拧紧十个主轴承盖螺栓。曲轴主轴颈螺栓的标准力矩为 60N・m。安装完毕后曲轴应该转动灵活，并按照图 2-184 所示，检查曲轴止推间隙。

4）安装连杆分总成

（1）如图 2-188 所示，在活塞环槽和连杆大头涂上机油，用一段软管套在连杆螺栓上，防止损伤曲轴。

（2）如图 2-189 所示，使用活塞环收紧器，按图 2-190 所示的活塞环开口位置和活塞安装位置把活塞和连杆总成推入各自的气缸，活塞的前标记朝前。

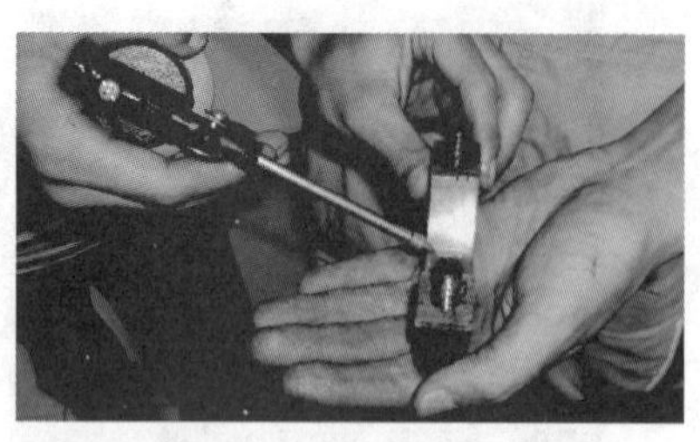
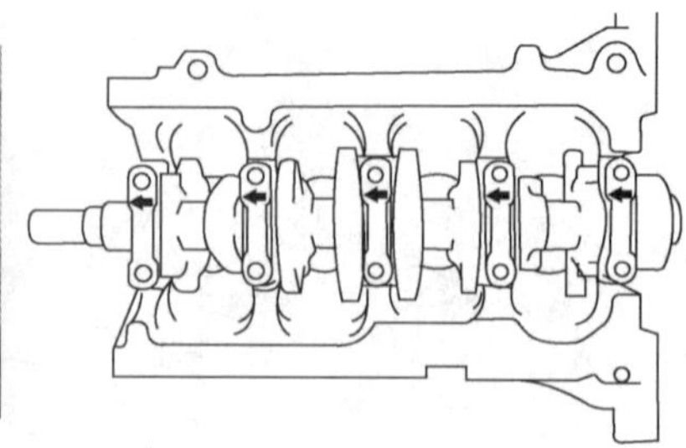

图 2-187　安装曲轴

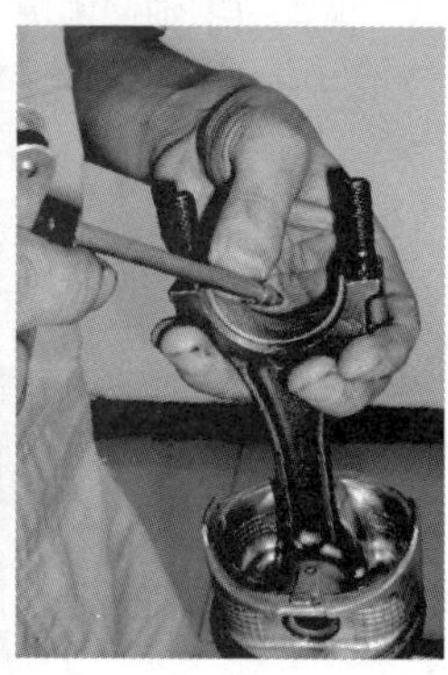
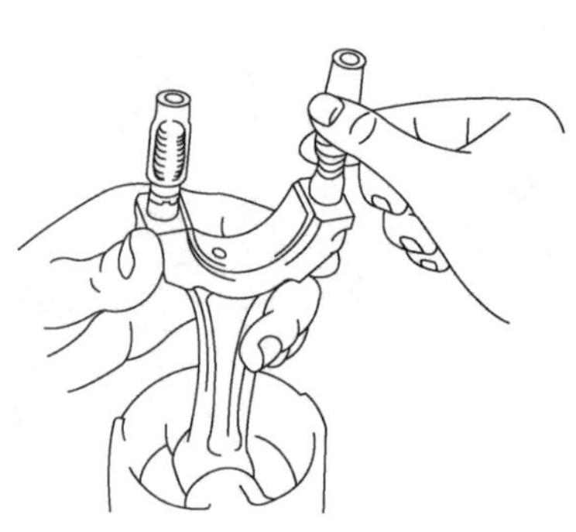

图 2-188　活塞连杆涂机油并套好连杆螺栓

图 2-189　使用活塞环收紧器

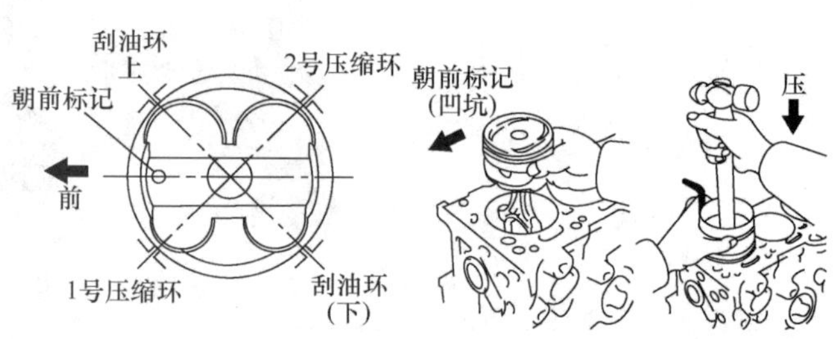

图 2-190　活塞环开口位置和活塞安装位置

(3) 匹配连杆盖和连杆的号码，安装连杆盖，如图 2-191 所示，前标记朝前，在连杆盖螺母下方涂一薄层机油，分几次交替拧紧螺母。连杆螺栓拧紧扭矩为 29N·m。

(4) 如图 2-192 所示，用油漆在螺母和连杆螺栓上做标记。

(5) 如图 2-193 所示，将螺母拧紧 90°，检查曲轴转动灵活。

(6) 如图 2-194 所示，在后油封接触面上涂上密封胶，更换新垫片，用六个螺栓安装后油封座圈。后油封螺栓拧紧扭矩为 9.3N·m。

(7) 如图 2-195 所示，在气缸体上安装一个新垫片，使机油泵的驱动转子的花键齿与油泵侧曲轴的大齿啮合。用七个螺栓安装机油泵（标记为 A 的螺杆长度为 35mm，标记为 B 的螺杆长度为 25mm），油泵螺栓的拧紧扭矩为 22N·m。

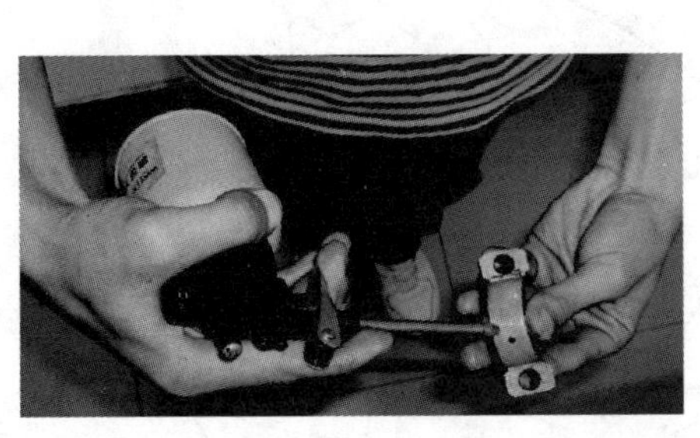

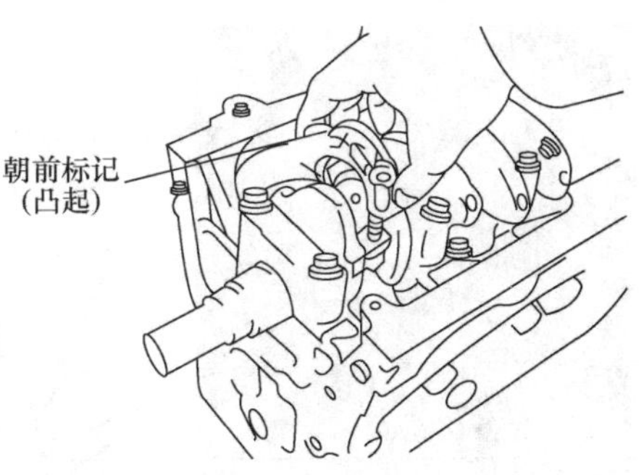

图 2-191　安装连杆轴承盖

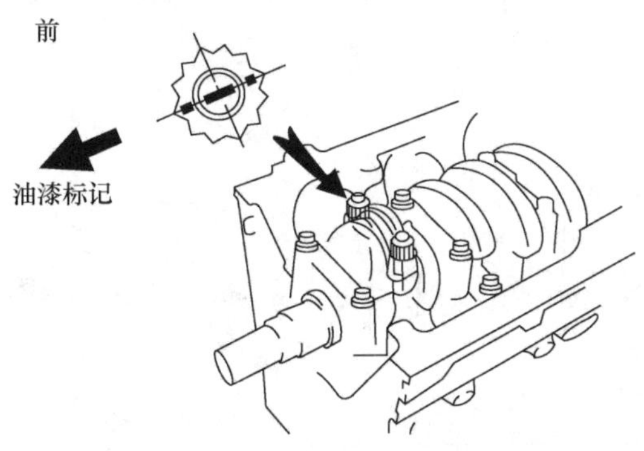

图 2-192　在螺母和连杆螺栓上做标记

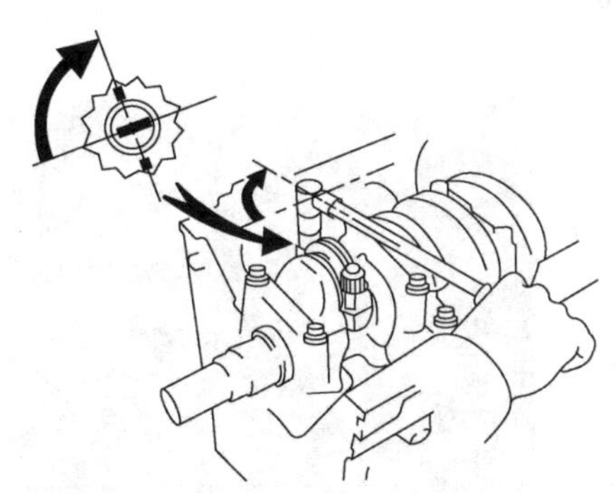

图 2-193　将螺母拧紧 90°

(8) 如图 2-196 所示，用两个螺栓和两个螺母安装新垫片和滤清器。拧紧扭矩为 9.3N·m。

(9) 如图 2-197 所示，将密封填料涂在油底壳上。用 19 个螺栓和两个螺母安装油底壳。油底壳螺栓拧紧扭矩为 4.9N·m。

(10) 按照 8A-FE 发动机气门传动组的安装步骤完成后续的任务。

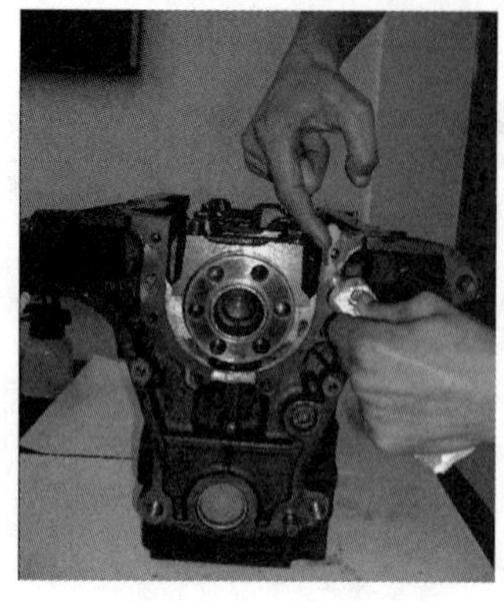

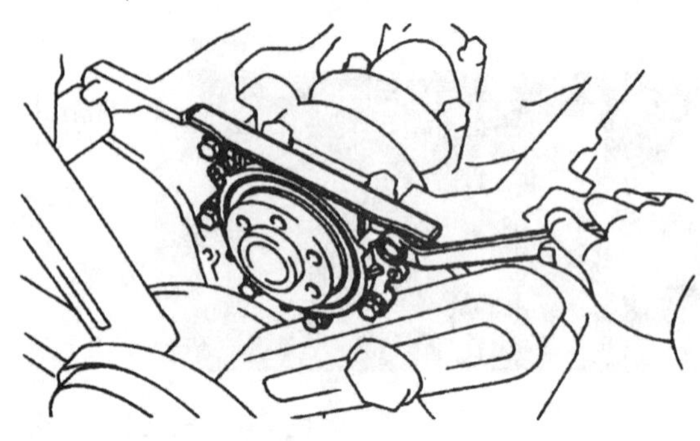

图 2-194　安装发动机后油封座圈

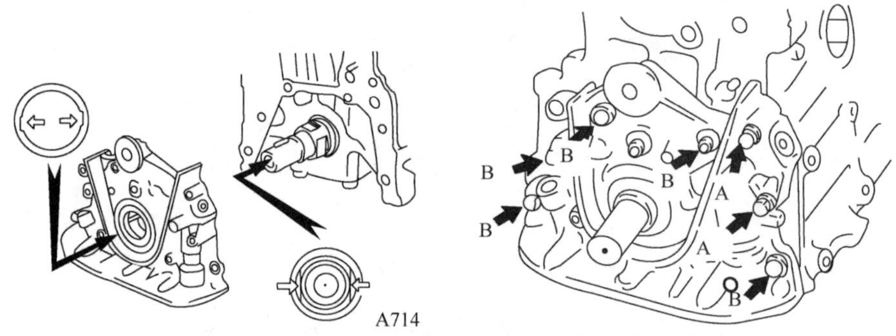

图 2-195　安装机油泵总成

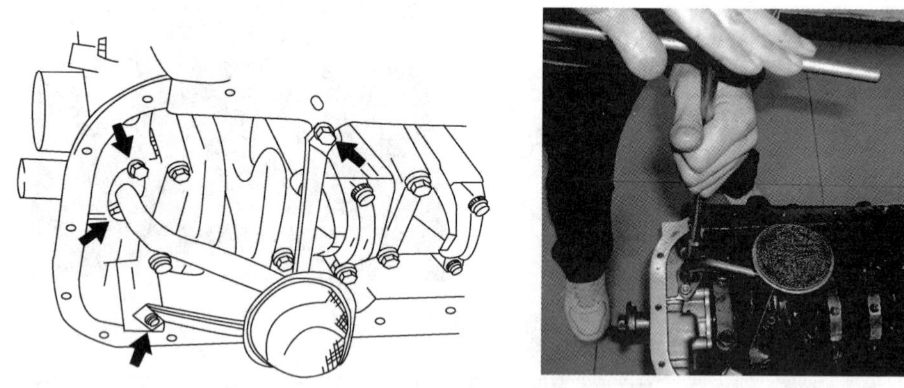

图 2-196　安装机油滤清器分总成

2.4.3　拓展技能：进气系统真空度及发动机密闭性检查

由于汽车行驶到一定里程，发动机的整体性能会下降，通过检查进气系统真空度、发动机气缸压力和漏气率，确定汽车发动机解体的程度。

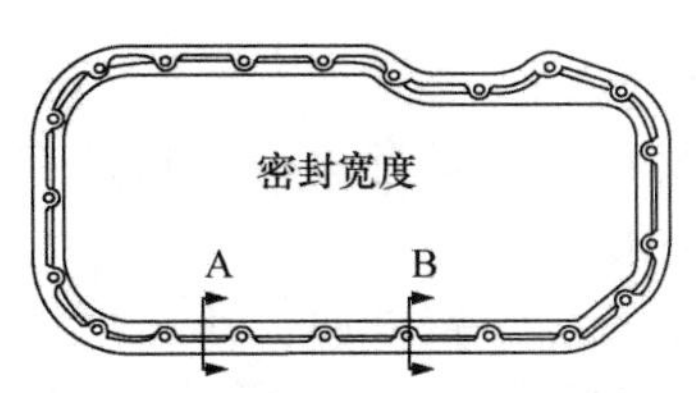

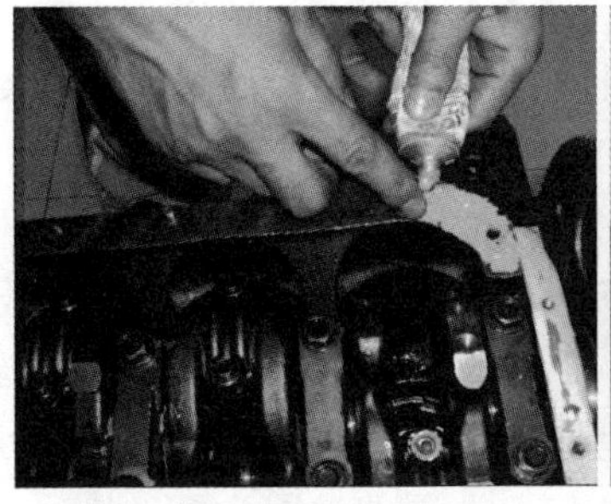

图 2-197　安装油底壳分总成

1. 进气系统真空度的检查

1）检查进气系统真空度的意义

进气歧管真空度是汽油机的重要诊断参数之一，可用真空表进行检测。检测前应将发动机预热至正常工作温度，然后将真空表软管连接到节气门后方的专用接管上，保持发动机按规定怠速无负荷运转，读取真空表上的读数和指示状态。

影响电喷发动机性能的主要因素有进气系统密封性、点火性能及空燃比。其中，进气系统密封性所产生的影响尤为关键。进气系统密封性的检测有测量气缸压力、测量气缸漏气量（或漏气率）、测量曲轴箱窜气量和测量进气管真空度等四种方法。

利用真空表检测进气管真空度来判断发动机故障的方法一般没有充分利用，其原因是未充分认识到真空表的使用价值，尤其是没有从机理上探明真空度能够反映的各种现象。进气管真空度的大小可用 $\Delta P_x = P_0 - P_x$（P_0 为进气管压力）来表示，它是发动机各气缸进气时对进气管形成的负压总和，其负压值的高低及稳定性的好坏与工作气缸的数量、发动机的转速、进气系统的密封性、点火性能的好坏及空燃比（A/F）的好坏程度成正比，而与节气门的开度成反比。

转速的高低和节气门开度的大小，均直接影响空燃比及燃烧条件。ΔP_x 及波动幅度反映了汽油机工况的好坏。例如，当节气门开度（或转速）一定时，若点火性能变坏，燃烧条件随之恶化，转速下降，ΔP_0 下降，继而又影响喷油量和 A/F 的大小，如此相互反馈形成连锁反应，如图 2-198 所示。因而进气系统密封性、点火性能、空燃比等因素变化时，ΔP_0 受其影响形成连锁反应。可见，ΔP_0 的高低决定汽油机性能的好坏。

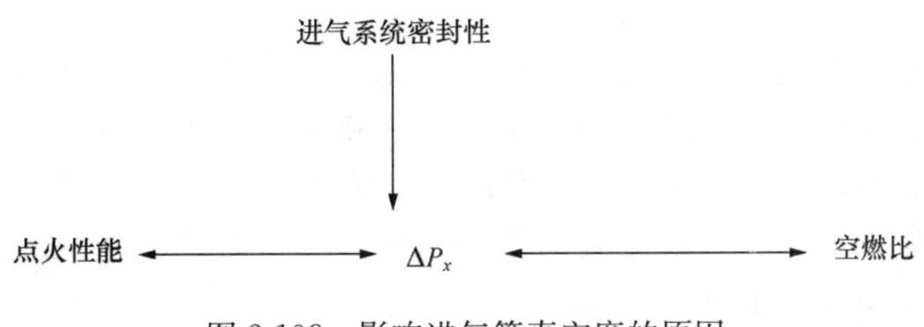

图 2-198　影响进气管真空度的原因

2）真空表的使用

如果随意改变节气门的开度（急加速或急减速）就会获取真空度的变化值，根据这些数值的变化，就可分析和判断发动机存在的故障。

3）进气歧管真空度检测分析

让发动机在海平面高度下怠速运转，根据真空表读数及其指示状态进行分析、判断。注意：海拔高度每增加1000m，真空表读数相应降低约10kPa。

（1）若真空表指针稳定地指在57～71kPa之间，说明发动机密封良好；快速启闭节气门，若真空表指针能随之在7～84kPa之间灵敏摆动，说明进气管真空度对节气门开度变化的随动性较好，则进一步说明发动机密封良好。

（2）若真空表指针有规律地跌落3～23kPa，摆幅不大，表示气门与气门座密封不良，同时可能伴随有回火（进气门漏气）、放炮（排气门漏气）现象。

（3）若真空表指针在17～57kPa之间大幅摆动，可能是气缸垫烧损漏气所至。

（4）若真空表读数低于正常值，快速开启节气门，真空表指针迅速下降，几乎为0；且当节气门关闭时，指针不能回复到84kPa，则说明活塞与气缸之间密封不良，同时可能出现排气管冒蓝烟（烧机油）现象。

2. 发动机密闭性检查

1）发动机气缸密闭性的检测

气缸压力是发动机的重要诊断参数。气缸压力过高会造成发动机工作粗暴、过热、爆燃等现象，而气缸压力过低将导致发动机难以起动（甚至不能起动）、怠速不稳、无力、油耗增加、排放超标等故障，因此气缸密封性的好坏是判断发动机技术状况的重要依据。

2）影响气缸密封性的主要原因

气缸、气缸盖、气缸垫、活塞、活塞环及进排气门的工作状况将直接影响气缸的密封性，具体原因如下。

（1）气缸盖端面磨损、变形，缸盖螺栓松动造成密封不良。

（2）气缸垫损坏造成漏气，往往伴随有漏水、漏油。

（3）气缸、活塞、活塞环磨损过大，活塞环对口、弹性下降、断裂将导致向下窜气，同时将向上窜油；气缸裂纹将造成漏气、漏水。

（4）气门、气门座工作面磨损、烧蚀、积炭导致密封不良。

（5）气门间隙或配气正时调整不当。

3）测试发动机气缸压力的意义

发动机的气缸压力反映了气缸的密封性，是发动机的动力性能指标之一，其数值对发动机性能的影响巨大。气缸压力数值不正常将会导致混合气燃烧不良、燃料消耗上升、功率下降、发动机起动困难、汽车动力性能下降等严重问题。该数值也是发动机故障诊断和决定采取何种修理方案的重要依据。汽车修理标准明确规定气缸缸压值下降达到25%时，是发动机进行大修的重要标志之一。因此，发动机缸压的测试具有重要的实践意义。

4）测试原理

图 2-199 所示，发动机缸压测试所采用的仪器是气缸压力表。该表是一种气体专用压力表，它一般由表头、导管、单向阀和接头组成。缸压表在外形上虽然有各种各样的结构，但其原理基本上是一致的。表头多为鲍登管（Bourdon-Tube）式，其驱动部件是一根扁平的弯曲成圆圈状的管子，一端为固定端，另一端为活动端。活动端通过杠杆、齿杆机构带动指针运动，在表盘上显示出压力数值的大小。

图 2-199　气缸压力表

5）气缸压力的检测方法

以捷达汽车发动机为例，测量气缸压力时，发动机机油温度至少为 30℃，具体步骤如下。

（1）拔下点火线圈及火花塞高压线，用专用扳手拧下火花塞。

（2）将加速踏板踩到底，使节气门全开。

（3）将气缸压力表或其专用检测仪装入火花塞孔。

（4）用起动机带动发动机运转，直至气缸压力表或检测仪显示的压力值不再上升，记录此值。

捷达汽车发动机气缸压缩压力值应为 1～1.3MPa，压力极限值为 0.75MPa，各缸间压力差最大允许值为 0.3MPa。

3. 四行程汽油机工作原理

四行程发动机的活塞在气缸内往复四个行程（相当于曲轴旋转两周）完成一个工作循环的发动机，称为四行程发动机。

四行程发动机每个工作循环中的四个活塞行程分别为进气行程、压缩行程、做功行程和排气行程。

1）进气行程

进气行程将空气与燃料先在气缸外部的进气管中进行混合，开始形成可燃混合气，然后吸入气缸。

图 2-200（a）所示，在进气行程中，进气门开启，排气门关闭。曲轴带动活塞从上止点向下止点运动，活塞上方的气缸容积增大。从而气缸内压力降到大气压以下，即在气缸内造成真空吸力。这样，可燃混合气便经进气管道和进气门被吸入气缸。在这个过程中，曲轴转过了 180°。由于进气系统有阻力，进气终了时气缸内气体压力为 0.075～0.09MPa。

流进气缸内的可燃混合气，因为与气缸壁、活塞顶等高温机件表面接触并与前一循环留下的高温残余废气混合，所以温度升高到 370～400K。

2）压缩行程

为使吸入缸内的混合气迅速燃烧，放出更多的热量，从而使发动机发出更大的功

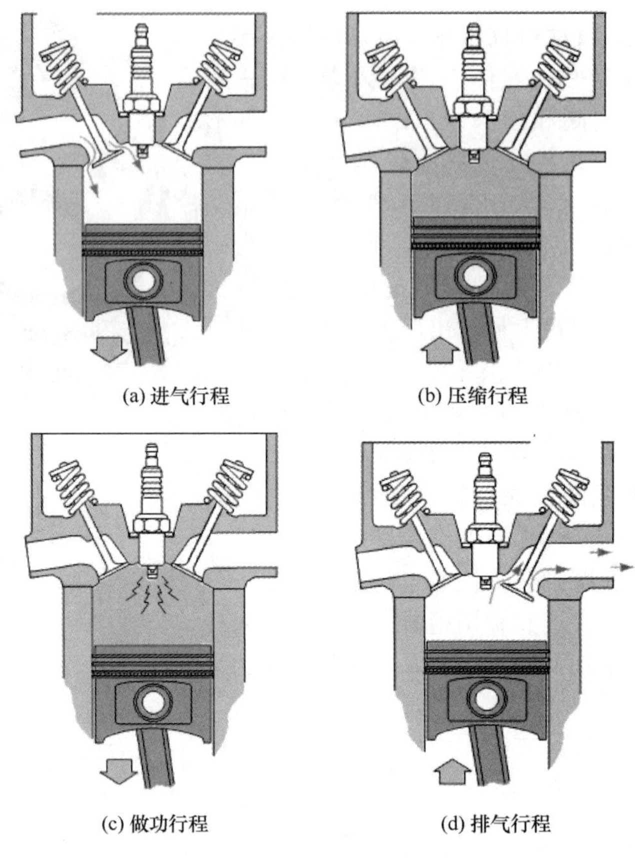

图 2-200　四行程汽油机工作过程

率，必须在混合气燃烧前对其进行压缩，使其容积变小、温度升高。为此，在进气终了时便立即进入压缩行程。如图 2-200（b）所示，在压缩行程中，进、排门均关闭，曲轴推动活塞定时由下止点向上止点移动一个行程，压缩终了时，活塞到达上止点，混合气被压入活塞上方很小的燃烧室中。此时，混合气压力高达 0.6～1.2MPa，温度可达 600～700K。

在发动机技术状况良好的情况下，发动机的压缩比越大，则混合气燃烧越迅速、发动机发出的功率越大、经济性就越好。但当压缩比过大时，由于受汽油抗爆性等因素的影响，会导致爆燃和表面点火等不正常燃烧现象的出现，从而造成发动机过热、功率下降、油耗增加等一系列不良后果。因此，在提高汽油机压缩比时，必须防止爆燃和表面点火现象的发生。

3）做功行程

图 2-200（c）所示，做功行程在压缩行程接近终了时，火花塞产生电火花点燃混合气，此时进、排气门仍关闭。由于混合气的迅速燃烧，使缸内气体的温度和压力迅速升高，最高压力可达 5～9MPa，最高温度可达 2200～2800K。在高温、高压气体的作用力推动下，活塞向下止点运动，活塞的下移通过连杆使曲轴旋转运动，

产生转矩而做功。发动机至此完成了一次将热能转变为机械能的过程。通过连杆使曲轴旋转并输出机械能，除了用于维持发动机本身继续运转外，其余即用于对外做功。做功终了时，压力降至 0.3～0.5MPa、温度则降为 1300～1600K，此时曲轴又转过 180°。

4）排气行程

图 2-200（b）所示，排气行程即混合气燃烧后成为废气，应从气缸内排出，以便下一个工作循环得以进行。因此，当做功行程接近终了时，排气门打开，进气门仍关闭，因废气压力高于大气压而自动排出。此外，当活塞越过下止点上移时，还靠活塞的推挤作用强制排气。活塞到上止点附近时，排气行程结束。排气终了时，缸内压力为 0.105～0.115MPa，温度为 900～1200K。

综上所述，四行程汽油发动机经过进气、压缩、燃烧做功、排气四个行程，完成一个工作循环。这期间活塞在上下止点间往复移动了四个行程，相应地曲轴旋转两圈（720°），进、排气门各打开一次，发动机有一次做功。至此，发动机完成一个工作循环，接着又开始了下一个新工作循环。

思考题

1. 在安装过程中活塞环的端隙过小，会有什么危害？
2. 装配扭曲活塞环时应注意什么？

任务 2.5　发动机水泵的拆装与更换

工作任务

夏季发动机经常出现水温报警、冷却水“开锅”等现象，发动机专门有冷却系统用来控制发动机温度，因此要检查冷却系统主要部件是否工作正常。

2.5.1　相关知识：发动机水冷系统的组成及部件结构

1. 发动机水冷系统的组成

汽车发动机的水冷系统均为强制循环水冷系统，即利用水泵提高冷却液的压力，强制冷却液在发动机中循环流动。如图 2-201 所示为发动机水冷系统的组成，主要由水泵、散热器、冷却风扇、节温器、膨胀水箱、发动机机体和气缸盖中的水套以及其他附加装置等组成。

水泵由发动机皮带轮驱动。散热器安装在发动机的最前端，散热器下部的出水管

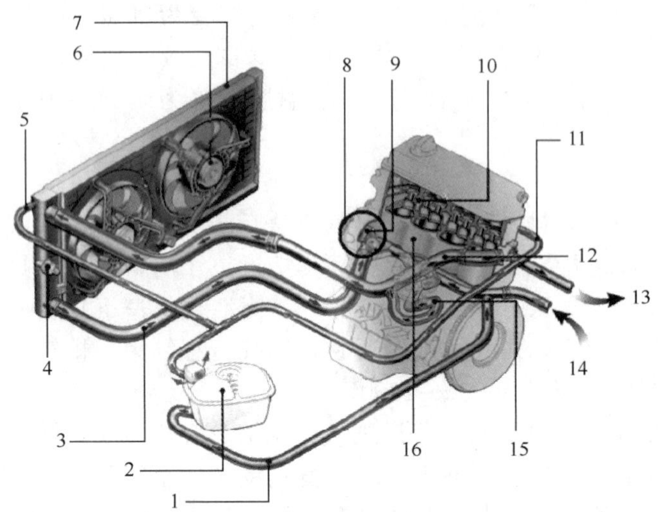

图 2-201　发动机水冷系统的组成

1—冷却液下橡胶较管；2—冷却液膨胀箱；3—进水管；4—电动风扇双速热敏开关；5—过热蒸汽；6—电动风扇；7—散热器；8—齿形带带轮；9—水泵；10—气缸盖水套；11—发动机水套排气管；12—冷却液上橡胶软管；13—去空调暖风系统热交换器；14—接暖风装置；15—节气门热水管；16—气缸体水套

与水泵连通。节温器一般安装在气缸盖的出水口内，通过橡胶软管与散热器的上水室相通，构成冷却水循环路径。散热器上还安装有双热敏开关，以控制电动风扇的工作时刻。电动风扇在散热器的后面，将迎面来的空气流强力地从前向后吸，受热后的冷却液在流过散热器的过程中被空气流带走。

发动机上有 2～4 个水温传感器，将冷却水温信号传递给发动机 ECU（电子控制单元），作为喷油和点火的修正信号，水温传感器还将水温信号传递给仪表盘上的水温表，显示即时水温，便于驾驶员观察。

2. 散热器

1）散热器的组成

散热器利用车辆前进的气流及风扇气流将冷却液所含的热量散发，使冷却水迅速得到冷却，以保持发动机的水温正常。

散热器主要由进水室、出水室、散热器芯、散热器盖等组成。进水室顶部有加水口，用散热器盖盖住，冷却水由此注入整个冷却系。在进、出水室分别装有进水软管和出水软管，分别与发动机缸盖上的出水管和水泵的进水管相连接。气缸盖出水管流出的高温热水经过散热器进水软管进入进水室，经冷却管冷却后流入出水室，从散热器出水软管流出被吸入水泵。在出水室底部一般还装有放水阀。

散热器的材料导热性要好，因此散热器芯一般采用铜材或铝覆锌带材质。

2）散热器盖

散热器盖严密地盖在散热器加冷却液口上，使水冷系成为封闭系统并调节系统的工作压力。

散热器盖的结构和工作原理如图 2-202 所示。当发动机工作时，冷却液的温度逐渐升高。由于冷却液容积膨胀，使冷却系统内的压力增高。当压力超过预定值时，压力阀开启，一部分冷却液经溢流管流入补偿水箱，以防止冷却液胀裂散热器。当发动机停机后，冷却液的温度下降，冷却系统内的压力也随之降低。当压力降到大气压力以下出现真空时，真空阀开启，补偿水桶内的冷却液部分地流回散热器，可以避免散热器被大气压力压坏。

在发动机热状态下开启散热器盖时，应缓慢旋开，使冷却系统内的压力逐渐降低，否则会被喷出的热水烫伤，当发动机温度较高时，禁止开启散热器盖。

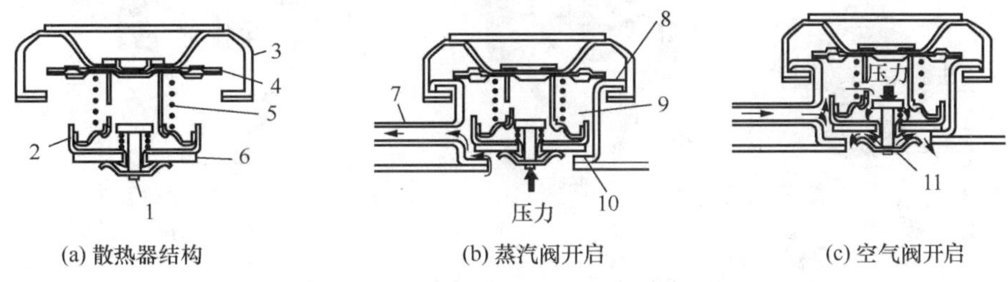

图 2-202　散热器盖的结构和工作原理

1、11—空气阀；2—蒸汽阀；3—散热器盖；4—上密封衬垫；5—压力阀弹簧；6—下密封衬垫；7—溢流管；8—加冷却液口上密封面；9—加冷却液口；10—加冷却液口下密封面

3. 膨胀水箱

图 2-203　膨胀水箱

膨胀水箱由塑料制造并用软管与散热器加冷却液口上的溢流管连接，如图 2-203 所示。膨胀水箱主要是给冷却液提供膨胀空间，即当冷却液受热膨胀时，部分冷却液流入膨胀水箱；而当冷却液降温时，部分冷却液又被吸回散热器，所以冷却液不会溢失。膨胀水箱内的液面有时升高，有时降低，而散热器却总是为冷却液所充满。在膨胀水箱的外表面上刻有两条标记线：“MIN（低）”线和“MAX（高）”线，膨胀水箱内的液面应位于两条标记线之间。若液面低于“MIN（低）”线时，应向桶内补充冷却液，防止空气进入。在向桶内添加冷却液时，液面不应超过“MAX（高）”线，否则冷却液没有膨胀的空间。补偿水桶还可消除水冷系中的所有气泡。膨胀水箱装有液位警报器，当液位低于“MIN（低）”线时，自动报警，接通仪表盘的报警装置。

4. 节温器

节温器根据发动机冷却水温的变化，自动控制通过散热器冷却水的流量，调节冷却系的冷却强度。

汽车节温器一般安装在气缸盖上的出水口，有些安装在水泵的进水口位置。

一般轿车节温器的结构如图 2-204 所示，蜡式节温器的支架与定位凸缘铆接成一体，反推杆固定在支架上并插入阀芯的橡胶套中，橡胶套与外壳之间充满了石蜡。

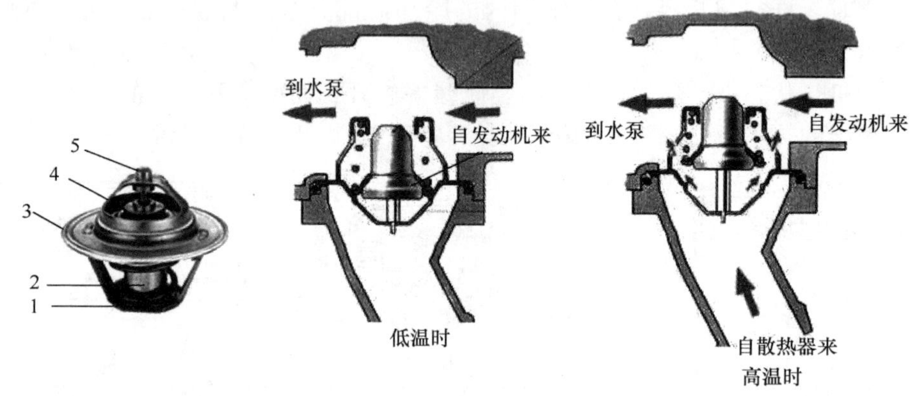

图 2-204　蜡式节温器结构及工作原理

1—阀芯；2—弹簧；3—定位凸缘；4—支架；5—反推杆

当冷却液温度低于规定值时，节温器感温体内的石蜡呈固态，节温器阀在弹簧的作用下关闭发动机与散热器间的通道，冷却液经水泵返回发动机，进行小循环。当冷却液温度达到规定值后，石蜡开始溶化逐渐变成液体，体积随之增大并压迫橡胶管使其收缩。在橡胶管收缩的同时对推杆作用一个向上的推力。由于推杆上端固定，因此，推杆对胶管和感温体产生向下的反推力使阀门开启。这时冷却液经由散热器和节温器阀，再经水泵流回发动机，进行大循环。

5. 水泵

水泵的功用是对冷却液加压，强制冷却液在冷却系统中循环流动。汽车发动机广泛采用离心式水泵，大众 AJ 发动机水泵的结构如图 2-205 所示。水泵体由水泵壳体、叶轮、水泵轴及轴承、水封等组成。

水泵一般由曲轴通过传动带驱动。传动带环绕在曲轴带轮和水泵带轮之间，因此水泵转速与发动机转速成正比。有些发动机的水泵由凸轮轴直接驱动。

当水泵叶轮旋转时，水泵中的冷却液被叶轮带动一起旋转，并在离心力的作用下被甩向水泵壳体的边缘，同时产生一定的压力，然后从出水管流出。在叶轮的中心处由于冷却液被甩出而压力下降，散热器中的冷却液在水泵进口与叶轮中心的压差作用下经进水管流入叶轮中心。叶轮由铸铁或塑料制造，叶轮上通常有 6～8 个径向直叶片或后弯叶片。水泵壳体由铸铁或铝铸制，进、出水管与水泵壳体铸成一体。

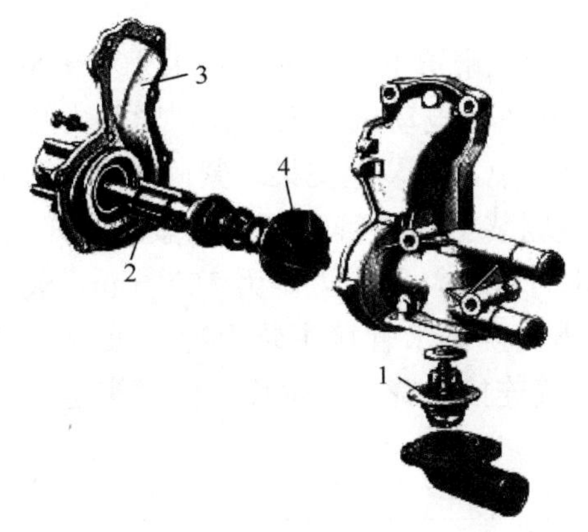

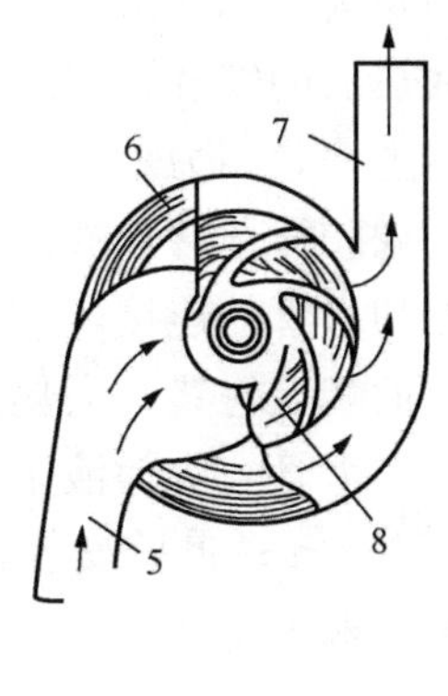

图2-205 大众AJ发动机水泵的结构

1—节温器；2—水泵轴；3、6—壳体；4、8—叶轮；5—进水管；7—出水管

2.5.2 任务实施：发动机冷却系统的拆装

1. 发动机冷却系统的拆卸

1）冷却液的排放

（1）将空调暖风控制阀全开，暖风开关拨到“暖气”位置。

（2）在发动机下放置一个收集盘，打开冷却液储液罐盖（必须在冷机时进行，热机时不能操作）。

（3）将水泵大循环进口水管的卡箍松开，拉出冷却液软管，放出冷却液，并用容器收集好，以便以后使用。注意水泵有三个进口：自散热器出液口来的称为大循环进口；自暖风装置出液口来进入水泵的称为第二进口；小循环时的水泵进口。

2）散热器总成的拆卸

（1）从气缸盖出液口处（通往散热器）拔掉冷却液软管。

（2）拆下热敏开关（在三通接头处）和电动冷却风扇上的连接电线。

（3）从散热器上拆下冷却液的上、下水管以及与膨胀水箱的连接管。放松并拆下散热器顶部左、右角上的固定支架，将散热器连同冷却风扇和风扇罩整体一起取出。

3）水泵总成的拆卸

（1）从水泵上取下水循环管、热交换器回水管和冷却液下水管。

（2）松开并取下水泵传动带。

（3）拧下水泵的紧固螺栓，拆下水泵总成。把所有拆卸的总成、零件按顺序摆放好。

2. 发动机冷却系统的安装

（1）水泵的安装。将水泵及发动机的水道清洁干净，再将水泵、衬垫装到水泵体上，紧固力矩为10N·m；然后装上水泵带轮，紧固力矩为20N·m；装上节温器、O形密封圈及节温器盖，紧固力矩为10N·m；最后将组装好的水泵总成装到气缸体左侧，紧固力矩为20N·m。

（2）散热器的安装。将风扇电动机装到风扇罩上，紧固力矩为10N·m；然后一起装到散热器上，紧固力矩为10N·m；旋紧风扇电动机热敏开关，紧固力矩为25N·m，散热器装上橡胶衬垫后，放入车身的安装孔中，再装上支架，紧固力矩为10 N·m。

（3）冷却水管的连接。在气缸盖的左侧装上连接管、衬垫，紧固力矩为10N·m；在气缸盖后面装上衬垫、去热交换器的水管接头，紧固力矩为10N·m；装上小循环水管及冷却液上水管、冷却液下水管，在热交换器水管接头装上冷却液温度感应塞，紧固力矩为10N·m；最后安装膨胀水箱及其连接水管。根据环境温度来选择冷却液，并添加至规定要求为止。

注意：

（1）应在冷却系统冷态下拆卸，避免蒸汽伤人，打开膨胀水箱盖时，应用抹布包住盖子慢慢开启。

（2）拆卸和安装散热器时，切勿拉伸、扭曲或弯折制冷剂管路和软管，以免损坏这些管路及冷凝器。

（3）放出冷却液时要小心，因为冷却液有毒。

（4）零件要摆放好，不要乱放。

2.5.3　拓展技能：散热风扇工作原理及水冷却系统的水路循环

1. 散热风扇

散热风扇促进散热器的通风，提高散热器的热交换能力。散热风扇安装在散热器的后面，风扇的位置一般布置在散热器的中心。

轿车发动机的水冷系大多采用电动散热风扇，电动散热风扇由风扇电动机驱动并由蓄电池供电，所以风扇转速与发动机转速无关。风扇电动机一般采用双速直流电动机，可以根据发动机工况不同，散热风扇的转速不同，实现不同的冷却强度。

电动风扇的控制有两种形式：温控热敏电阻开关控制和发动机ECU控制。

温控热敏电阻开关控制电动散热风扇的组成如图2-206所示。温控热敏电阻开关又称双热敏开关，一般安装在水箱的侧面。根据发动机的温度，双热敏开关自动控制电动机的两挡转速，来改变通过散热器的空气流量。例如，捷达、桑塔纳等轿车电动风扇均为两挡：温度为92～97℃时，热敏开关接通电动风扇1挡，风扇转速为2300r/min；温度为99～105℃时，热敏开关接通电动风扇2挡，风扇转速为2800r/min；温度降到84～91℃时，热敏开关切断电源，风扇停转。

在有些发动机电控系统中，电动散热风扇由发动机ECU控制。冷却液温度传感器向计算机传输与冷却液温度相关的信号。当冷却液温度达到低速目标值时，ECU使电风扇继电器低速触点搭铁，继电器触点闭合并向电风扇电动机供电，电风扇进入低速工作。当冷却液温度达到高目标值时，ECU使电风扇继电器高速触点接触闭合，电风扇进入高速工作。

轿车冷却系统的散热器与空调制冷系统的冷凝器采用同一个电风扇冷却。当空调

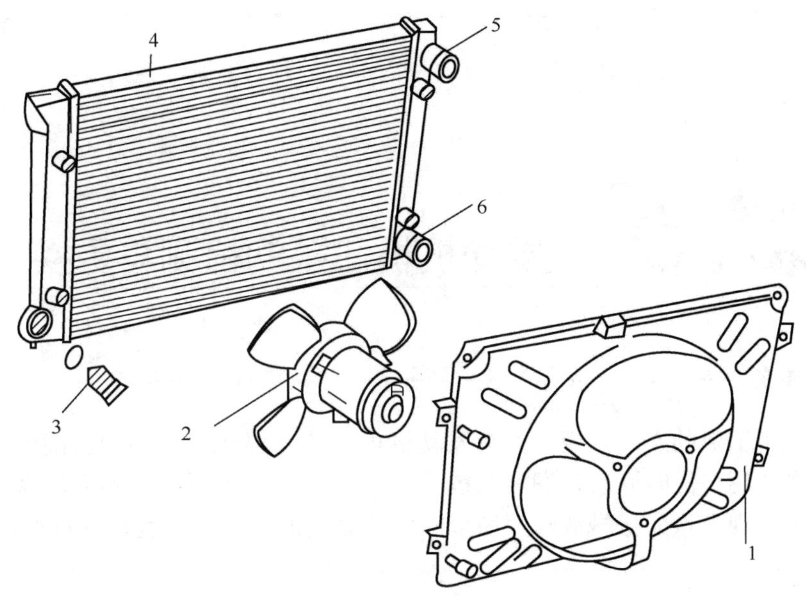

图 2-206　温控热敏电阻开关控制电动散热风扇

1—导风罩；2—电动风扇；3—温控热敏电阻开关；4—散热器；5—散热器进水口；6—散热器出水口

制冷系统开始工作时，不管冷却液温度高低，电风扇都运转；当制冷系统压力高过一定值时，电风扇高速运转。

2. 水冷却系统的水路循环

图 2-207 所示为普通轿车的循环水路，发动机的水路循环由节温器控制，当发动机水温低时，冷却液不能进入散热器，只能通过水泵进行小循环，冷却系统的冷却能力小。当水温达到一定时，节温器阀门打开，大部分冷却液通过节温器进入散热器，冷却系统进入大循环，小部分冷却液仍旧是小循环，冷却液的冷却能力增强。

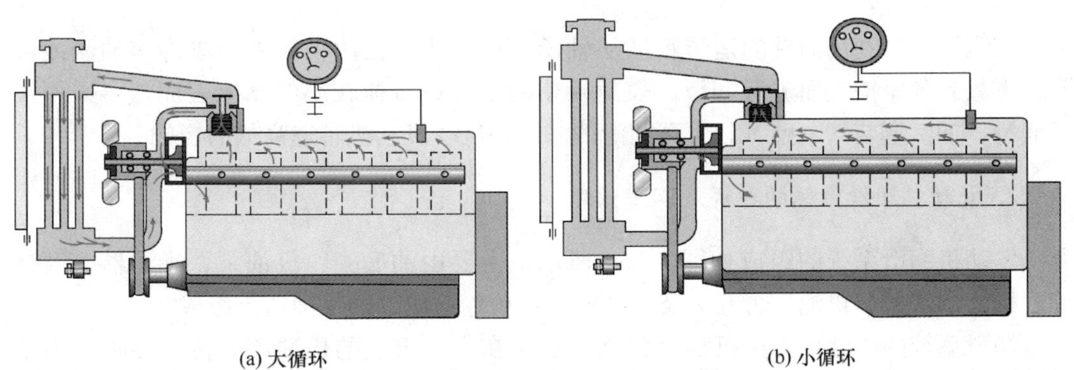

(a) 大循环　　(b) 小循环

图 2-207　水冷却系统的循环水路

思考题

1. 如何检修发动机冷却水泵？
2. 怎样判断节温器的好坏？

任务2.6　发动机机油泵的检测与更换

工作任务

随着汽车工业的发展，现代汽车发动机内部的高温化对机油的功能要求越来越高。汽车在使用一段时间后，润滑系统中会沉积大量的油泥，影响润滑系统的正常工作，甚至出现严重的机械故障，所以对润滑系统的维护工作就显得特别重要。

2.6.1　相关知识：润滑系统的结构组成及工作原理

1. 发动机的润滑方式

发动机各运动副的工作条件不同，对润滑强度的要求也不同，它取决于零件工作环境的好坏、承受载荷的大小、摩擦表面的相对运动速度。常见的润滑方式有压力润滑和飞溅润滑。

1）压力润滑

压力润滑将一定压力的机油输送到各摩擦表面进行强制性地润滑。各种摩擦表面包括：主要曲轴轴承与轴颈、曲轴连杆轴颈与连杆大头、连杆小头与活塞销、凸轮轴轴承与轴颈等负荷大、相对运动速度高的摩擦面。

2）飞溅润滑

飞溅润滑是利用曲轴的运转将油从轴承两侧甩出，在曲轴箱内形成许多油滴或油雾，飞溅到各摩擦表面进行润滑。表面裸露的零件或负荷较小的摩擦表面，多采用飞溅润滑，如活塞与气缸壁等。飞溅润滑的润滑强度受发动机转速高低的影响。

2. 发动机润滑系统的组成及润滑油路

发动机润滑系统的组成如图2-208所示，主要由油底壳、机油泵、集滤器、溢流阀、机油滤清器、机油压力开关及向各润滑部位输送机油的主油道等组成。

润滑系统的机油压力由机油泵建立，安装在主油道上的机油压力传感器将压力信号传递给仪表盘的机油压力表，便于驾驶人观察。机油压力开关也安装在主油道上，一般有高压及低压开关两个，发动机起动后若机油压力低于或高于设定值，机油压力开关点亮仪表盘上的机油压力警告灯及蜂鸣器报警。当机油泵输出的机油压力过大时，

溢流阀被打开，将多余的机油流回油底壳，限制机油泵输出的机油压力。

发动机工作时，机油经集滤器初步过滤并经机油泵加压后进入滤清器，经机油滤清后流入气缸体主油道，润滑主轴颈和连杆轴颈。活塞顶背面采用喷油冷却。配气驱动机构中间轴轴颈分别由发动机前边第一条横向油道和从机油滤清器出来的油道流出的机油润滑。由于凸轮轴顶置，在气缸盖上另开有一纵向油道，机油从气缸体主油道经垂直油道进入气缸盖主油道后，一部分通过液力挺柱油道流向液力挺柱，另一部分通过横向斜油道流至凸轮轴轴颈。在气缸盖和气缸体右侧开有回油道，使气缸盖上的机油流回油底壳。

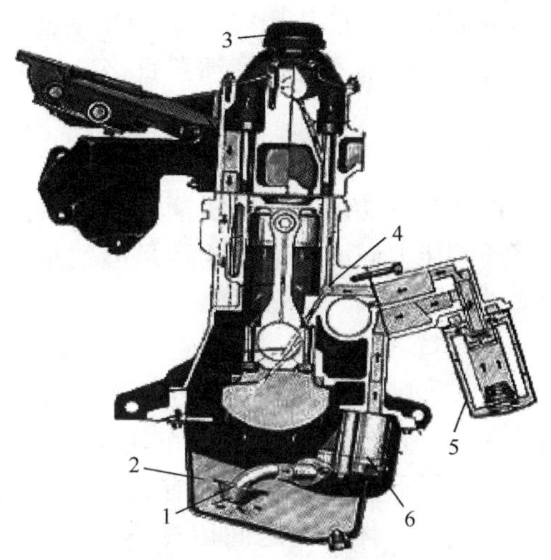

图 2-208　发动机润滑系统的组成

1—集滤器；2—油底壳；3—加机油口；4—主油道；5—机油滤清器；6—机油泵

高速发动机润滑油路如图 2-209 所示，发动机配气机构是液压挺柱及可变配气相位依靠润滑系统具有一定压力的机油进行工作的。润滑系统的旁通通道为废气涡轮增压器润滑。高速发动机为了活塞销和活塞裙部更好地润滑和散热，用喷孔将机油喷入活塞内部。

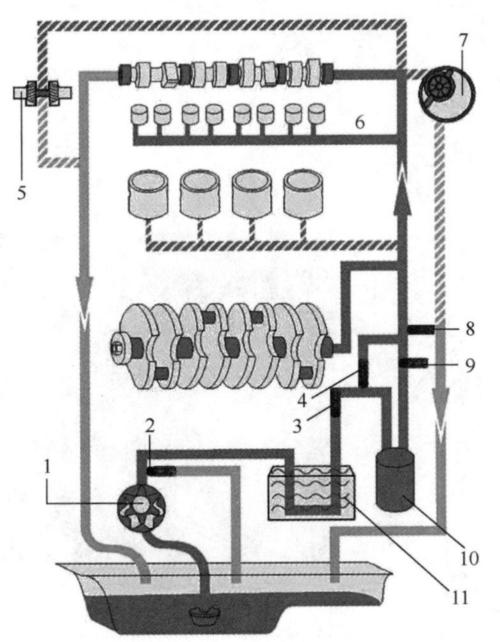

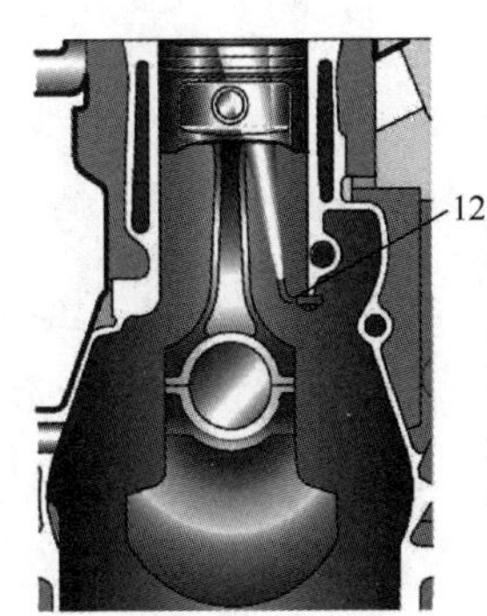

图 2-209　高速发动机润滑油路

1—机油泵；2—溢流阀；3—限压阀；4—旁通安全阀；5—废气涡轮增压器；6—挺柱；7—可变配气相位；8—安全阀；9—机油压力开关；10—机油滤清器；11—机油冷却器；12—活塞喷孔

旁通安全阀的作用是当机油滤清器堵塞，进、出油口的压力差达到限定值时，旁通阀打开，机油不通过滤清器直接进入主油道，保证各部位的润滑。

3. 机油泵

机油泵的功用是保证机油在润滑系统内循环流动，并在发动机任何转速下都能以足够高的压力向润滑部位输送足够数量的机油。发动机的机油泵有齿轮式机油泵和转子式机油泵两种。

1）齿轮式机油泵

（1）外啮合齿轮式机油泵。外啮合齿轮式机油泵一般安装在曲轴箱内，通常由曲轴前端的齿轮驱动，有些车辆由凸轮轴上的斜齿齿轮驱动。齿轮式机油泵结构如图2-210所示，壳体上加工有进油口和出油口，壳体内装有一对主动齿轮和从动齿轮。齿轮与壳体内壁之间留有很小的间隙。发动机工作时，齿轮按图中所示箭头方向旋转，进油腔的容积由于轮齿脱离啮合而增大，使腔内产生一定的真空度，机油便经进油口被吸入。齿轮旋转时把齿间所存的机油带到出油腔内。出油腔一侧轮齿进入啮合，容积减小、油压升高，机油便经出油口被送到发动机油道中。发动机连续运转，润滑油不断地输送到各润滑部位，且输出的油量与发动机的转速成正比。为保证油泵连续供油，前一对轮齿未脱离啮合，后一对轮齿已进入啮合，在两对轮齿之间形成封闭的间隙，因齿间间隙不断减小，封闭在齿间的机油会产生很大的推

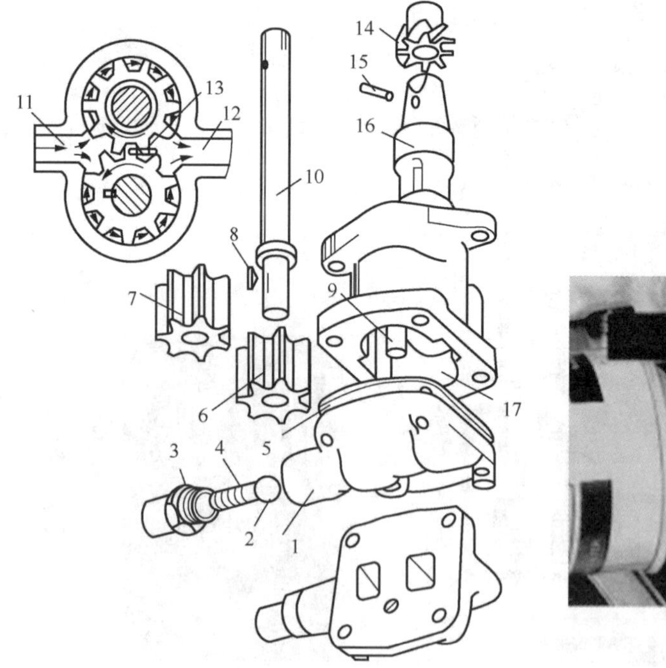

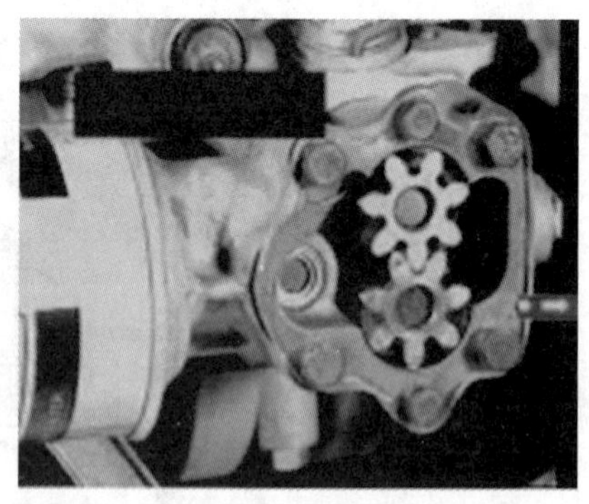

图2-210 齿轮式机油泵的结构

1—泵壳；2—机油压力调节球阀；3—螺塞；4—调节弹簧；5—密封垫；6—主动齿轮；7—从动齿轮；8—键；9—从动轴；10—机油泵轴；11—进油腔；12—出油腔；13—卸压槽；14—机油泵传动齿轮；15—销；16—泵体；17—泵腔

力，作用于齿轮轴。为此在泵盖上铣出一条与出油腔相通的卸压槽，齿间的压力油则通过卸压槽导向出油腔。

(2) 内啮合齿轮泵。内啮合齿轮泵主要由主动齿轮、从动齿轮、限压阀以及泵盖和泵壳等零件组成，如图 2-211 所示。主动齿轮为一较小的外齿轮，一般由曲轴直接驱动；从动齿轮为一较大的内齿圈。这种机油泵小齿轮的中心线与内齿圈的中心线不同心，啮合后留有一牙形空腔，在该空腔处设置有一个月牙形块，将内、外齿分开。

内啮合齿轮式机油泵的工作原理是：小齿轮为主动齿轮，润滑油从进油口吸入两齿轮轮齿之间，小齿轮各齿之间带入的润滑油被推向出油口，并随着内、外齿间啮合间隙的逐渐减小，使润滑油加压流入油道。若出油口处机油压力超出正常范围，限压阀开启，部分机油经此阀门泄入油底壳以减小出油压力。

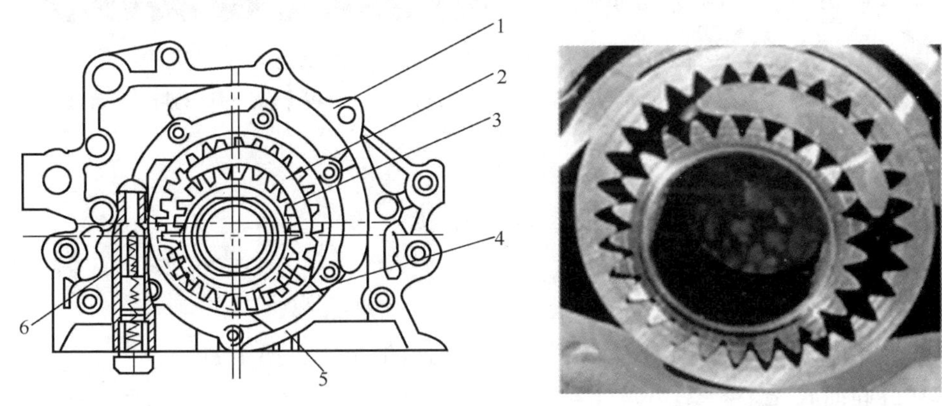

图 2-211　内啮合齿轮式机油泵

1—泵体；2—月牙形块；3—小齿轮；4—内齿圈；5—进油口；6—限压阀

2）转子式机油泵

转子式机油泵通常安装在曲轴箱前端，由曲轴带轮或链轮驱动。转子式机油泵的结构和工作原理如图 2-212 所示，主要由内转子、外转子和油泵壳体组成。内转子有外齿，通过键固定于主动轴上。外转子有内齿，外圆柱面与壳体配合。内外转子有一定的偏心距，外转子在内转子的带动下转动。壳体上设有进油口和出油口。

在内、外转子的转动过程中，转子每个齿的齿形齿廓线上总能互相成点接触。因此，在内、外转子之间形成了四个互相封闭的工作腔。由于外转子总是慢于内转子，这四个工作腔在旋转过程中不但位置在改变，容积大小也在改变。每个工作腔总是在最小时与壳体上的进油孔接通，随后容积逐渐变大，形成真空，把机油吸进工作腔。当该容积旋转到与泵体上的出油孔接通且与进油孔断开时，容积逐渐变小，工作腔内压力升高，将腔内机油从出油孔压出，直至容积变为最小，又重新与进油孔接通开始进油为止。如此往复循环，不断吸油、压油，将机油压送到各配合面。

转子式机油泵结构紧凑，真空吸力大，泵油量大，供油均匀度好，安装在曲轴箱外位置较高处时，也能很好地供油。

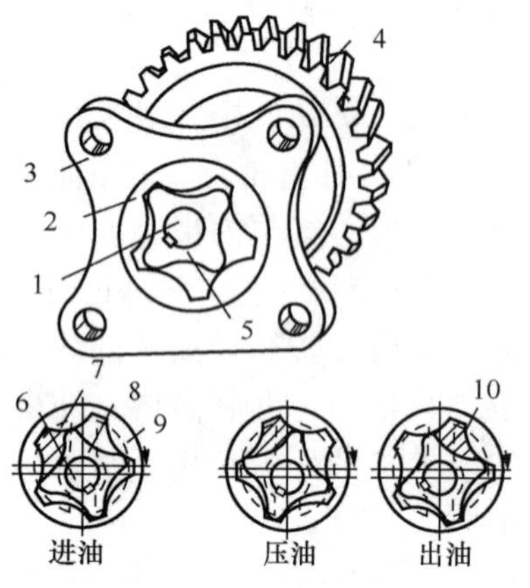

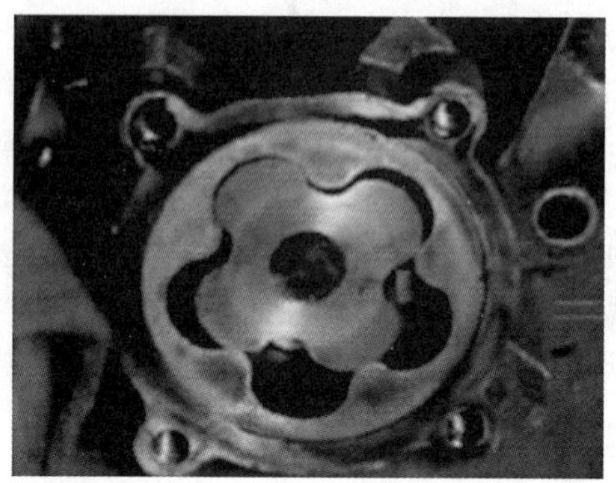

图 2-212 转子式机油泵的结构和工作原理

1—泵轴；2、9—外转子；3—泵壳；4—油泵传动齿轮；5、8—内转子；6—油泵轴；7—进油腔；10—出油腔

2.6.2 任务实施：机油泵的拆装及检修

1. 机油泵的拆卸

下面以桑塔纳 2000 AFE 发动机为例，介绍机油泵的更换步骤。

（1）拆卸油底壳。

① 拧下油底壳放油螺栓，放尽油底壳的机油。

② 拆下离合器防尘罩。

③ 以交叉对称的顺序拧下油底壳上的所有螺栓，拆下油底壳（必要时用橡胶锤轻轻敲出）。

（2）旋松分电器轴向限位卡板的紧固螺栓，拆下卡板。

（3）拔出分电器总成。

（4）旋松并拆下机油泵体与机体连接的两个长紧固螺栓，将机油泵及吸油部件一起拆下。

（5）拧松并拆下吸油管组紧固螺栓，拆下吸油管组，检查并清洗滤网。

（6）旋松并取下机油泵盖短紧固螺栓，取下机油泵盖组，检查泵盖上的限压阀，观察泵盖接合面的磨损情况。

（7）分解主从动齿轮，再分解齿轮和齿轮轴。

2. 机油泵的检修

1）齿轮的检查与修理

图 2-213 所示，检查主、被动齿啮合间隙，可用厚薄规在互成 120°处分三点测量，啮合间隙一般为 0.05～0.25mm，各点测量误差不应超过 0.1mm，不符合规定应修复或予以更换。

2）泵轴的检查与修理

用千分表检查泵轴是否弯曲，指针摆差不应超过规定值，否则应进行校正。主动轴与轴套孔的配合间隙，一般为 0.03～0.08mm，最大不得超过 0.16mm。从动齿轮的轴向间隙一般为 0.02～0.05mm，超过 0.15mm 时，应修复或更换。

3）泵壳的检查与修理

图 2-214 所示，泵盖与齿轮的间隙，不得超过规定值（一般为 0.05～0.25mm），如果间隙不符合要求，可增减垫片或磨削泵壳与盖接合面。

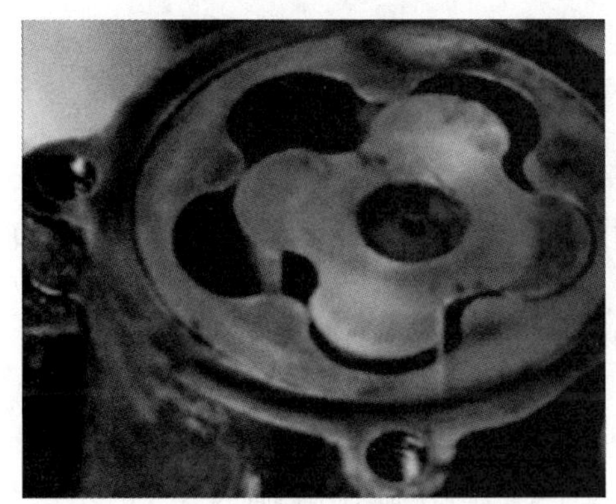

图 2-213　检查齿轮

图 2-214　泵盖与齿轮的间隙

4）泵盖检修

泵盖平面上有轻微的拉毛时，可在平板上磨光；有明显台阶时，应测量其平面度误差，当误差超过 0.10mm 时，可在机床上磨平或车平。

3. 机油泵的安装

机油泵的安装顺序基本上与拆卸及分解顺序相反，但应注意以下两点。

（1）更换所有的垫片。

（2）按规定力矩拧紧螺栓。

2.6.3　拓展技能：机油散热器、机油冷却器及曲轴箱通风

1. 机油散热器与机油冷却器

一些负荷较大的发动机，除利用油底壳对机油进行散热外，还设有专用的机油散热装置。分为机油散热器和机油冷却器。

1）机油冷却器

图 2-215 所示，机油冷却器由铝合金铸成的壳体、前盖、后盖和铜芯管组成，为了加强冷却，管外又套装了散热片。利用发动机冷却水对机油进行冷却。机油冷却器串接于机油泵与主油道之间。利用发动机冷却液流经散热片缝隙，带走机油热量，冷却后的机油再流入主油道。有些车辆的滤清器外壳设置有水套，冷却水流经其间，带走机油的热量。

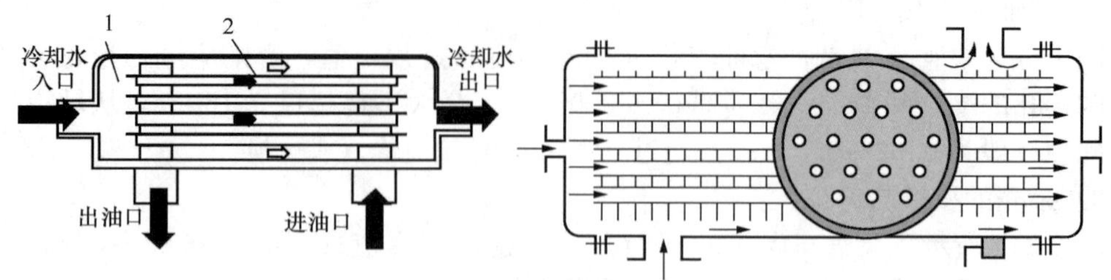

图 2-215 机油冷却器

1—水冷室；2—油管

2）机油散热器

图 2-216 所示，机油散热器和冷却水散热器结构基本相同，但采用横流式结构，安装在冷却水散热器前面。机油散热器油路与主油道并联，利用冷却液散热风扇的风力使机油冷却。机油泵工作时，一方面将机油供给主油道，另一方面经限压阀、机油散热器开关，由进油管进入机油散热器内，冷却后由出油管留回油底壳，如此循环流动。

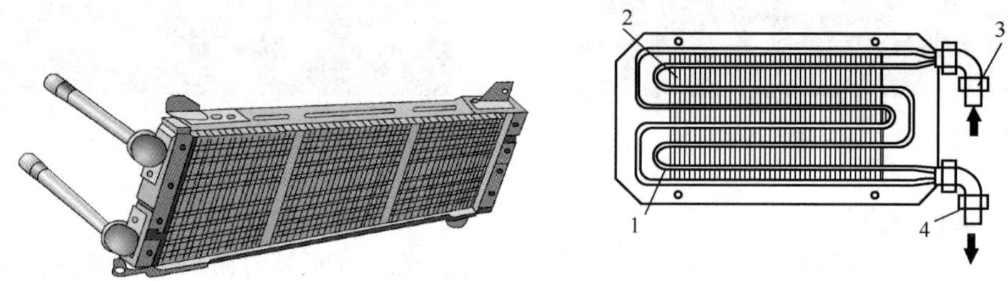

图 2-216 机油散热器

1—油管；2—散热片；3—进油口；4—出油口

2. 曲轴箱通风

在发动机工作过程中，气缸内的可燃混合气和燃烧后的部分废气经活塞、活塞环与缸壁之间的间隙窜入曲轴箱内，未燃烧的燃油、废气中的水蒸气凝结，使机油稀释，造成润滑不良；废气中的酸性物、硫化物，对发动机零件产生强腐蚀；废气还会导致曲轴箱内压力升高，破坏发动机的密封，导致发动机漏油。

曲轴箱通风装置的作用就是将这些气体及时从曲轴箱内抽出，保证润滑系统的正常润滑，延长机油的使用寿命，保证发动机机件不被腐蚀，防止发生泄漏。

曲轴箱通风装置可分为强制通风方式和自然通风方式，如图 2-217 所示。

（1）自然通风方式。用于负荷较小的普通发动机上。自然通风方式利用一根出气管接通曲轴箱，出气管的一端制成斜切口，切口背向汽车行驶方向。由于汽车行驶和冷却系统电风扇所鼓起的气流，使曲轴箱出气管口处形成一定的负压，产生吸力，从而使曲轴箱的气体被抽出，并直接导入大气中。新鲜空气则从空气滤清器经加机油管进入，以形成对流。

（2）强制通风方式。此种方式为大多数汽油机采用。发动机工作时，在进气管的抽吸下，曲轴箱内的气体经挺柱室等与缸体之间有间隙的部位，被吸入 PCV 阀排气管，经进气管送入汽缸烧掉，外界的新鲜空气经 PCV 滤清器被吸入曲轴箱内。

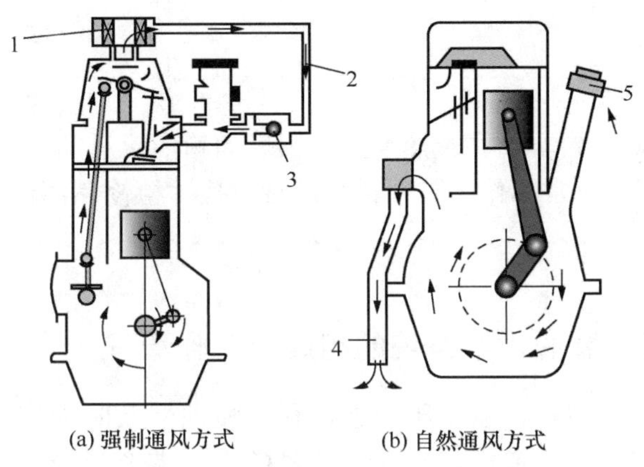

图 2-217　曲轴箱的通风方式

1、5—空气滤清器；2—通风管；3—单向阀；4—出气管

曲轴箱通风单向阀（PCV 阀）的构造如图 2-218 所示。怠速时，发动机进气管真空度大，单向阀被吸在阀座上。曲轴箱内的废气经单向阀上的小孔进入进气歧管。随着发动机负荷增大，进气管真空度下降，单向阀在弹簧弹力作用下，向左移动。送入的通风量逐渐增大。当发动机为大负荷时，单向阀完全开启，使通风量达到最大，这样就起到了更新曲轴箱内空气的作用。

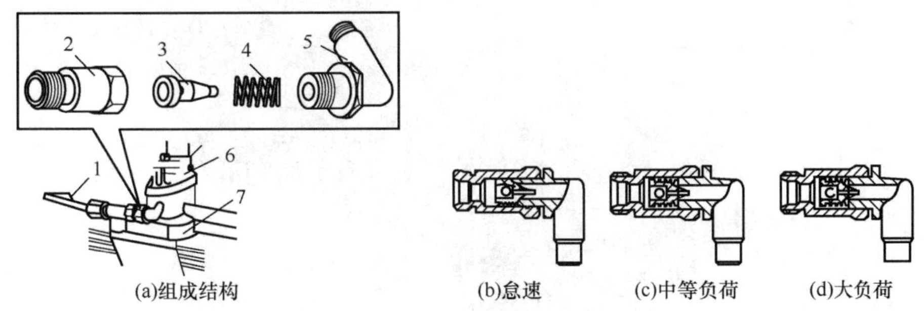

图 2-218　曲轴箱通风单向阀

1—来自曲轴箱；2—阀体；3—单向阀；4—弹簧；5—阀座；6—化油器；7—进气歧管

思考题

机油 W 前后的数字关系是怎样的？

任务2.7　发动机燃油供给系统的检修与燃油泵的更换

工作任务

一辆桑塔纳3000轿车，在炎热夏天，因燃油箱油位过低，连续起动，造成燃油泵烧毁，发动机不能正常工作，需要对其进行更换并检修燃油供给系统。

2.7.1　相关知识：燃油供给系统的组成及工作原理

燃油供给系统的功用是在恒定压力下，利用喷油器及时地将一定数量雾化良好的汽油直接喷入气缸或进气管道内，与一定数量的空气混合形成可燃混合气。按照喷射的部位不同可分为气缸外喷射和气缸内直接喷射。

1. 汽油缸外喷射方式的供给系统

1）汽油缸外喷射方式的燃油供给系统组成

燃油缸外喷射方式的燃油供给系统组成如图2-219所示，主要由油箱、电动燃油泵、燃油滤清器、燃油压力调节器、喷油器、供油管路等组成。

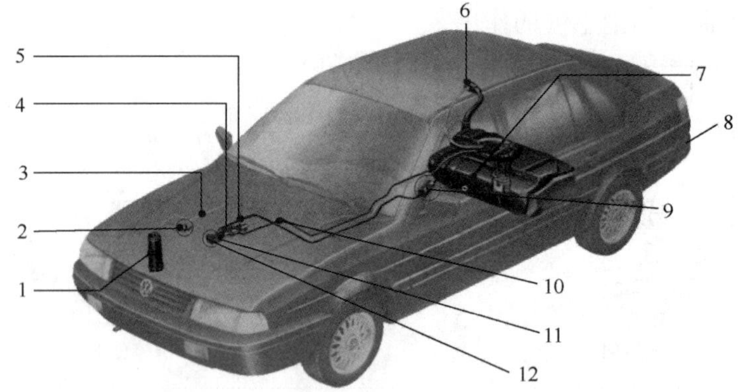

图2-219　燃油缸外喷射方式的燃油供给系统

1—活性炭罐；2—活性炭罐电磁阀；3—燃油箱油气排放管；4—喷油器；5—供油管；6—加燃油口；7—燃油箱；8—电动燃油泵；9—燃油滤清器；10—回油管；11—燃油分配管；12—燃油压力调节器

发动机工作时，电动燃油泵将燃油从油箱中泵出，输送到燃油滤清器滤去水分和杂质，再经压力调节器调压、稳压后，以一定的压力将燃油输送给喷油器，喷油器根据发动机ECU的控制信号，为气缸喷射定量的汽油。

图2-220所示，有些发动机油轨的端头装有燃油压力调节器，对燃油压力进行调整，多余的燃油经油压调节器流回油箱。如图2-221所示，现代生产的汽车将压力调节

器组合在电动燃油泵内的，没有回油管路。

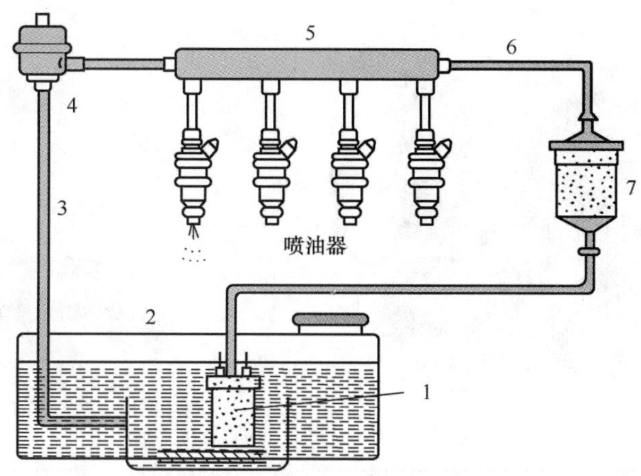

图 2-220　有回油管的燃油供给系统

1—电动燃油泵；2—燃油箱；3—回油管；4—油压调节管；
5—燃油分配管；6—进油管；7—燃油滤清器

2）电动燃油泵

电动燃油泵由电动机和燃油泵组成，分为滚柱式、叶片式、齿轮式等形式，安装在燃油箱内或燃油箱外。轿车发动机一般采用叶片式电动然油泵，运转噪声小、泵油压力高、叶片磨损小。

叶片式电动燃油泵安装在燃油箱内，浸在燃油中，在泵油过程中，电动机和油泵依靠燃油进行润滑和冷却。因此，在无油的情况下，燃油泵工作会被烧坏。

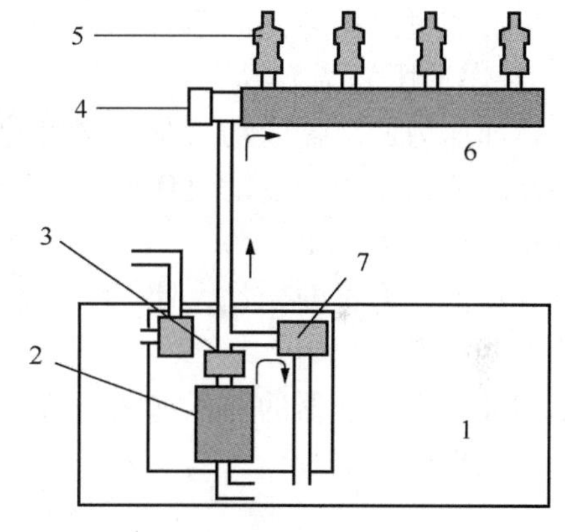

图 2-221　无回油管的燃油管的燃油供给系统

1—油箱；2—油泵；3—滤清器；4—缓冲器；
5—喷油器；6—油轨；7—油压调节器

油泵支架上安装有线性电阻型的油量传感器，浮子浮在油面上，随油量的多少浮动，浮子带动传感器的滑臂，使电阻发生变化，从而使传感器输出的信号电压变化。仪表盘上的油量表随信号电压的大小显示油量的多少。

图 2-222 所示，叶片式电动燃油泵总成主要由电动油泵、燃油滤清器、燃油压力调节器、燃油表传感器和浮子等组成。

叶片泵的叶轮是一个圆形平板，在平板的圆周上加工有小槽，形成泵油叶片。电动机电枢轴驱动叶轮旋转时，小槽内的汽油随同叶轮一同高速旋转。由于离心力的作用，使出口处油压增高，而在进口处产生真空，从而使燃油从进口吸入，从出口排出。

在出油口处设有单向阀（出油阀），当发动机停机时，单向阀关闭，防止管路中的

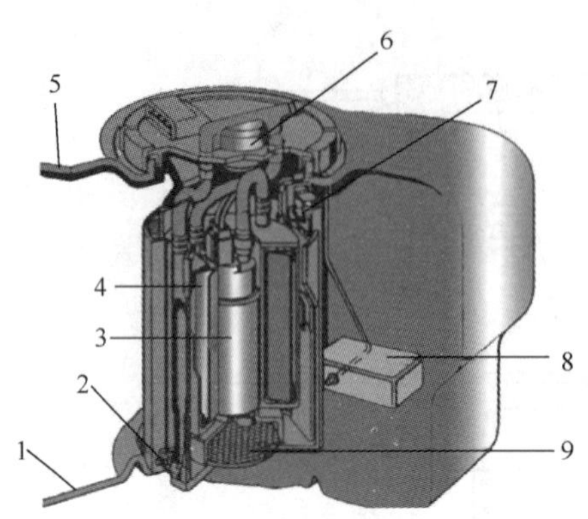

图 2-222　电动燃油泵总成

1—燃油箱底部；2—吸射泵；3—电动燃油泵；4—燃油滤清器；5—燃油箱上部；6—燃油压力调节器；7—燃油表传感器；8—浮子；9—吸入滤网

燃油倒流回燃油泵，使管路中保持有一定的油压，再起动发动机时比较容易。

泄压阀（限流阀）的作用是当油压超过一定压力被打开，使汽油回流到进油口，以防止油压过高损坏汽油泵。

3）燃油压力调节器

燃油压力调节器的功用是使燃油供给系统的压力与进气管压力之差保持恒定，即喷油器的喷油压力在发动机任何工况下都保持恒定，喷油压力＝供油压力－进气管压。喷油压力一般为 0.25～0.35MPa。实际上，进气歧管压力随节气门开度不同而不同，会造成喷油压力不断变化，使 ECU 无法控制喷油量，压力调节器根据进气歧管压力的变化来调节燃油压力。

燃油压力调节器的结构如图 2-223 所示，膜片将内腔分成两个小室，真空室内的回位弹簧压在阀门上。

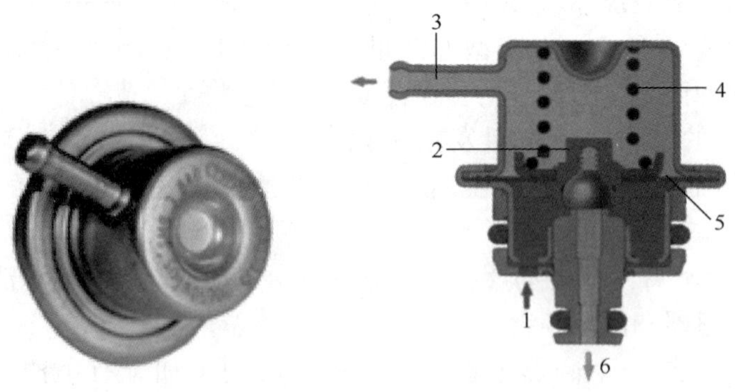

图 2-223　燃油压力调节器的结构

1—来自燃油箱的供油；2—阀保持器；3—进气歧管接头；4—弹簧；5—膜片；6—至燃油箱的回油

当进气管压力减小时，油压调节器中的膜片克服弹簧的弹力向上弯曲，回油阀口开启，燃油经回油口流回燃油箱，使燃油供给系统的压力下降，保持喷油压力不变；当进气管压力增大，膜片向下弯曲，将回油阀口关闭，回油终止，燃油供给系统的压力增大，保持喷油压力不变。

4）喷油器

喷油器是燃油喷射系统的执行部件，在 ECU 的控制下，将一定数量的燃油适时地喷入进气歧管内，并与进入的空气混合形成可燃混合气。

喷油器结构如图 2-224 所示，主要由电磁线圈、接线端子、回位弹簧、针阀、衔铁、滤网、密封圈等组成。与油轨连接的为进油口，另一端为喷油口，装入进气歧管中，两端都采用密封圈密封。喷油器头部的针阀与衔铁连接为一体。电磁线圈经导线束与 ECU 连接。

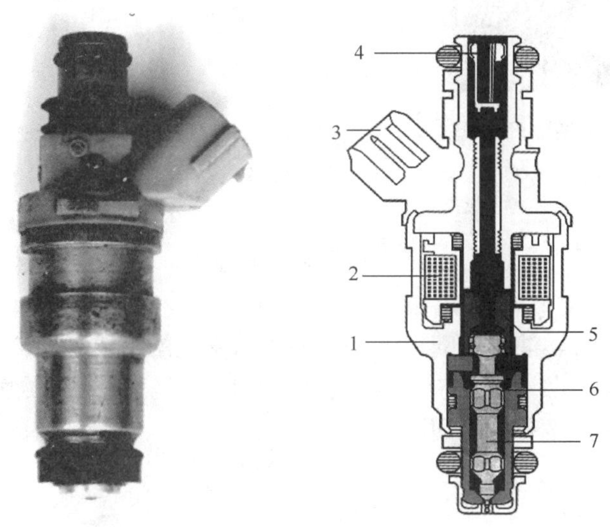

图 2-224　喷油器的结构

1—外壳；2—线圈；3—电插头；4—滤网；5—衔铁；6—阀体；7—轴针

喷油器相当于电磁阀，通电时电磁线圈产生电磁力，衔铁及针阀吸起，打开喷孔，燃油经针阀头部的轴针与喷孔之间的环形间隙高速喷出，并被粉碎成雾状；断电时电磁力消失，衔铁及针阀在回位弹簧的作用下将喷孔封闭，喷油器停止喷油。

喷射到进气歧管的燃油量，由喷油器的横断面面积、燃油的喷射压力和喷油的持续时间来决定。喷油器的横断面面积和喷油压力都是恒定的，燃油喷射量只取决于喷射延续时间（喷油脉宽）。ECU 利用喷油脉宽来控制喷油器每次打开喷油的时间，从而控制喷油量。

5）燃油滤清器

燃油滤清器安装在电动燃油泵后的输油管路中，滤芯呈喇叭口形，燃油滤清器的外壳上标有安装标记，防止滤清器装反，装反后起不到滤清作用。正常情况下使用时，汽车每行驶 40 000km 需要更换一次滤芯。燃油压力传感器和滤清器组合在一起的滤清器结构如图 2-225 所示。

6）燃油导轨

燃油导轨一般用钢、铝或塑料制成，固定安装在进气歧管上，如图 2-226 所示，其作用是安装喷油器并将高压燃油输送给各个喷油器。另外，燃油压力调节器和燃油脉动衰减器一般也安装在燃油导轨上。大多数燃油导轨上还有燃油压力测试口，可用于连接燃油压力表，检查和释放油压。尺寸设计合理的燃油导轨可以衰减喷油器喷油时引起的压力波动。

图 2-225　滤清器的结构

1—滤袋；2—外壳

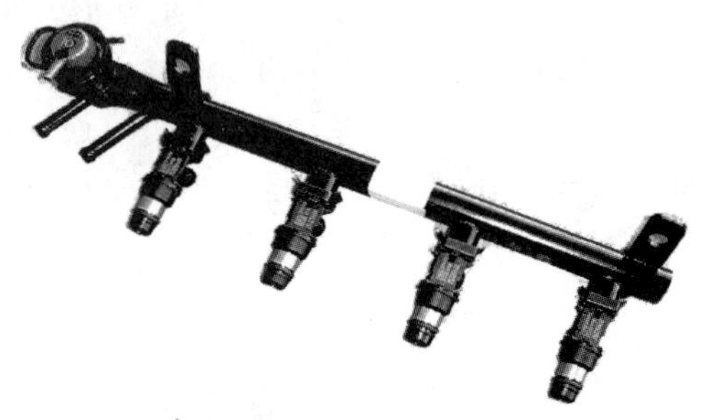

图 2-226　燃油导轨

2. 燃油缸内喷射方式燃油供给系统

1）燃油缸内喷射方式燃油供给系统的组成

迈腾汽车发动机燃油缸内喷射方式燃油供给系统的组成如图 2-227 所示，主要由高压泵、油量控制阀、燃油压力传感器（分为高压传感器和低压传感器）及压力限制阀等组成，分为高压回路和低压回路。

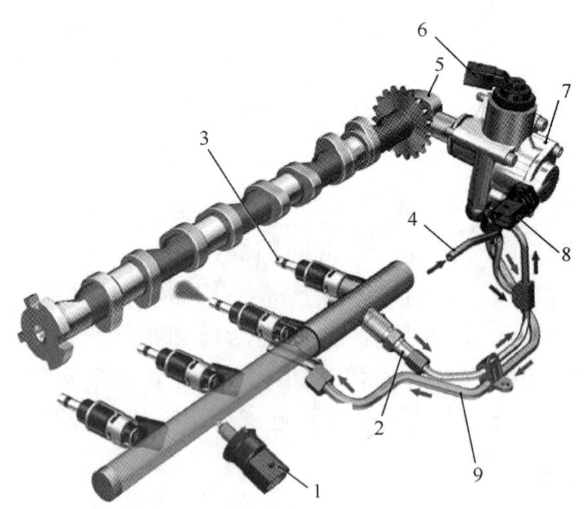

图 2-227　燃油缸内喷射方式燃油供给系统的组成

1—燃油高压传感器；2—压力限制阀；3—喷射阀；4—低压油管；5—凸轮泵；6—燃油压力调节阀；7—高压泵；8—燃油低压传感器；9—高压油管

电动燃油泵将燃油从油箱中泵出，输送到燃油滤清器滤去除水分和杂质，输送到高压泵的低压进油口，这一部分为低压燃油回路。需要的 4 bar（1bar＝10^5Pa，余同）的低压压力，由低压传感器将压力信号传递给油泵控制 ECU。进入高压油泵的油量由油量控制阀限制。电动燃油泵的功率由油泵控制 ECU 通过脉冲宽度调制（PWM）信号来进行调节。从发动机 ECU 到油泵控制 ECU 的信号传递也是通过脉冲宽度调制（PWM）信号。不再设燃油回流管。

凸轮轴旋转，驱动高压泵柱塞往复运动，将低压油变为高压油，油量控制阀根据规定值的大小来调节高压压力。由高压传感器将压力信号传递给油泵控制 ECU。多余的燃油将压力限制阀打开，多余的燃油被引回到低压回路中。

燃油缸内喷射方式燃油供给系统是按需要来调节的燃油系统，高压泵只将发动机控制单元内存储的特性曲线所规定的燃油量送入高压油轨。这种供给系统的优点是消耗的驱动功率降低了，并且只是输送实际需要的燃油量。延长了电动燃油泵的使用寿命，降低了噪声。

2）高压泵

高压泵安装在进气凸轮轴末端，由一个三联凸轮来驱动，可以产生 30～120 bar 的燃油压力。高压泵主要由压力缓冲器、低压进油阀、高压阀、柱塞、油量控制器及低压传感器等组成。高压泵通过吸油行程、工作行程和压缩行程将低压油变为高压油。

吸油行程时，油量控制阀未通电，低压阀被保持在打开状态。凸轮的形状和活塞弹簧力使柱塞向下运动。由于泵内容积增大以及预工作压力的作用，燃油就跟着流入。凸轮上行，将柱塞向上推。此时油量控制阀仍未通电，还不能建立起压力，可防止低压阀关闭。燃油就被送回到低压系统内和高压泵的压力缓冲腔内。当凸轮上行达到最高位置时，发动机 ECU 向油量控制阀输送规定大小的电流，磁铁被吸紧。泵内的压力将低压进油阀压入到其座内。如果泵内压力超过油轨内的压力，那么单向阀就会被推开，燃油就会进入油轨。

3）燃油压力传感器

燃油压力传感器测量燃油的实际压力。燃油压力传感器结构如图 2-228 所示，燃油压力传感器为线性电阻型，传感器的核心是一个钢膜片，应变电阻就镀在这个膜片上。发动机控制单元给压力传感器提供 5V 的电压，一旦要测量的压力经压力接口作用到膜片的一侧，由于膜片弯曲，应变电阻的电阻值就会发生改变，输出的信号电压也相应地发生改变，发动机控制单元将接收到的传感器电压换算成相应的压力值。

高压传感器安装在油轨上，测量高压燃油系统中的燃油压力，并将信号发送给发动机 ECU。ECU 用高压燃油信号来调节高压燃油系统中的燃油压力。如果这个传感器信号中断了，ECU 就以一个固定值来控制燃油压力调节阀。

低压传感器安装在高压燃油泵上，测量低压燃油系统中的燃油压力。ECU 用低压燃油信号来调节低压燃油系统中的燃油压力。ECU 接收到燃油低压信号后，会发给燃油泵控制单元一个信号，燃油泵控制单元根据实际需要来调节燃油泵。如果燃油低压传感器信号中断，就无法根据需要来调节低压燃油压力了，低压燃油压力就始终保持为 5bar。

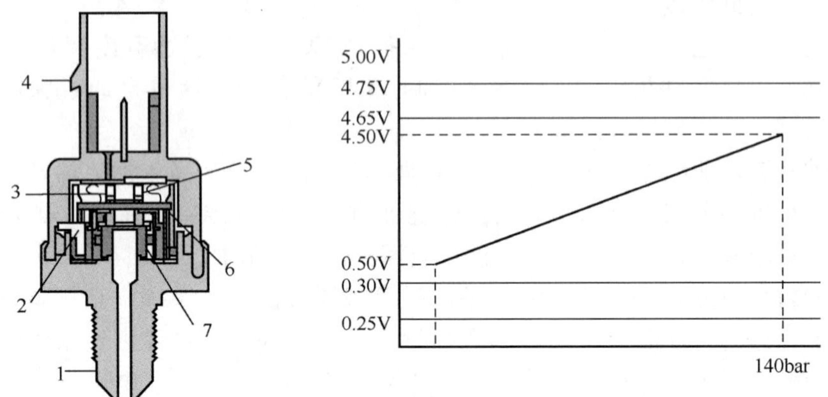

图 2-228　燃油压力传感器的结构

1—压力接头；2—间隔块；3—集成开关电路；4—壳体；5—接触刷；6—印刷电路板；7—传感器元件（应变电阻）

3. 燃油蒸发活性炭罐控制装置

为防止汽油箱向大气排放燃油蒸汽而产生污染，燃油供给系统采用发动机 ECU 控制的活性炭罐蒸发污染控制装置，如图 2-229 所示。活性炭罐里面装满了活性炭颗粒。油箱的油蒸气通过单向阀进入活性炭罐上部，空气由活性炭罐下部开始清洗活性炭。碳罐上部的排放控制阀的真空度由碳罐电磁阀控制，碳罐电磁阀工作过程受发动机 ECU 的控制。

发动机工作时，ECU 根据发动机转速、冷却液温度、空气流量等信号，控制电磁阀的开闭，就是控制碳罐上部的真空度。碳罐电磁阀通电打开，燃油蒸气从油箱内吸出，经碳罐及控制阀，通过碳罐电磁阀通道进入进气歧管，随空气一起进入气缸内燃烧。

2.7.2　任务实施：燃油泵的更换及燃油供给系统的检修

1. 燃油系统进行工作时的安全注意事项

注意：燃油系统是有压力的。在打开系统之前先在开口处放置抹布，然后小心地松开接头以释放压力。

当从燃油箱中拆卸或安装燃油传感器或燃油泵时要注意以下事项。

（1）燃油箱内燃油的容量不能超过 2/3，必要时使用专用设备抽取燃油。

（2）在重新开始工作前，收集软管必须放置在系统开口处的附近以便收集燃油的蒸气。

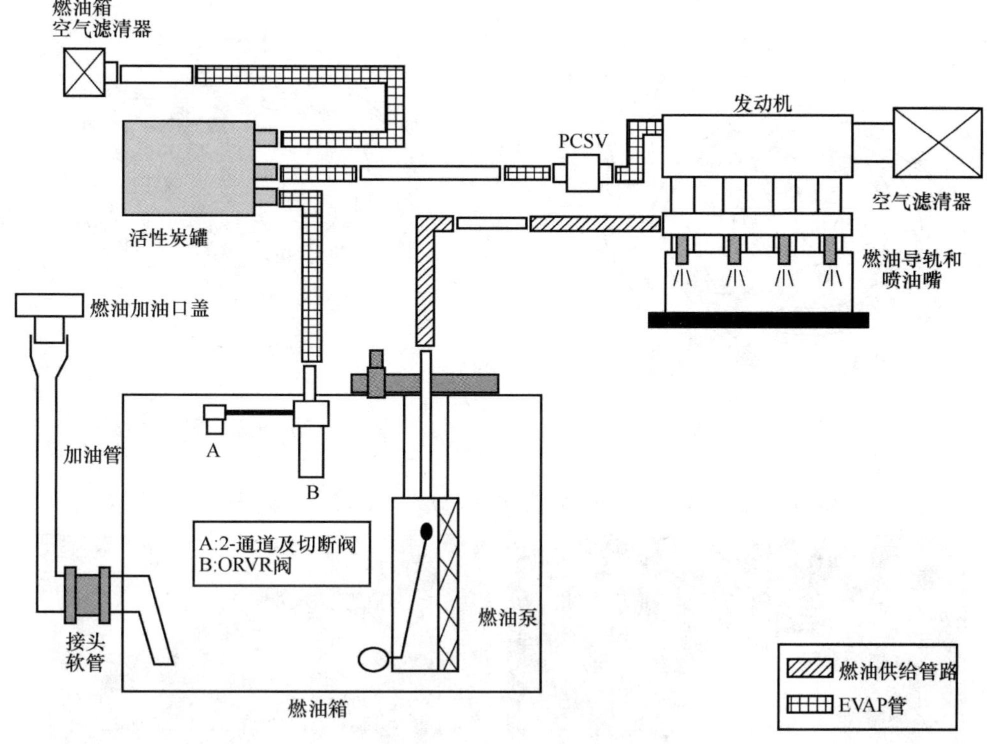

图 2-229 活性炭罐蒸发污染控制装置

(3) 如果没有收集设备，可以使用排风扇。

(4) 不要使皮肤接触燃油，记住要戴防护手套。

在对燃油供应及燃油喷射系统进行维修工作进要遵循以下规定。

(1) 在打开系统之前要彻底地清洁连接处及周围的部分。

(2) 将拆下的零件放置在干净的地方并覆盖。

(3) 如果不能立即进行修理工作，则要覆盖住开口处。

(4) 只能安装清洁的零部件。更换件只能在安装之前拆去包装。

(5) 当系统打开时，应避免使用压缩空气，避免移动车辆。

2. 准备工作

(1) 拆卸后座垫。

(2) 开启维护盖。

(3) 分离燃油箱油泵插接器 A，如图 2-230 所示。

(4) 起动发动机，等到燃油管路内的燃油耗尽。

(5) 发动机熄火以后，点火开关打到至 OFF 位，拔下蓄电池负极端子。

(6) 分离燃油供油管快接-插接器 A、蒸汽软管 B 和蒸汽管快接-插接器 C，如图 2-231所示。

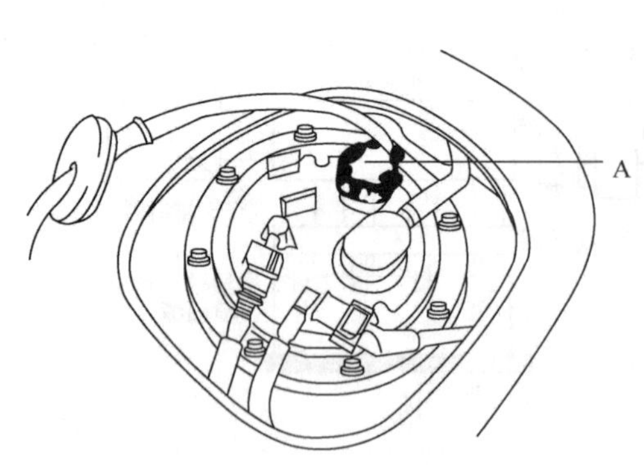

图 2-230　燃油泵插接器

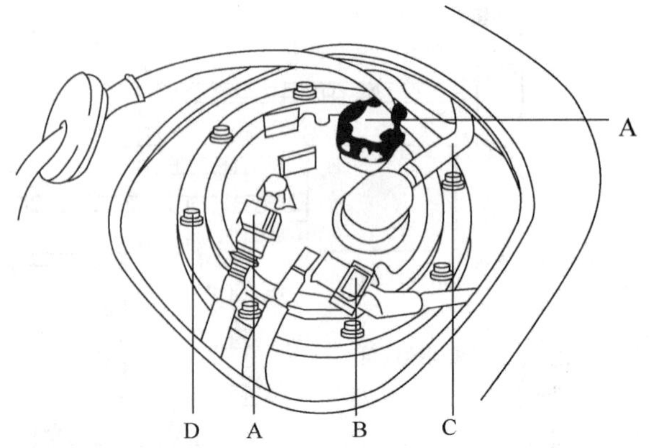

图 2-231　分离软管及插接器

（7）拆卸燃油泵安装螺母 D 并拆卸燃油泵总成，如图 2-232 所示。

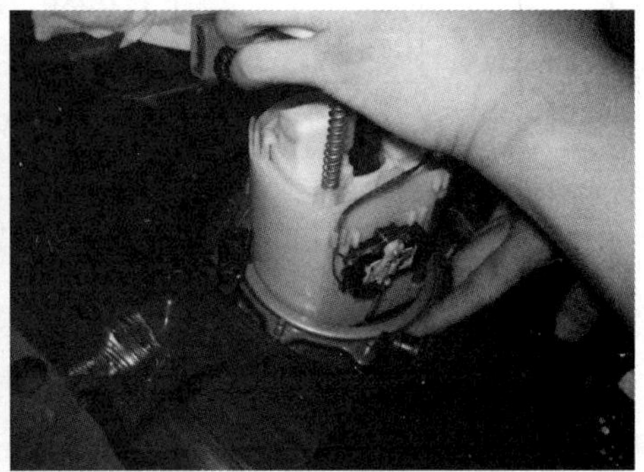

图 2-232　拆卸燃油泵总成

3. 更换燃油泵

（1）分离电动泵导线插接器 A 和燃油传感部件导线插接器 B，如图 2-233 所示。

（2）从电动泵上分离电动泵导线插接器 A，并检查燃油泵线束接头，然后取下锁 C 向后下方滑动燃油传感部件 B，以拆卸燃油泵传感部件 B，如图 2-234 所示。

（3）取下盖后，拆卸燃油压力调节器和软管总成，如图 2-235 所示。

（4）取下三个固定挂钩后，拆卸储液罐盖，如图 2-236 所示。

（5）取下两个固定挂钩后从燃油滤清器上拆卸燃油供油管，如图 2-237 所示。

（6）如图 2-238 所示，拆卸泵总成，并予以更换。

（7）取下两个固定挂钩后上提抽出燃油滤清器，如图 2-239 所示，更换燃油滤清器、滤网和密封圈，注意各个配件的安装位置。

（8）安装燃油滤清器及燃油泵，其步骤按照拆卸的相反顺序安装，燃油泵安装螺母力矩为 20～29N·m。

注意：

（1）安装燃油泵模块时，小心不要缠住密封环。

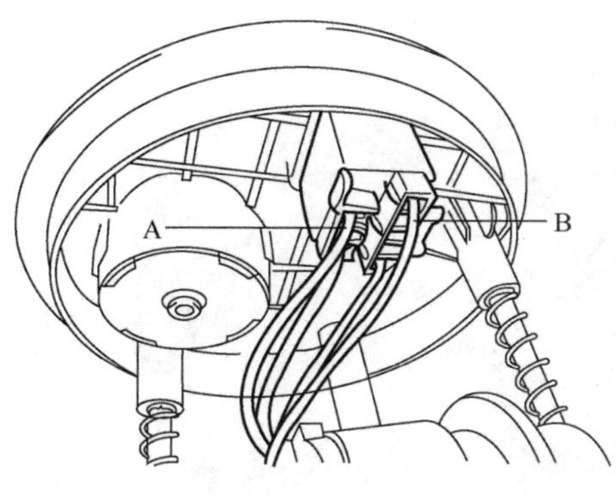

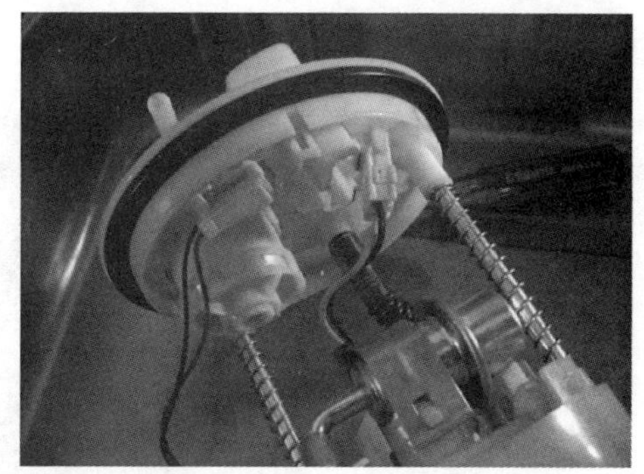

图 2-233　燃油泵导线插接器

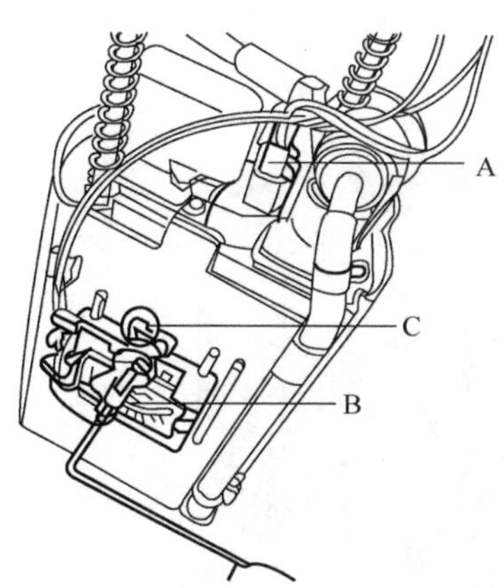

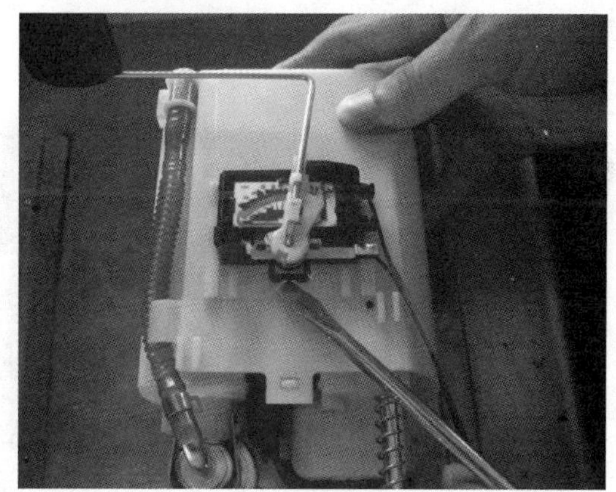

图 2-234　燃油泵传感部件

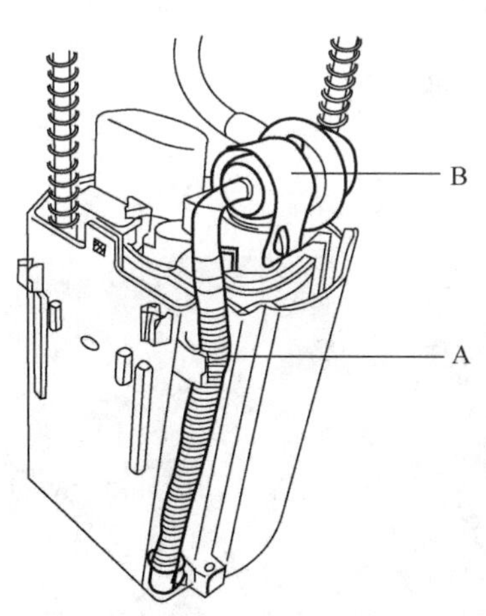

图 2-235　燃油压力调节器及软管总成

（2）为防止残留汽油滴漏，将毛巾垫在旧燃油滤清器下。

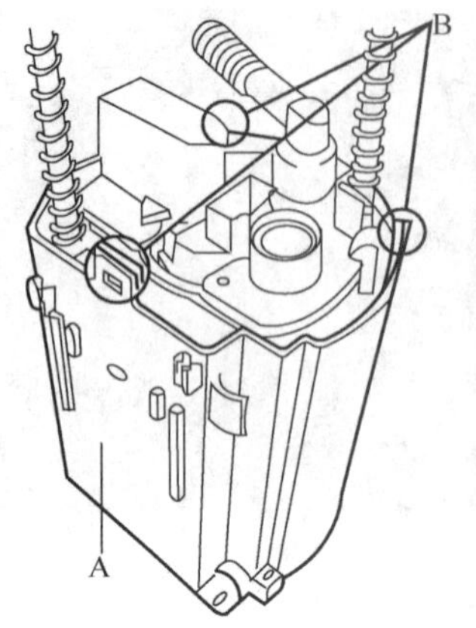

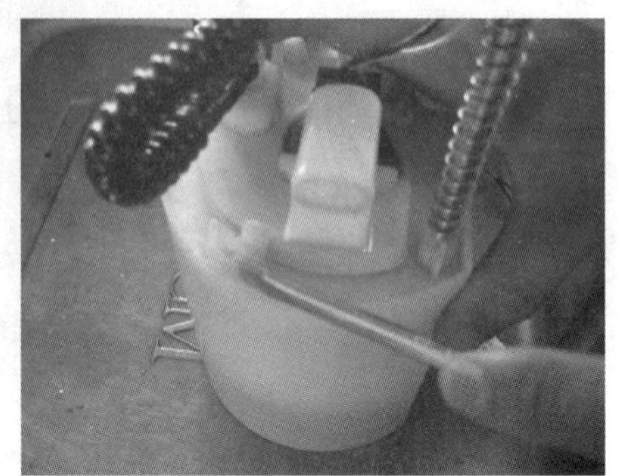

图 2-236　储液罐盖

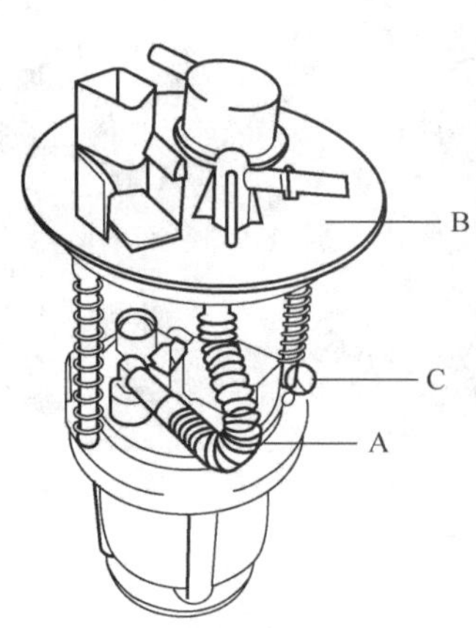

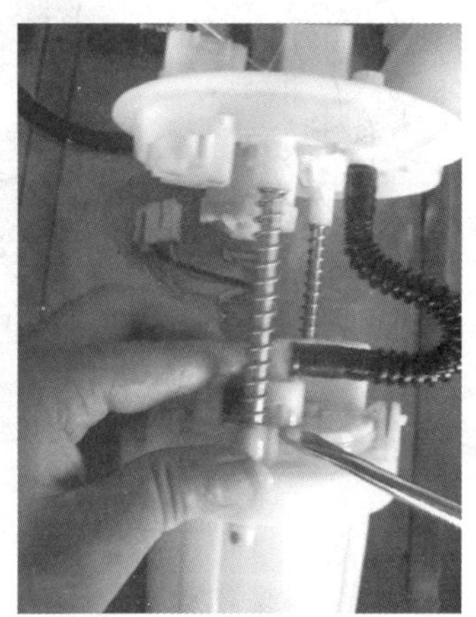

图 2-237　燃油供油管

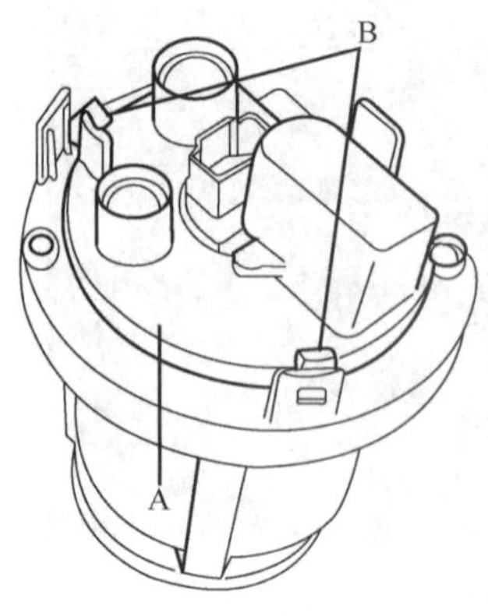

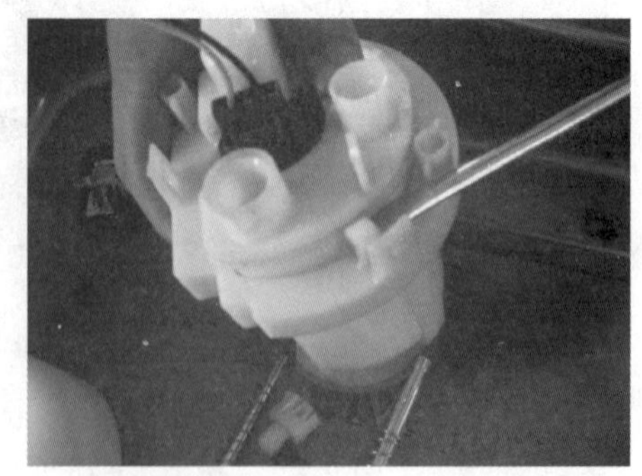

图 2-238　燃油泵总成

(3) 在更换燃油滤清器时，使火焰或火花远离工作区域。

4. 燃油箱、燃油管路和电子控制系统线路的检查

图 2-239　更换燃油泵总成配件

1) 燃油箱的检查

(1) 目视检查软管、钢管、连接部的漏油是否有损伤情况。

(2) 目视检查连接部、限位器是否松动。

(3) 目视检查钢管、软管是否有接触车体或其他部分的情形。

2) 燃油箱外观的检查

(1) 检查燃油箱是否存在变形、裂纹、锈蚀、漏油等损伤。

(2) 检查燃油箱装配螺栓和螺母。如果发现螺栓和螺母有松动，要按规定力矩上紧。

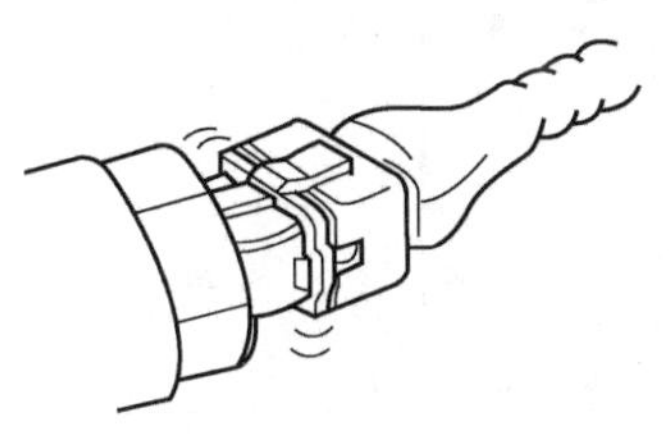
图 2-240　插接器检查

3) 插接器及线路的检查

检查插接器的连接状态，是否有接触不良的端子，导线安装是否牢固，以及是否有弯曲、破裂或锈蚀的端子，然后确认插接器是否固定牢固。检查时沿垂直和水平方向轻轻晃动插接器和导线线束，如图 2-240 所示，其检查要点包括：轻轻拉动线束、检查端子是否错误或芯线是否破损；目视检查是否生锈、污染、变形、弯曲；轻轻拉动每根导线，确认导线与端子连接紧固。

2.7.3　拓展技能：喷油正时的控制

喷油正时的控制就是控制喷油器的喷油时刻。对于多点燃油喷射系统，按照喷油时刻与曲轴转角的关系可分为同步喷射和异步喷射。同步喷射与发动机曲轴同步，在确定的曲轴转角位置进行喷射。异步喷射与曲轴转角无关，常用于发动机冷起动和急加速时的加浓喷射。同步喷射又分为同时喷射、分组喷射和顺序喷射。

1. 同时喷射

同时喷射就是各气缸喷油器在同一时刻开启，同一时刻关闭。实现同时喷射的喷油器控制电路如图 2-241 所示。各气缸喷油器共用一条电源线和一条控制信号线。PCM（脉冲编码调制）装置根据曲轴位置传感器信号，判断活塞位置，在规定时刻发出控制信号，控制喷油器的开启和关闭，使各气缸喷油器同时喷油。通常曲轴每转一转，各气缸喷油器同时喷射一次，其喷油正时如图 2-242 所示。

同时喷射不需要判别气缸工作顺序，也就不需要曲轴基准位置信号，控制电路和控制策略简单，成本低。但是由于各缸喷射时刻不可能最佳，造成各缸的混合气形成不均匀，发动机低速性能不好。

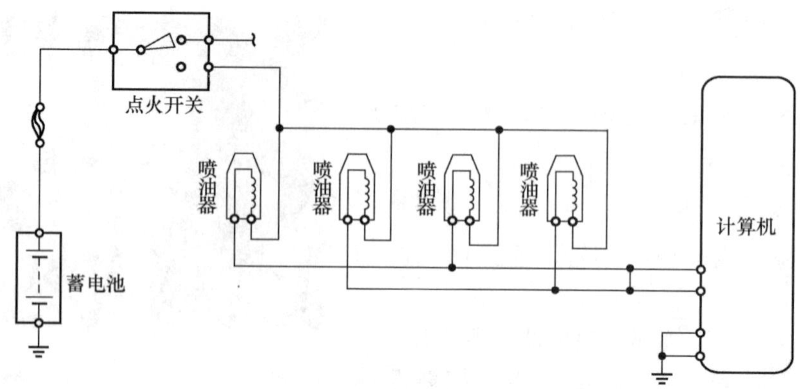

图 2-241　实现同时喷射的喷油器控制回路

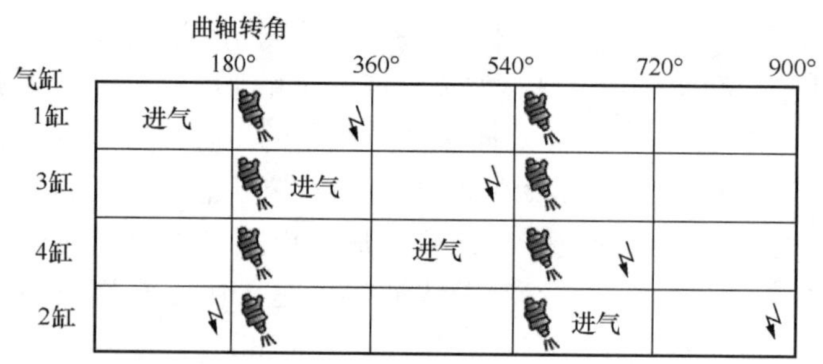

图 2-242　同时喷射方式的喷油正时

2. 分组喷射

分组喷射是把各缸喷油器分成 2～4 组，各组喷油器间隔相等的曲轴转角轮流进行燃油喷射，同一组喷油器同时喷射。四缸发动机一般将喷油器分为两组，其控制电路如图 2-243 所示，各缸喷油器共用一条电源线，同一组喷油器共用一条控制信号线喷油正时，如图 2-244 所示，曲轴旋转两圈，各缸喷油器喷油一次。图 2-244 中 1、3 缸喷油时刻为最佳，称为基准缸；2、4 缸喷油时刻不是最佳，称为非基准缸。

分组喷射有更多的气缸在最佳时刻喷射燃油，改善了混合气的均匀性，发动机的性能优于同时喷射发动机。夏利 2000 型汽车就采用了这种喷射方式。

3. 顺序喷射

顺序喷射就是各气缸喷油器按照发动机的工作顺序，依次在最佳时刻喷射，其控制电路如图 2-245 所示。各气缸喷油器共用一条电源线，采用各自独立的控制信号线，控制信号线的数目与喷油器的数目相等。其喷油正时如图 2-246 所示。

对于顺序喷射的发动机，PCM 需要“知道”在哪一时刻应该向哪一个气缸喷射燃油，因此必须“知道”曲轴位置和气缸工作顺序，应具有喷油正时和气缸序判别功能，也就需要曲轴基准位置信号。发动机控制模块根据曲轴位置传感器信号和凸轮轴位置传感器信号，确认该气缸处于排气行程并且活塞运动未达到上止点前某一位置时，便

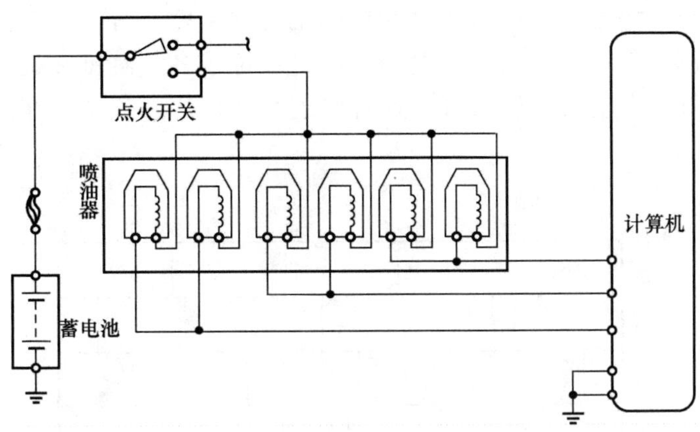

图 2-243　分组喷射方式的喷油器控制回路

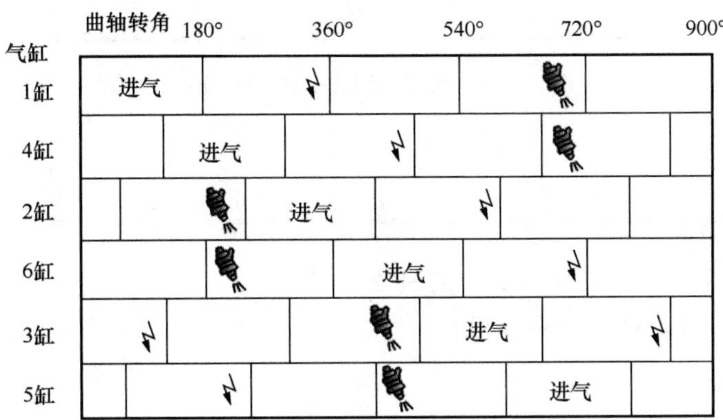

图 2-244　分组喷射方式的喷油正时

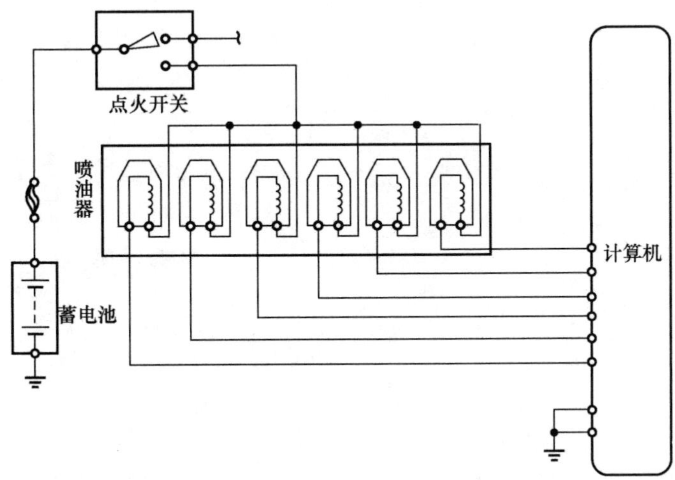

图 2-245　顺序喷射方式的喷油器控制回路

输出喷油控制指令，控制该气缸喷油器开启曲轴旋转两圈，各气缸在最佳时刻喷油一次顺序喷射的控制电路和控制策略较复杂，但是保证了各气缸都在最佳时刻喷油，混合气形成质量较好，发动机性能较好。这种喷射系统应用广泛，现在大多数轿车都采用这种喷油系统。

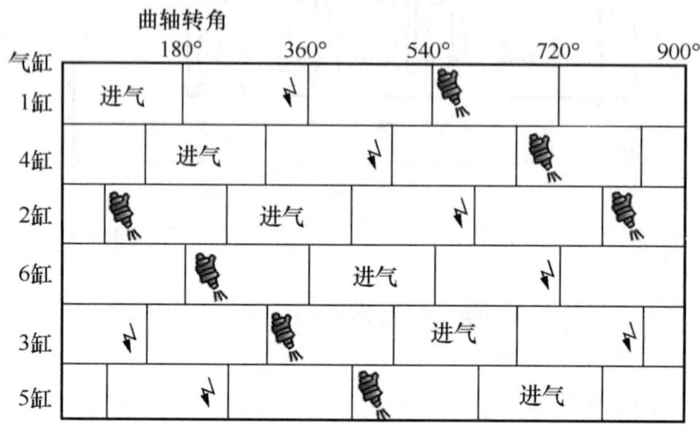

图 2-246　顺序喷射方式的喷油正时

思考题

1. 发动机温度的高低对喷油时间有什么影响?
2. 什么情况下 ECM 执行断油控制?

单元 3
发动机的维护

汽车发动机是由各种材料制成的零部件组合而成的机械，随着行驶里程的增加，汽车的技术状况发生变化，使用性能变差，并通过各种形式表现出来，直至丧失工作能力。因此了解发动机状况，合理使用和及时维护汽车，确保发动机处于良好的工作状况，对延长发动机的使用寿命起到至关重要的作用。

知识目标

1. 熟悉汽车发动机空气滤清器的作用及结构。
2. 熟悉汽车发动机润滑油的作用和机油滤清器的结构。
3. 掌握汽车发动机点火系统的工作原理。
4. 了解汽车发动机燃油滤清器的作用及结构。
5. 了解汽车发动机冷却液的功能。

能力目标

1. 会更换汽车发动机空气滤清器。
2. 能更换汽车发动机润滑油。
3. 具备更换汽车发动机火花塞的能力。
4. 具备更换汽车发动机油滤清器的能力。
5. 能更换汽车发动机冷却液。

任务3.1　空气滤清器的更换

工作任务

一辆帕萨特新领驭轿车行驶15 000km，需要进行整车维护保养，应如何更换空气滤清器?

3.1.1　相关知识：空气滤清器的作用及结构

空气滤清器是对空气进行净化的装置，它由壳体和滤芯组成，滤芯（见图3-1）布置在壳体内。大气中有各种异物，例如，灰尘、砂粒等，它们将加速发动机的磨损，从而降低发动机的使用寿命。

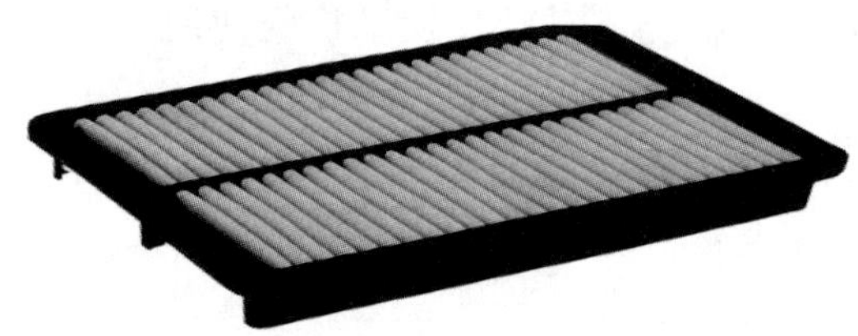

图3-1　空气滤芯

如果滤芯阻塞严重，将使进气阻力增加，发动机功率下降，发动机运转状态变坏，也容易产生积炭，因此平时应该养成经常检查空气滤清器滤芯的习惯。

进气管用于连接节气门体与空气滤清器，当进气管出现破损或连接松动时将出现漏气现象，导致发动机不能正常工作。

3.1.2　任务实施：进气系统的检修

1. 空气滤清器的检查

(1) 拧下空气滤清器盖上部的固定螺栓。

(2) 拆下滤清器盖夹子。

(3) 用抹布或用压缩空气清除空气滤清器盖内部灰尘，并确保进气壳中没有水分残留。

(4) 检查或更换空气滤清器滤芯，安装时需要注意其方向。

(5) 按拆卸的相反顺序安装。

2. 进气管的检查

1) 外观检查

检查进气管是否存在破损和变形。

2) 连接状况检查

(1) 检查进气管连接卡箍是否存在松动，如图3-2和图3-3所示。

(2) 晃动进气管，检查连接是否可靠。

(3) 在发动机运转状态下，检查连接处是否存在漏气现象。

图 3-2　进气管与空气滤清器连接卡箍

图 3-3　进气管与节气门体连接卡箍

注意：

(1) 视地区及季节（空气清洁和风沙大小情况）提前进行清洗和更换空气滤清器。

(2) 使用不合格的空气滤清器会导致发动机过度磨损。

3. 节气门体的检查

1) 节气门联动功能的检查

(1) 进入驾驶室，在发动机熄火的状态下踩动加速踏板，观察节气门体是否正常动作。

(2) 检查节气门拉索是否连接正常。

2) 节气门的检查

(1) 拆卸节气门体与进气管的连接卡箍，并拆下进气管，如图 3-4 所示。

(2) 用手转动节气门，观察节气门是否有卡滞或脏堵。如发现节气门存在脏堵现象，需要拆下节气门总成，再利用清洗剂进行清洗。

(3) 装好节气门体和进气管，卡箍安装到位，紧固。

图 3-4　进气管连接卡箍

3.1.3　拓展技能：排气管的检查

1. 损坏和安装状况

(1) 检查排气管是否损坏。

(2) 检查消声器是否损坏。

(3) 检查排气管支架上的 O 形圈是否损坏或者脱离。

(4) 检查垫片是否损坏。

2. 排气管渗漏检查

通过观察接头周围是否存在任何炭黑检查排气管连接部分是否渗漏废气。

3. 松动检查

(1) 前消声器A，如图3-5所示。拧紧力矩为39.2～58.8N·m。

(2) 中央消声器A，如图3-6所示。拧紧力矩为39.2～58.8N·m。

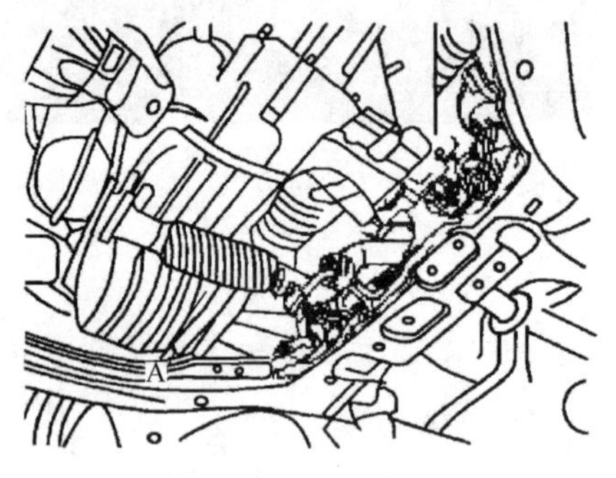

图3-5 前消声器

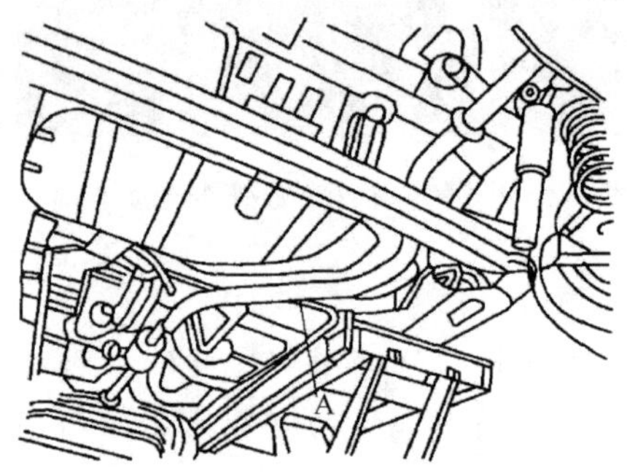

图3-6 中央消声器

(3) 主消声器A，如图3-7所示，拧紧力矩为39.2～58.8N·m。

(4) 在中间消声器和主消声器之间安装卡箍，拧紧力矩为21.1～22.1N·m。

① 如图3-8所示，对正中间消声器和主消声器上的标记。

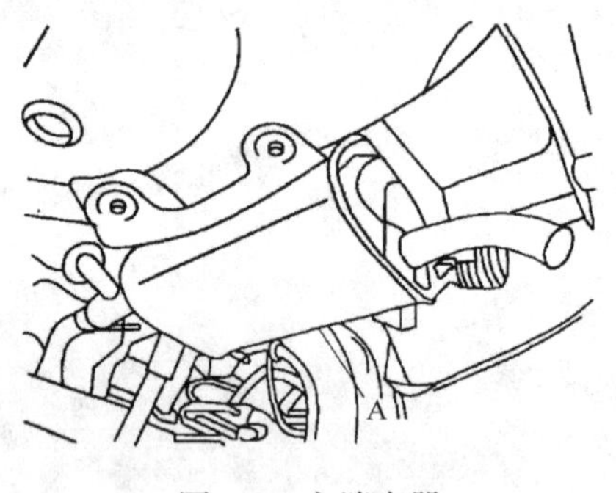

图3-7 主消声器

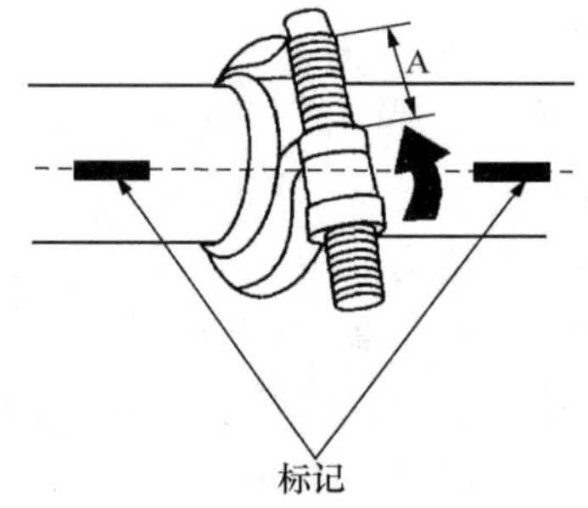

图3-8 消声器对正标记

② 卡箍安装位置A必须高于两标记实际标记的高度线，如图3-8所示。

注意： 不要重复使用卡箍。

思考题

作为一个维修作业小组如何合理分工进行进、排气系统的维护？

任务3.2 润滑油的更换

工作任务

发动机机油对发动机性能有重要的影响，所以每天在行车前都应检查发动机机油量，对于磨合期满的车辆来说，及时规范地更换发动机润滑油是非常必要的，如何规范地更换发动机的润滑油，本任务将详细地加以介绍。

3.2.1 相关知识：润滑油的作用及机油滤清器的结构

1. 发动机润滑油的作用

发动机润滑系统的功能是将润滑油不断地输送到各运动零件的摩擦表面，主要有以下作用。

1）润滑作用

润滑油可使运动零件之间构成油膜接触，减小摩擦阻力和动力损失，并减小机件的磨损。

2）清洁作用

循环流动的润滑油将摩擦脱落的金属细屑带走，使之不致留在零件之间形成磨料而加剧磨损。

3）散热作用

循环流动的润滑油将摩擦产生的热量带走，并使运动机件不致因升温过高而被烧毁。

4）密封作用

润滑油在活塞环与气缸壁间构成的油膜，可起到一定的密封作用，减少漏气。

2. 机油滤清器

轿车机油滤清器主要是集滤器和复合式滤清器。

集滤器安装在机油泵之前，并漂浮在润滑油中，位于油面下吸油。集滤器主要是防止较大的机械杂质进入机油泵。

复合式滤清器采用细滤芯与粗滤芯串联结构，如图 3-9 所示。褶纸粗滤芯由棉花、毛绒、人造纤维等不同类型的材料制成，能吸附不同类型和不同直径的杂质；细滤芯则由尼龙制成。从油底壳来的机油从端盖周边的油孔进入滤清器内，经褶纸和尼龙滤芯过滤后进入滤清器中心油腔。当机油压力大于安全阀的弹簧弹力时，推开安全阀，过滤后的机油流向发动机。

机油滤清器一定要按照维修手册的要求定期更换。大部分轿车采用旋装式滤清器，

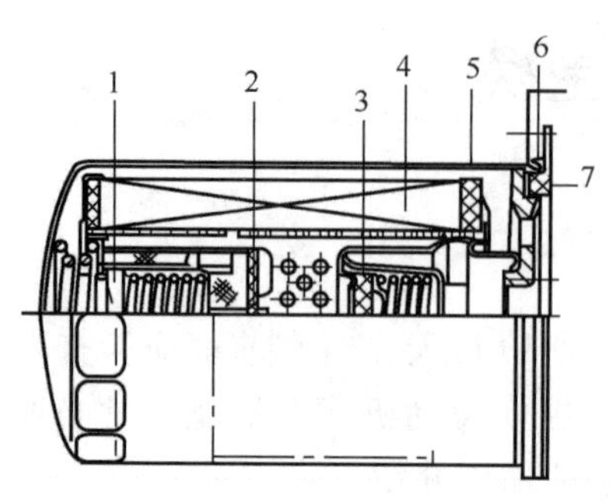

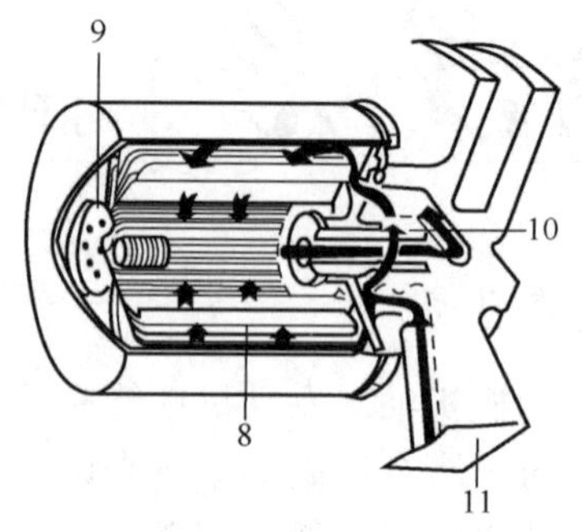

图 3-9　复合式滤清器的结构

1、9—旁通阀；2—尼龙滤芯；3—止回阀；4—褶纸滤芯；5—滤清器壳；6—密封圈；7—滤清器盖；8—褶纸；10—通发动机的清洁油；11—油底壳的脏油

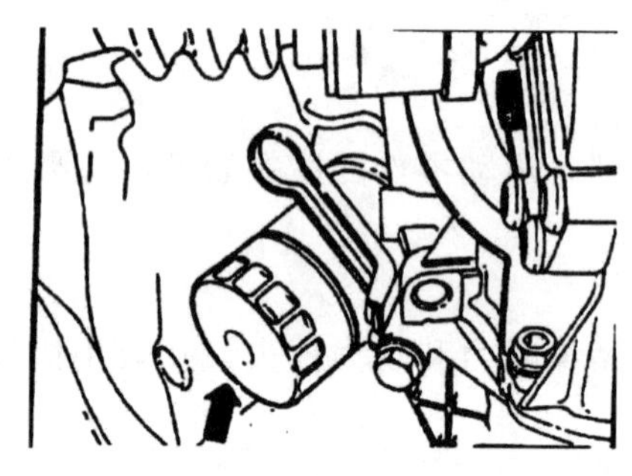

图 3-10　旋装式滤清器

如图 3-10 所示。滤芯为纸质折叠式结构，封闭式外壳，滤清器直接旋装于滤清器盖上，滤清器与缸体的接触面采用密封圈密封，非常便于更换。

3.2.2　任务实施：润滑油的更换方法

1. 发动机机油的检查

1）机油液位的检查

（1）将车辆停放在平坦地面上，将车轮挡块安装到位，保证车辆稳定停靠。

（2）起动发动机并让发动机达到正常工作温度。

（3）停止发动机并等待约 5min，使机油流回油底壳。

（4）打开发动机舱盖，拉出油尺，擦干净，然后全部插回去。

（5）拔出机油标尺，检查油量，油量应在“F”与“L”之间，如图 3-11 所示。

（6）如果发现油量靠近或在“L”位置，应补充机油直到油量到达“F”位置，千万不能过量。

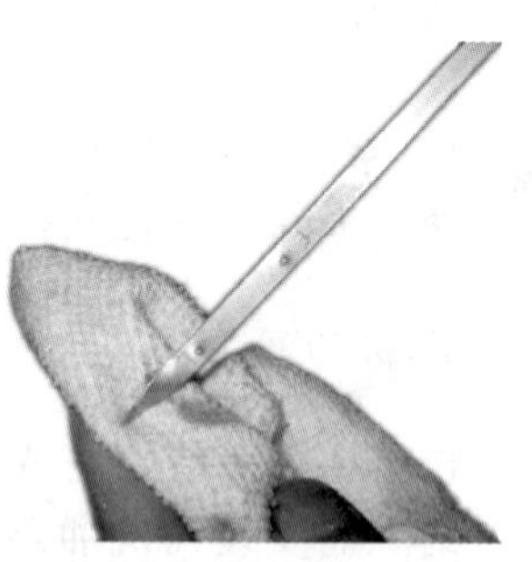

图 3-11　机油标尺刻度

2）机油质量的检查

（1）检查发动机机油是否变质，进水，轻微变色。

（2）如果质量明显不良，需要更换机油。

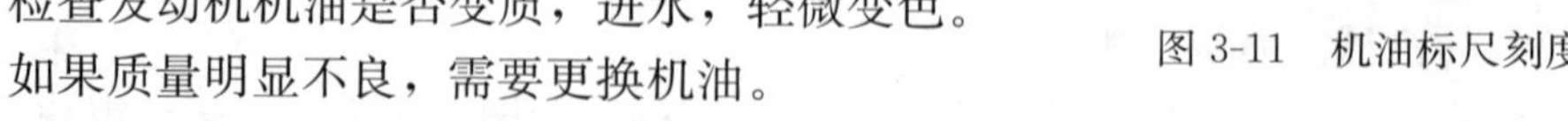

2. 发动机机油的排放

1）预热发动机

（1）把车辆停在平整的地面上，起动发动机，进行发动机暖机。

（2）关闭发动机，拉紧驻车制动器，打开汽车发动机盖和机油加油口盖。如

图 3-12所示。

2）举升车辆

(1）在车辆停靠到位的基础上，放置举升托臂。

(2）操纵举升机，使车轮举离地面，然后停止举升并以一定的力量按动车辆前后部，检查车身是否稳定。确定车辆稳定后方可继续下面的操作，不然需要重新降车，重新检查车辆停靠位置和举升托臂的安装位置。

(3）检查车身稳定的情况下，继续操纵举升机，将车辆举升到适合操作的最高位置。举升完毕。

3）排放机油

(1）清洁地面，防止有水或油造成打滑，影响安全操作。

(2）拆卸机油排泄塞，并将机油排入一个容器中，如图 3-13 所示。此时需要特别注意防止热车后的机油将手烫伤，另外还需要放置好容器位置，防止漏油。

图 3-12　打开机油加油口盖

图 3-13　排放机油

4）更换密封垫

放完机油后，更换放油塞密封垫，按 39.2～44.1N・m 的规定力矩拧紧。

3. 机油滤清器的更换

(1）如图 3-14 所示，利用机油滤清器扳手拆卸机油滤清器。

(2）检查并清洗气缸体与机油滤清器的安装表面。

(3）检查新机油滤清器部件编号是否与旧编号相同。

(4）将机油滤清器加满机油，如图 3-15 所示，用发动机机油涂抹在新机油滤清器的O形环上。

图 3-14　机油滤清器的拆卸

(5）用手把新的机油滤清器拧在机油滤清器支座上，直到滤油器O形环与安装表面接触，如图 3-16 所示，用机油滤清器扳手再把滤清器拧紧 3～4 转。为了恰当地拧紧机油滤清器，注意识别滤清器O形环与安装表面初始接触的精确位置。

图 3-15　在新机油滤清器的O形环上涂抹机油

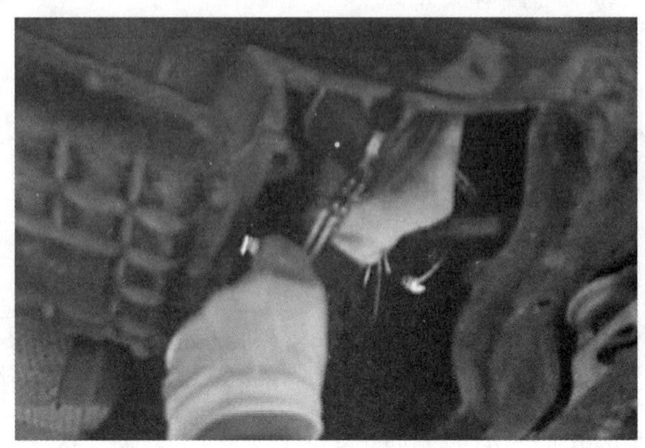

图 3-16　拧紧机油滤清器

4. 加注发动机机油

（1）从举升机上放下车辆。

（2）如图 3-17 所示，从发动机机油加注口注入车辆制造商规定黏度的高品质汽油发动机专用机油，直至油位达到机油标尺上的满油位标记即可停止加注。

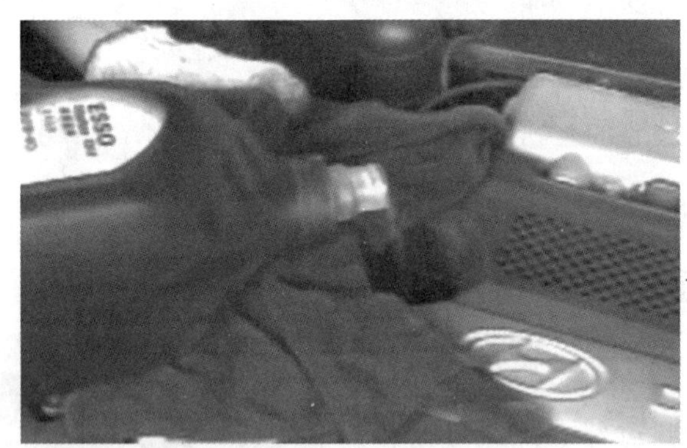

图 3-17　加注机油

提示：机油加注口在气缸盖罩顶部。

（3）盖上机油加注口盖，使发动机怠速空转 5min 后停止运转。3min 后拔出机油标尺检查油位是否处在正常位置。

注意：不足时再加油，油位超过最高油位标记时需放出过量机油。

（4）安装机油加注口盖。

（5）起动发动机并检查是否漏油。

（6）重新检查发动机机油量。

（7）检查漏油情况，发动机润滑系统漏油情况的检查主要包括发动机各种区域的接触面、油封处和放油塞。

注意：

（1）检查完毕后对机油加注口及油底壳进行清洁。

（2）加注新机油时必须注意防止机油外漏，从而造成对传感器、执行器的损坏。

（3）长时间及重复接触矿物油会导致皮肤的脱落，致使干燥、刺激和病变。另外，废发动机机油含有潜在的有害杂质，会引起皮肤癌。

（4）为了缩短时间及降低油与皮肤接触的频率，穿上防护服并戴上手套。用肥皂和水彻底清洗皮肤，或使用清洁剂去除发动机油。禁止使用汽油、稀释剂或溶剂清洗。

（5）为了保护设备，只能在指定的清除位清除废发动机机油和废机油滤清器。

3.2.3　拓展技能：发动机润滑油使用注意事项及合成机油

1. 发动机润滑油使用注意事项

选择了合适的润滑油等级和黏度级别后，还要注意正确的使用方法。如果使用不当，同样会造成发动机磨损加剧，甚至出现拉缸、烧轴瓦的故障。因此，使用时注意以下几点：

（1）在机油黏度级的选择上，不可错误认为高黏度油有利于保证润滑和减少磨损。应当在保证活塞环密封良好、机件磨损正常的条件下，适当选用低黏度的润滑油。只有在发动机严重磨损，或运行条件特别恶劣的情况下，允许使用比该地区气温所要求的黏度级提高一级的润滑油。

（2）在选择机油的使用级时，高级机油可以在要求较低的发动机上使用，但过多降级使用不合算；切勿将低级的机油加在要求较高的发动机上使用，否则会造成发动机早期磨损或损坏。

（3）要保持曲轴箱油面正常。油面过低会加速机油变质，甚至因缺油引起机件烧坏；油面过高会从气缸和活塞的间隙中窜进燃烧室，使燃烧室上积炭增多。正常油面应在满刻度标志和 1/2 刻度标志之间，不可过多或过少。

（4）保持曲轴箱通风良好。通风装置单向阀（PVC 阀）易沉积油泥而堵塞，造成曲轴箱内压力过高，油气和废气逆向流入空气滤清器，污染滤芯，同时增加对曲轴箱内机油的污染。

（5）保持空气滤清器和机油滤清器的清洁，并及时更换滤芯，保持机油清洁。

（6）应对在用机油的质量进行监测，尽可能实行按质换油。换油时一定要在热车时进行，当加入新油后应发动数分钟，停机 3min 后，再检查油面。在无分析手段，不能按质换油时，可用按期换油的方法作为过渡。

（7）不同牌号的润滑油不可混用，同一牌号但不同生产厂家的润滑油也尽量不要混用。

2. 合成机油

在近些年，合成机油变得越来越受欢迎。尽管许多合成机油里混合一些石油基机油，但是合成机油并不是直接以石油作为基本组分的。完全的合成机油是以人造化合物为基础制成的。有几家厂商的一些产品指定用合成机油。其他的厂商则警告不要使用合成机油或者按照明确的说明将传统的机油换成合成机油。

合成机油比传统机油在减小摩擦力方面更优越。正因为如此，用合成机油的燃油经济性更好。许多生产合成机油的厂商都说使用他们的机油能够延长发动机的使用寿命。另外，合成机油在较大的温度范围内的黏度更稳定。这使得它成为赛车发动机和高性能发动机的流行选择。合成机油的生产商们也声称合成机油比石油基机油使用的时间长，但其换油周期仍得注意到要维持汽车的保修。不利的一面是：合成机油的价格比传统机油贵。如果经常更换，现代的石油基机油可以明显地为发动机提供良好的保护。由于合成机油的价格较高，许多顾客都不选择它。维修发动机时，在使用合成机油前，要参考一下保修信息，以确认使用合成机油不会使保修无效。

思考题

发动机润滑油超过最高油位标记时，对发动机的性能有哪些影响？

任务3.3　火花塞的更换

工作任务

一辆桑塔纳2000型轿车行驶120 000km，在涉水后，出现发动机发抖的现象，车主怀疑是点火系统遇水后造成的故障。

3.3.1　相关知识：点火系统的工作原理

图3-18　火花塞

火花塞接受在点火线圈内生成的高电压并产生火花，来点燃气缸内的混合气。高电压在中心电极和接地电极间的间隙内产生电火花，如图3-18所示。

1. 点火系统

点火系统在高电压下产生火花，在最佳的点火正时点燃压缩在气缸内的混合气。根据所收到的由各个传感器发出的信号，发动机ECU（电子控制单元）实施控制达到

最佳的点火正时。

2. 点火线圈

图 3-19 所示，点火线圈组件提高蓄电池电压（12V）以产生点火所必须的超过 10kV 的高电压。一次线圈和二次线圈靠得很近。当在一次线圈上间断地施加电流时，就产生互感现象。可以利用这个机理，在二次线圈内产生高电压。点火线圈能产生高电压，此高电压随线圈绕组的个数和尺寸而变。

图 3-19　点火线圈

3.3.2　任务实施：火花塞的检修

1. 检查火花塞

（1）用压缩空气除去火花塞周围气缸盖上的灰尘，如图 3-20 所示。

图 3-20　除去火花塞的灰尘

(2) 如图 3-21 所示，断开火花塞上的高压线，注意只能用力拉火花塞盖。

图 3-21 断开火花塞上的高压线

(3) 如图 3-22 所示，使用火花塞套筒，拆卸火花塞。

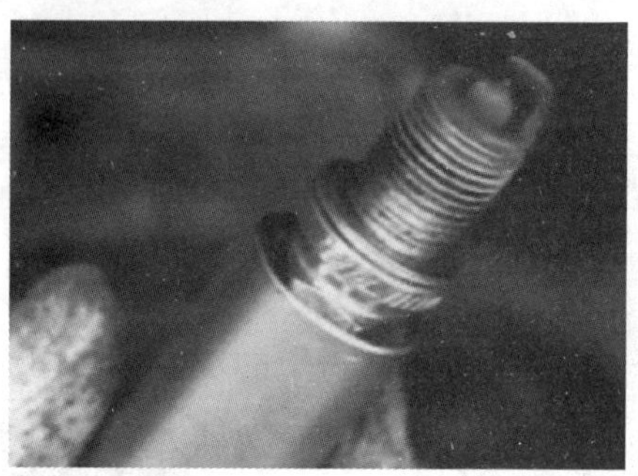

图 3-22 拆卸火花塞

注意：

(1) 拆装火花塞时，要等到发动机温度下降后再进行。

(2) 小心不要让杂质进入火花塞孔。

(3) 检测火花塞电极，电极检查见表 3-1。

表 3-1 电极状态说明

状　态	暗色沉积物	白色沉积物
说明	1. 混合比浓 2. 进气量小	1. 混合比稀 2. 点火时期提前 3. 火花塞拧紧力矩不足

(4) 检查电极间隙 A。如图 3-23 所示，标准间隙为 1.0～1.1mm（0.0394～

0.0433in)。

2. 检查火花塞

更换火花塞，用火花塞套筒及扭力扳手安装新火花塞，如图 3-24 所示。紧固力矩为 20～30N·m。

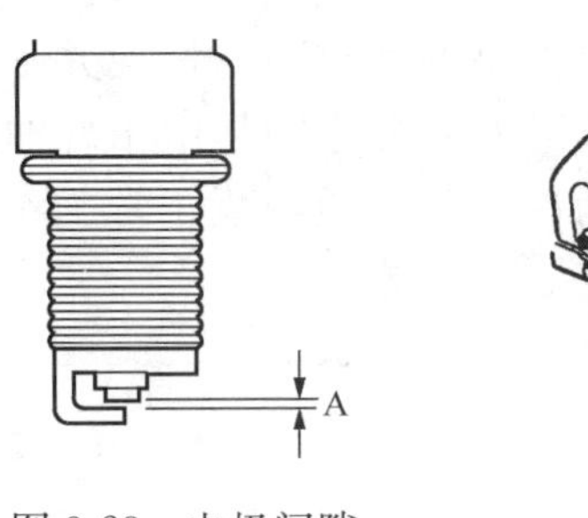

图 3-23 电极间隙

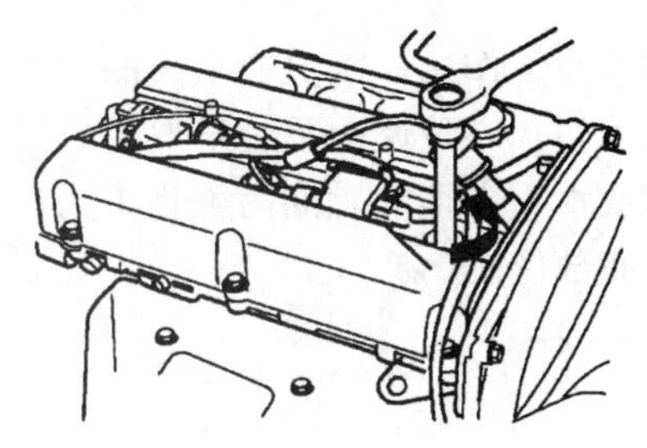

图 3-24 更换火花塞

提示：使用工具有：火花塞套筒、扭力扳手等。

3.3.3 拓展技能：点火高压线的检修

1. 目视检查

目视检查高压线是否有龟裂、损伤、接点氧化等情况，如图 3-25 所示。

2. 检测高压线的电阻值

测量高压线的电阻值，若电阻值超过规格则更换，如图 3-26 所示。

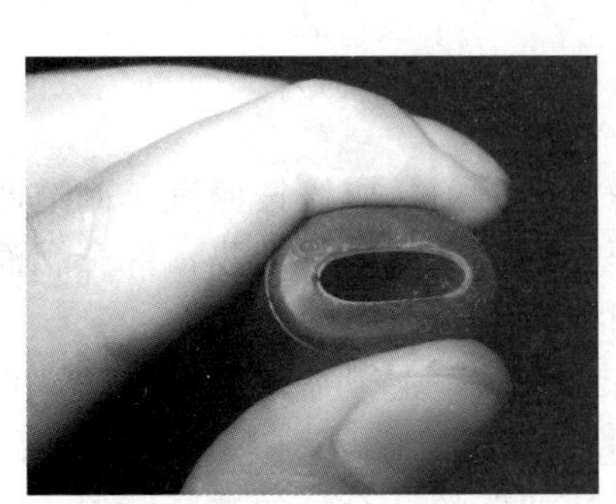

图 3-25 检查高压线

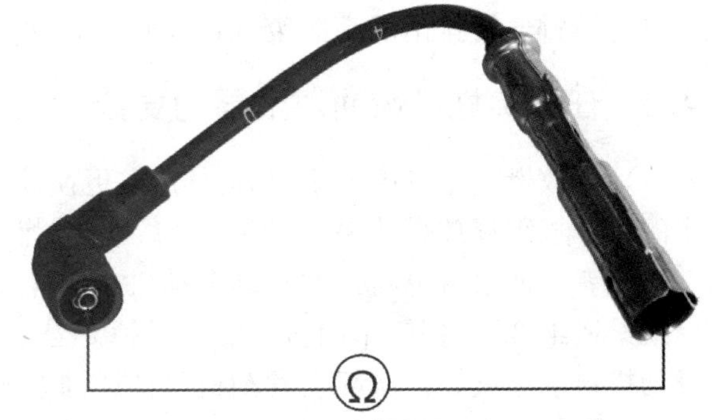

图 3-26 检查高压线

思考题

应如何维护独立点火系统？

任务3.4　燃油滤清器的更换

工作任务

在日常的维修工作中，刚更换不久的燃油泵发生故障的情况并不少见。许多实际的维修案例表明，导致燃油泵过早发生故障的主要原因是由于燃油系统中出现了像尘土、铁锈或水垢之类的燃油污染物。为保证新的燃油泵正常工作，必须彻底清洁燃油系统所有部件。

3.4.1　相关知识：燃油滤清器简介

燃油滤清器起到过滤燃油杂质的作用，当其长时间使用后会出现脏堵现象，如果不及时更换，将会影响发动机的正常工作状况。燃油滤清器安装位置不同，分为燃油箱内置型滤清器和燃油箱外置型燃油器。

对于不同的车辆，其燃油滤清器的更换周期是不同的，这主要取决于燃油滤清器的类型。如果是外置型燃油滤清器，一般建议每行驶5 000～10 000km更换一次燃油滤清器；如果燃油滤清器是置于油箱内部的，那么一般可将其看做是终生免维护零件。

在更换燃油滤清器，或者对燃油系统进行养护时，是绝对不能抽烟的，当然也不能允许周围的任何人抽烟。如果在养护操作过程中需要使用照明灯，则一定要确保所使用的照明灯符合职业安全标准。

同时，还应该注意，更换燃油滤清器必须在发动机冷机的状态下进行，因为发动机热机时从排气管排出的高温废气也能够把燃油点燃。

3.4.2　任务实施：燃油滤清器的更换

(1) 释放燃油系统中的燃油压力。在更换燃油滤清器之前，应该按照汽车制造商指定的操作规程释放燃油系统中的压力。释放燃油压力通常采用的办法是：拆开燃油泵熔丝或者燃油泵继电器，并转动发动机，这样就可以释放大部分燃油压力。

就桑塔纳2000型轿车而言，需要拔掉5号油泵保险装置，起动发动机并运转，直至发动机自动熄火，二次起动发动机验证燃油系统无燃油。

(2) 拆卸燃油滤清器外罩螺栓，放松油路和燃油滤清器的结合处的夹紧装置，拔下燃油管接头，紧接着用塞子塞住油路，防止燃油溢出。然后，将燃油滤清器从油路中拆下来。

(3) 更换新的燃油滤芯，注意滤芯的方向，大部分安装在油路中的燃油滤清器都标有两个箭头，一个是燃油流入箭头，另一个是燃油流出箭头，用箭头来表明燃油经过燃油滤清器时的流向，如图3-27所示。所以当安装燃油滤清器时，一定要使箭头的方向指向发动机，即油液是流向发动机的。

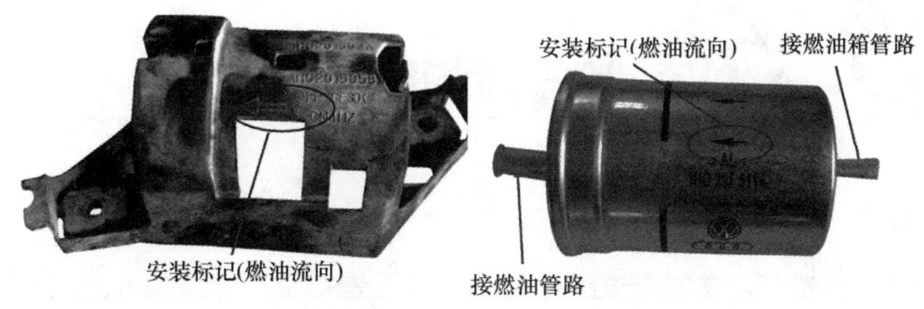

图 3-27 燃油滤清器安装示意图

（4）安装滤清器外罩，接好燃油管接头。还应确保橡胶软管夹紧装置安装在正确的位置和按照指定的规格夹紧结合处。

注意： 在油路中所使用的夹紧装置，是专门设计的，在橡胶软管和燃油滤清器结合处把这两个部件紧紧地夹住，以达到密封的效果。与普通的夹紧装置相比，这种夹紧装置不会切入橡胶软管，因此也不会对橡胶软管造成伤害，同时这种夹紧装置还能承受很高的油压。相比之下，普通的蜗杆式夹紧装置更容易损坏橡胶软管，从而造成燃油泄漏。

（5）插好 5 号燃油泵保险装置。

（6）起动发动机（因管路中没有油压，起动时间会适当地加长）。

3.4.3 拓展技能：外置型燃油滤清器的养护

在对外置型燃油滤清器进行养护时，应该检查与燃油滤清器相连接的油管和油路，如图 3-28 所示。查看这些油管和油路的外表面是否出现了因路面上的沉淀物、铁锈、润滑机油和划痕等而产生的损伤。如果有必要的话，更换损坏的部件。现在许多新型的燃油滤清器，本身附带有两条橡胶软管，橡胶软管从燃油滤清器的两侧引出，正是通过橡胶软管使燃油滤清器和汽车上的油路连在一起。如果新买的燃油滤清器附带有这种橡胶软管，则更换燃油滤清器时就应该舍弃原来的橡胶软管，而使用新的橡胶软管。

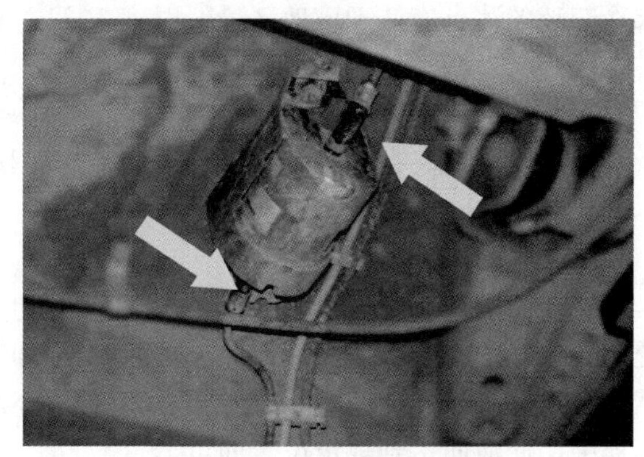

图 3-28 外置型燃油滤清器

思考题

为何要对燃油供给系统进行免拆清洗？

任务3.5　冷却液的更换

工作任务

一辆伊兰特轿车，在城市道路行驶中，水温表指示冷却液温度过高，在高速行驶过程中没有此类现象。维修人员怀疑是冷却系统出现问题，询问车主得知，购车三年来没有更换过一次冷却液，维修人员为车主更换冷却液后，故障症状消失。

3.5.1　相关知识：冷却液的功能

冷却液是汽车发动机不可缺少的一部分。它在发动机冷却系统中循环流动，将发动机工作中产生的多余热能带走，使发动机能以正常工作温度运转。当冷却液不足时，将会使发动机冷却液温度过高，而导致发动机机件的损坏。车主一旦发现冷却液不足，应该及时添加。不过冷却液也不能随便添加，因为冷却液除了冷却作用外，还应具有以下功能。

1. 冬季防冻

为了防止汽车在冬季停车后，冷却液结冰而造成散热器、发动机气缸体胀裂，要求冷却液的冰点应低于该地区最低温度10℃左右，以备天气突变。

2. 防腐蚀

冷却液应该具有防止金属部件腐蚀、防止橡胶件老化的作用。

3. 防水垢

冷却液在循环中应尽可能少地减少水垢的产生，以免堵塞循环管道，影响冷却系统的散热功能。综上所述，在选用、添加冷却液时，应该慎重。首先，应该根据具体情况去选择合适配比的冷却液。其次，添加冷却液，将选择好配比的冷却液添加到散热器中，使液面达到规定位置即可。

3.5.2　任务实施：冷却液的更换方法

1. 检查冷却液

1）冷却液渗漏

检查冷却液是否从散热器、橡胶软管、散热器管和软管夹周围渗漏。

2）冷却液液位检查

发动机预热后，让发动机冷却下来。然后，拆卸散热器盖并检查冷却液液位是否

合适。正常检查冷却液液位时没有必要拆卸散热器盖。

注意：如果想在发动机仍然发热时拆卸散热器盖，在盖上放一块布并且松开 45°以便释放压力。然后，拆卸散热器盖。不要立即拆卸散热器盖，否则冷却液将会溅出。

应每天检查冷却液。在发动机处于冷态时检查补偿罐中的冷却液液位。检查冷却液液位，如图 3-29 所示，在“min”和“max”之间。

提示：在散热器冷却后检查冷却液液位。因为如果散热器发热，冷却液将会是高液位。

2. 更换冷却液

（1）将车放在平地位置，将冷却液放在容器内。

（2）拧下散热器盖。如发动机温度过高则不要急于将散热器盖打开，以防热水烫伤。检查冷却液质量。

（3）如图 3-30 所示，将散热器放水管接头松开。

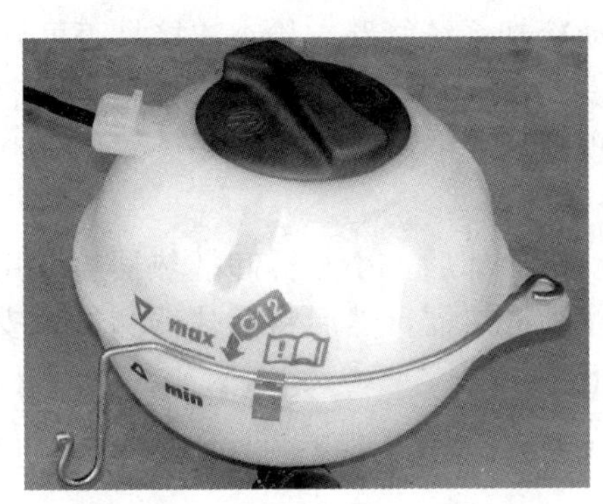

图 3-29 检查冷却液液位

图 3-30 散热器放水管接头

（4）将放水开关关好，向冷却系内注满四季通用的冷却液，并按标准加至膨胀箱“max”的标记处。约为占膨胀箱容积的 2/3。不可加满冷却液，必须留有蒸汽膨胀的余地。

（5）在加冷却液快满的时候，可将发动机起动 2～3min，使冷却液循环，水循环时会把冷却系内的空气排出，并使加水口冷却液面降低，应按标准补足。

3.5.3 拓展技能：散热器盖的检修

1. 测试散热器盖

拆卸散热器盖，用发动机冷却液弄湿它的密封件，并将散热器盖安装在散热器测试器上，如图 3-31 所示。

提供的压力为 93.16～122.58kPa。

检查压力是否下降。

如果压力下降，更换散热器盖。

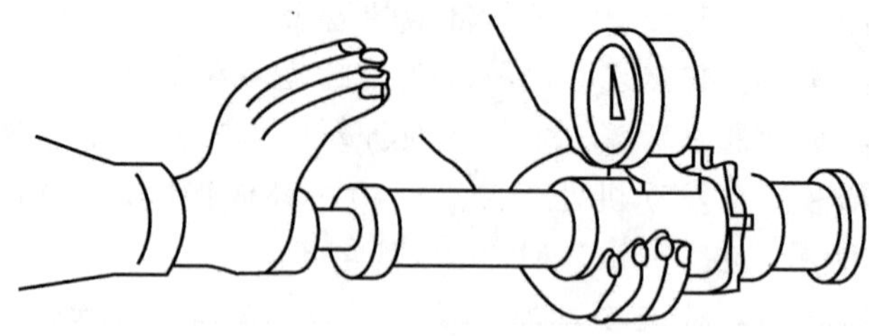

图 3-31 测试散热器盖

2. 检查管路

1）外观检查

检查冷却系统管路是否破损和变形。

2）连接状况检查

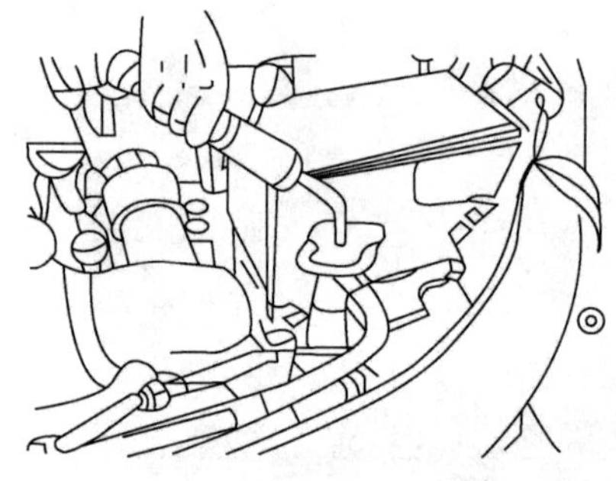

图 3-32 散热器压力测试器

(1) 检查冷却系统管路连接卡箍是否松动。

(2) 晃动冷却系统管路，检查连接是否可靠。

(3) 在发动机运转状态下，检查连接处是否存在明显漏水现象。

3）检查步骤

等到发动机冷却后，小心拆卸散热器盖并用发动机冷却液注满散热器，然后将散热器测试器安装在散热器盖上。

在散热器上使用压力测试器，如图 3-32 所示，并加压力为 93.16～122.58kPa。

检查发动机冷却液有无泄漏和压力下降情况。

拆卸测试器并重新安装散热器盖。

提示： 检查在冷却液中有无发动机机油，发动机机油中有无冷却液。

思考题

如何排放冷却系统的空气?

附　　录

附录 A　8A 发动机总成部件

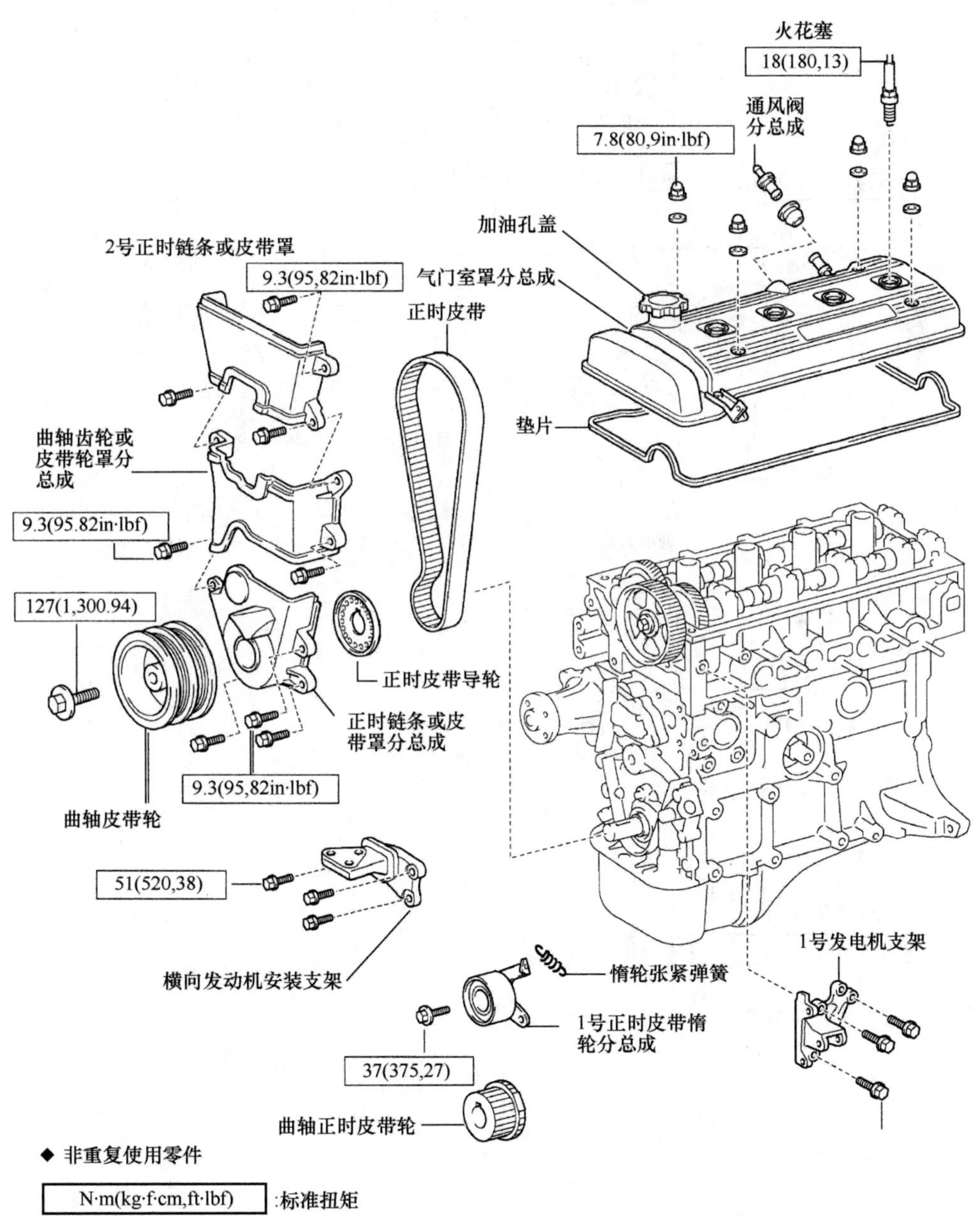

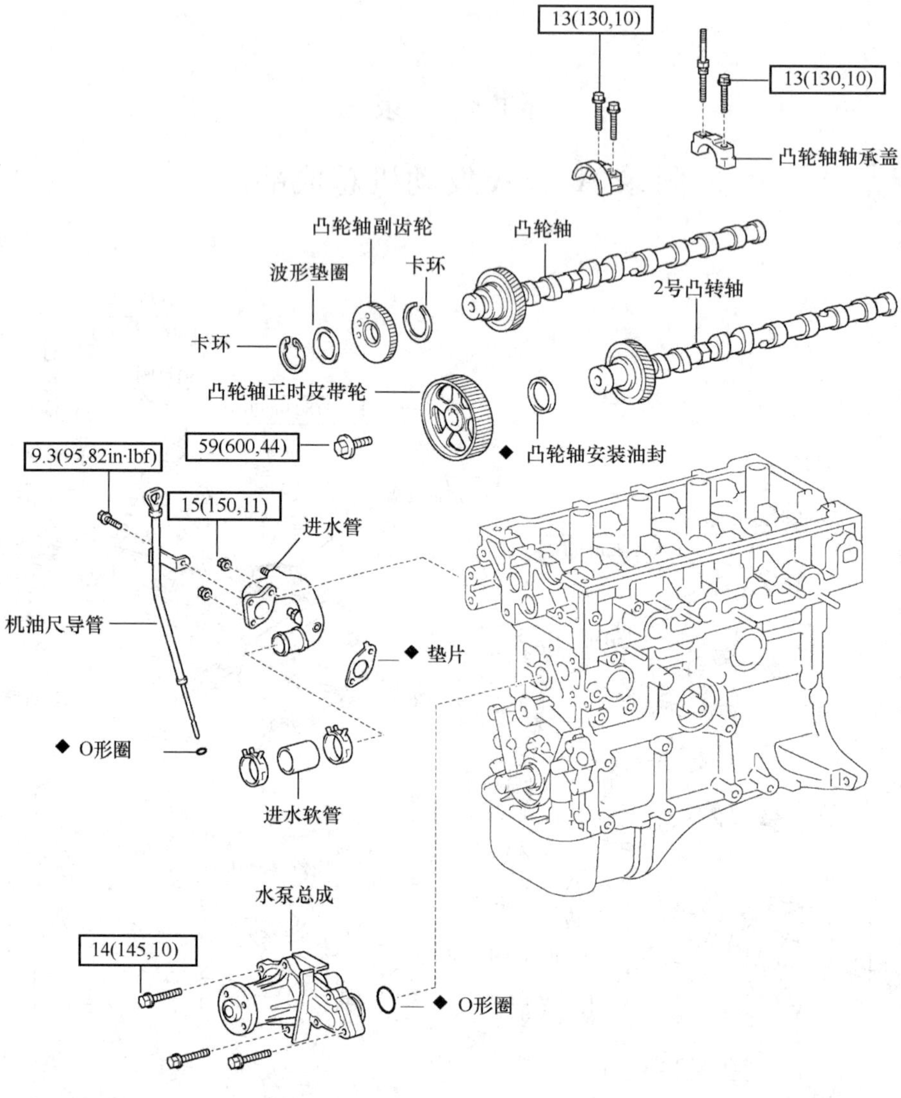

13(130,10)

13(130,10)

凸轮轴轴承盖

凸轮轴副齿轮

凸轮轴

波形垫圈

卡环

2号凸转轴

卡环

凸轮轴正时皮带轮

59(600,44)

◆ 凸轮轴安装油封

9.3(95,82in·lbf)

15(150,11)

进水管

机油尺导管

◆ 垫片

◆ O形圈

进水软管

水泵总成

14(145,10)

◆ O形圈

◆ 非重复使用零件

N·m(kg·f·cm,ft·lbf) :标准扭矩

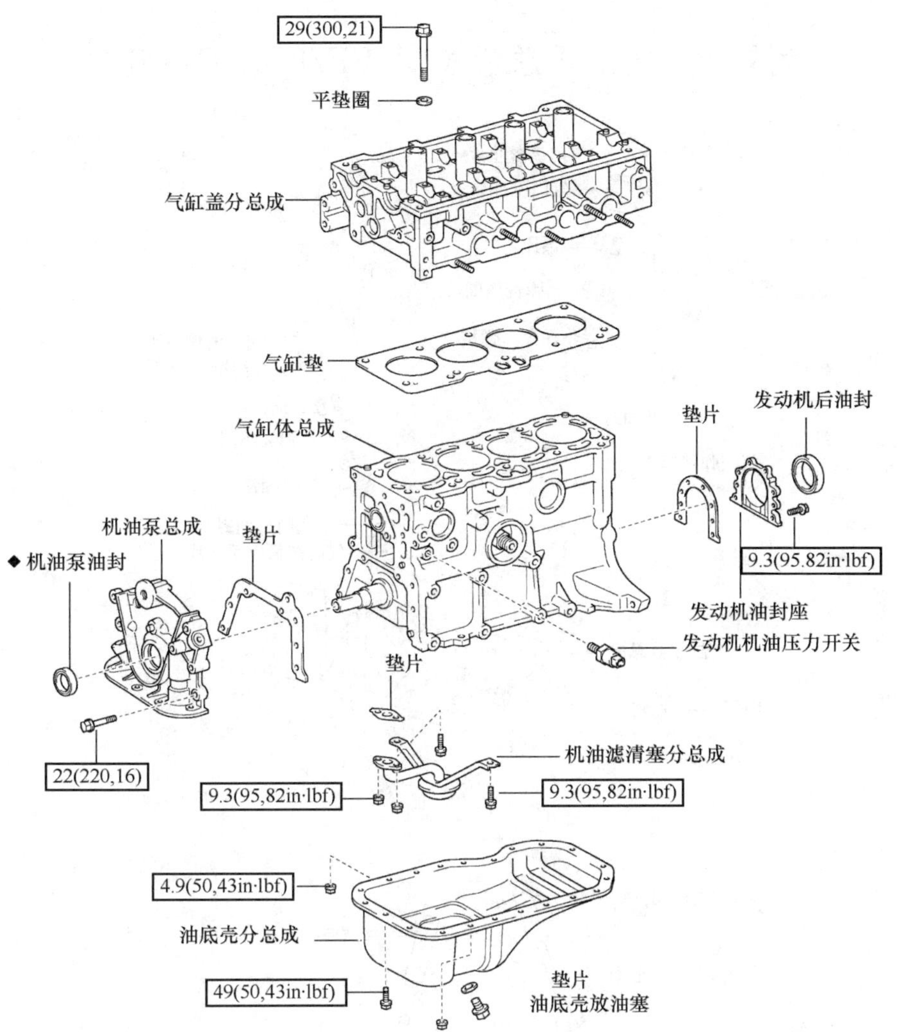

◆ 非重复使用零件

N·m(kg·f·cm,ft·lbf) :标准扭矩

附录B　气缸盖总成（5A-FE/8A-FE）组件

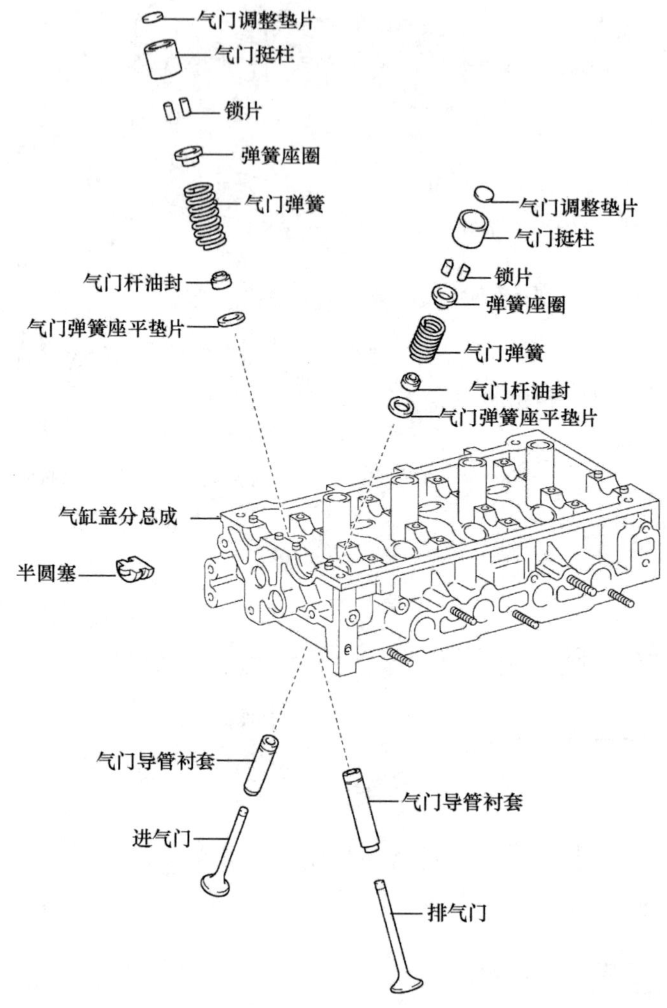

附录C　气缸体总成（5A-FE/8A-FE）组件

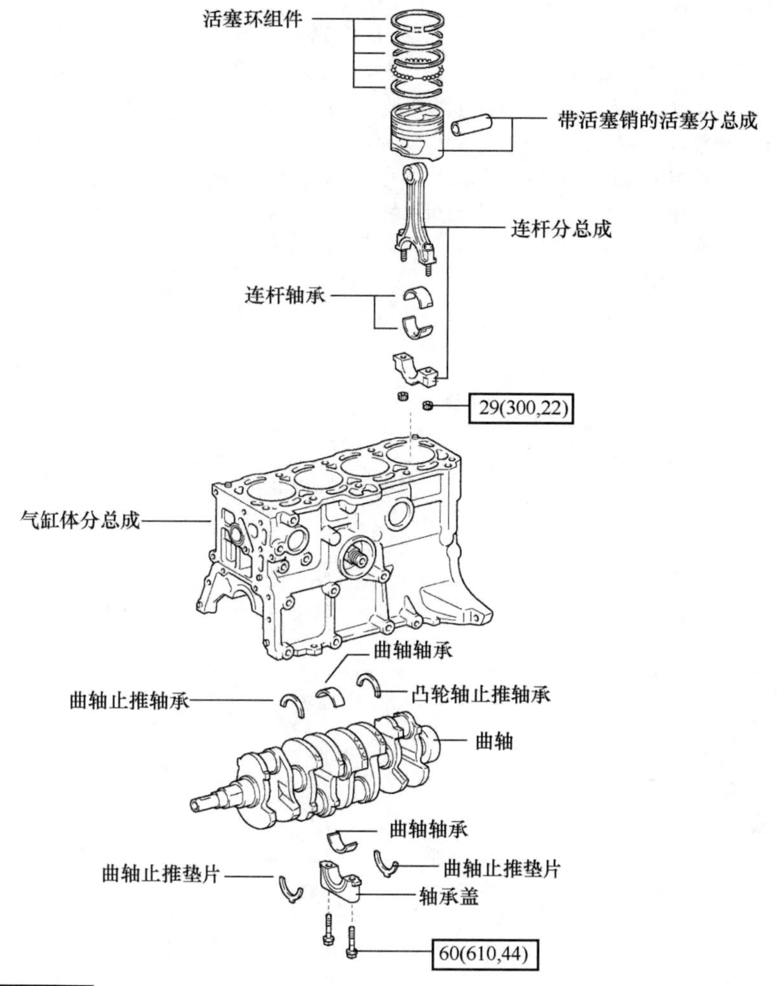

N·m(kg·f·cm,ft·lbf) :标准扭矩

主要参考文献

董继明. 2012. 汽车拆装与调整［M］. 北京：机械工业出版社.
高志胜. 2003. 天津威驰轿车维修手册［M］. 北京：人民交通出版社.
李伟. 2008. 汽车典型发动机拆装实训教程［M］. 北京：机械工业出版社.
谭本忠. 2008. 汽车维护教程［M］. 北京：机械工业出版社.
夏长明. 2011. 现代汽车维护与保养［M］. 2版. 北京：机械工业出版社.
姚科业. 2012. 图解本田汽车发动机拆装和维修［M］. 北京：化学工业出版社.
于宝强. 2009. 汽车保养［M］. 北京：科学出版社.
张朝山. 2003. 汽车拆装与调整［M］. 北京：机械工业出版社.